図　説

ヨーロッパの証券市場

2020年版

公益財団法人　日本証券経済研究所

は　し　が　き

　日本証券経済研究所では，これまで日本，欧米，アジア各地域の証券市場について，わかり易く解説した「図説証券市場シリーズ」を刊行してきた。欧州については，「図説ヨーロッパの証券市場」は1992年以来，「図説イギリスの証券市場」は1989年以来刊行を続けているが，今回従来のヨーロッパとイギリスの両シリーズをあわせた形で2020年版の「図説ヨーロッパの証券市場」を発刊することとした。

　前回の2012年版「図説ヨーロッパの証券市場」の時点においては，EU・欧州諸国はリーマン危機（2008年），ギリシャ財政危機（2009年），欧州債務危機（2010年）などの激動期の後で，財政赤字の削減，金融証券市場規制の抜本的見直し等の金融システム安定化措置が推進されている難しい時期であった。

　しかし，今日振り返ると，当時のEU・欧州諸国は幾多の危機に遭遇しながらも何とか地域全体の結束を高めていこうとする求心力がかろうじて働いていた時期であったと考えられる。

　その後の8年は共通市場化などの努力が重ねられる一方で，難民問題の深刻化，ポピュリズムの抬頭，ブレグジットの混迷，国際通商問題での軋轢など，むしろEU統合の理念に対する遠心力が強まる，より困難で方向性の定めにくい局面にEU・欧州諸国は立たされているといえよう。

　本版（2020年版）ではこのような状況の変化を踏まえ，前版の構成の基本的部分は踏襲しながらもイギリスに関する項目の追加も含めて記述内容を抜本的に見直し，再構成したものとなっている。

　執筆陣は次ページに掲げた通りであるが，現在の我が国の欧州金融証券分野の錚々たる学術的研究者，専門家の方々ばかりである。さらに，全体の監修は大阪経済大学教授で当研究所客員研究員の斉藤美彦先生にお願いした。欧州の証券市場の一般向け解説書としては，俯瞰性，総合性，クオリティが極めて高いものとなったと自負している。

　斉藤美彦先生をはじめとして，執筆，監修にご尽力頂いた先生方に心から感謝申し上げたい。

2020年代は，新型コロナ感染症の世界的蔓延という，経済社会政治への深刻な打撃から始まった。金融証券分野でもデジタルテクノロジーの進展，少子高齢化，グローバル化，パンデミック・自然災害等の環境問題への対応などの世界的な課題が存在する。こうした中で，EU・欧州諸国が直面する多くの問題が今後どのように展開していくのかを正確に見通すことは誰にとっても困難なことであろう。これまでの歴史的背景や現在の欧州の証券市場を解説した本書が，研究者，実務家，証券市場に関心のある方々にとってこれからの欧州証券市場を考える上で参考として頂けたらと願っている。

　2020年6月

公益財団法人日本証券経済研究所

理事長　増井　喜一郎

執 筆 分 担

監　修　　斉藤　美彦　大阪経済大学経済学部教授・当研究所客員研究員

第1章　　田中　素香　東北大学名誉教授
第2章　　田中　素香　東北大学名誉教授
第3章　　田中　素香　東北大学名誉教授
第4章　第1節・第8節～第17節
　　　　　土田　陽介　三菱 UFJ リサーチ＆コンサルティング㈱調査部研究員
　　　　第2節～第7節
　　　　　田中　素香　東北大学名誉教授
第5章　第1節～第6節
　　　　　斉藤　美彦　大阪経済大学経済学部教授・当研究所客員研究員
　　　　第7節
　　　　　田中　素香　東北大学名誉教授
第6章　　吉川　真裕　当研究所客員研究員
第7章　第1節～第5節
　　　　　黒川　洋行　関東学院大学経済学部教授
　　　　第6節～第13節
　　　　　土田　陽介　三菱 UFJ リサーチ＆ コンサルティング㈱調査部研究員
第8章　　代田　純　　駒澤大学経済学部教授・当研究所客員研究員
第9章　　吉川　真裕　当研究所客員研究員
第10章　　入江　恭平　中京大学名誉教授
第11章　　明田　雅昭　当研究所特任リサーチ・フェロー
第12章　　野村　容康　獨協大学経済学部教授・当研究所客員研究員
第13章　　岩田　健治　九州大学大学院経済学研究院教授・当研究所客員研究員
第14章　　森　美智代　前熊本県立大学総合管理部教授

目　　次

はしがき

第1章　EU の歴史
1. EU の統合 – 深化と拡大 – ……………………………………… 2
2. EU の拡大 – 6 カ国から28カ国へ – ………………………… 4
3. EU 統合の飛躍は基本条約改正による ………………………… 6
4. 広域国民経済形成統合と EU の民主主義 …………………… 8
5. EU の「排他的権限」と「共有権限」………………………… 10
6. EU の政策形成と政策の執行 ………………………………… 12
7. EU 財政 …………………………………………………………… 14
8. 世界政治・経済の発展と EU 統合の危機 …………………… 16
9. 東欧諸国の EU 加盟と EU の変質 …………………………… 18

第2章　EU の通貨統合とユーロ
1. ブレトンウッズ体制の崩壊から EU 通貨協力へ ………… 20
2. 共同フロートの諸問題とマルクの基軸通貨化 ……………… 22
3. EMS 危機を乗り越えて通貨統合本格化へ ………………… 24
4. ユーロ体制への移行 …………………………………………… 26
5. ユーロ創出の意義 ……………………………………………… 28
6. 欧州中央銀行（ECB）とユーロの制度 …………………… 30
7. ECB の業務・目的・政策金利 ……………………………… 32

第3章　ポスト・リーマン危機の EU と欧州
1. ポスト・リーマン危機期の欧米資本主義の見取り図 …… 34
2. 格差拡大とポピュリズム ……………………………………… 36
3. イギリスの EU 離脱（Brexit）国民投票と格差 ………… 38
4. 東欧のポピュリズムとリーマン危機・ユーロ危機 ……… 40
5. 難民大量流入と右派ポピュリズムの活性化 ………………… 42

v

目　次

6．イギリスの EU 離脱プロセスの混迷と合意なき離脱 ……………… 44

7．EU の通商問題 – 米国，中国，日本との関係 – ……………… 46

8．共通外交・安全保障政策（CFSP）と共通安全保障
・防衛政策（CSDP）……………………………………… 48

9．EU の司法・内務分野における協力 …………………………… 50

10．2019年欧州議会選挙と新欧州委員会 ………………………… 52

第4章　欧州の金融危機

1．金融危機の概要 ……………………………………………… 54

2．ユーロ金融危機の3つの波 – 金融危機の激化 – ……………… 56

3．ユーロ金融危機 – ユーロ制度の弱さ – ……………………… 58

4．ユーロ危機国への支援とユーロ制度の改革 ………………… 60

5．銀行同盟の創設 – ユーロ2.0 – ……………………………… 62

6．「ユーロ2.0」からのさらなる制度改革 ……………………… 64

7．ユーロはなぜ崩壊しなかったのか …………………………… 66

8．ドイツの金融不安 …………………………………………… 68

9．フランスの金融不安 ………………………………………… 70

10．GIIPS 諸国の重債務危機と金融危機 ………………………… 72

11．ギリシャの財政金融危機 …………………………………… 74

12．アイルランドの財政金融危機 ……………………………… 76

13．ポルトガルの財政金融危機 ………………………………… 78

14．スペインの財政金融危機 …………………………………… 80

15．キプロスの財政金融危機 …………………………………… 82

16．イタリアの金融危機 ………………………………………… 84

17．中東欧の国際収支危機 ……………………………………… 86

第5章　欧州中央銀行制度

1．欧州中央銀行制度 …………………………………………… 88

2．ユーロ域内資金決済システム ……………………………… 90

3．危機以前の金融政策運営 …………………………………… 92

目　次

 4．世界金融危機への対応 ……………………………………………… 94

 5．ユーロ危機と非標準的金融政策の採用（1）……………………… 96

 6．ユーロ危機と非標準的金融政策の採用（2）……………………… 98

 7．ユーロ圏の非標準的金融政策再開と財政政策 …………………… 100

第6章　証券取引所

 1．概観 …………………………………………………………………… 102

 2．CBOE ヨーロッパ ………………………………………………… 104

 3．ロンドン証券取引所グループ（LSEG）………………………… 106

 4．ユーロネクスト ……………………………………………………… 108

 5．ドイツ取引所 ………………………………………………………… 110

 6．ナスダック・ノルディック ………………………………………… 112

 7．SIX スイス取引所 ………………………………………………… 114

第7章　株式市場

 1．欧州の株式市場 ……………………………………………………… 116

 2．ドイツの株式発行市場（1）………………………………………… 118

 3．ドイツの株式発行市場（2）………………………………………… 120

 4．ドイツの株式流通市場 ……………………………………………… 122

 5．ドイツの株式指数 …………………………………………………… 124

 6．イギリスの株式市場 ………………………………………………… 126

 7．フランスの株式市場 ………………………………………………… 128

 8．イタリアの株式市場 ………………………………………………… 130

 9．スペイン・ポルトガルの株式市場 ………………………………… 132

 10．ベネルクスの株式市場 ……………………………………………… 134

 11．スイスの株式市場 …………………………………………………… 136

 12．北欧の株式市場 ……………………………………………………… 138

 13．ロシア・中東欧の株式市場 ………………………………………… 140

目　次

第8章　公社債市場

1. 概要 …………………………………………………………… 142
2. 財政と公債 …………………………………………………… 144
3. イギリスの国債市場 ………………………………………… 146
4. ドイツの国債市場 …………………………………………… 148
5. イタリアの国債市場 ………………………………………… 150
6. 銀行債（1）−カバードボンド− ………………………… 152
7. 銀行債（2）−優先債（シニア），劣後債，証券化− ……… 154
8. 債券レポと債券先物 ………………………………………… 156

第9章　デリバティブ市場

1. 概観 …………………………………………………………… 158
2. EUREX（1） ………………………………………………… 160
3. EUREX（2） ………………………………………………… 162
4. EUREX（3） ………………………………………………… 164
5. ICE ヨーロッパ（1） ……………………………………… 166
6. ICE ヨーロッパ（2） ……………………………………… 168
7. Euronext（1） ……………………………………………… 170
8. Euronext（2） ……………………………………………… 172
9. 店頭デリバティブ取引 ……………………………………… 174
10. 店頭金利デリバティブ取引 ………………………………… 176

第10章　M&A と証券化市場

1. 欧州の M&A 市場 …………………………………………… 178
2. 証券化市場 …………………………………………………… 180
3. 証券化市場と STS フレームワーク ……………………… 182
4. カバードボンド−発行市場と趨勢− ……………………… 184
5. カバードボンド−流通市場とユーロシステム− ………… 186

第11章　投資ファンド

1. 欧州投資ファンド市場の概観 …………………………………… 188
2. 欧州投資ファンドの共通規制基準 …………………………… 190
3. ファンド登録地としてのルクセンブルグ・アイルランド ……… 192
4. フランスの投資ファンド市場 …………………………………… 194
5. ドイツの投資ファンド市場 ……………………………………… 196
6. UCITS ファンドの実質パフォーマンス ……………………… 198

第12章　証券税制

1. 欧州における資本所得課税の動向 ………………………………… 200
2. EU 税制調和の進展（1）－法人課税－ ……………………… 202
3. EU 税制調和の進展（2）－デジタル課税・金融取引税－ ……… 204
4. EU 税制調和の進展（3）－利子課税－ ……………………… 206
5. ドイツの最近の証券税制改革 …………………………………… 208
6. ドイツの金融所得課税 …………………………………………… 210
7. ドイツの非居住者課税 …………………………………………… 212
8. フランスの証券税制 ……………………………………………… 214
9. スイスの証券税制 ………………………………………………… 216

第13章　証券規制

1. 世界金融危機とドラロジエール報告 …………………………… 218
2. ESFS（欧州金融監督システム）（1）－ESRB－ ……………… 220
3. ESFS（欧州金融監督システム）（2）－ESAs－ ……………… 222
4. EU の新しい金融規制体系 ……………………………………… 224
5. MiFID II ………………………………………………………… 226

第14章　会計制度

1. 欧州の証券市場における会計制度の動向 ……………………… 228
2. EU における IFRS/IAS のエンフォースメント ……………… 230
3. 証券取引監督機構と財務情報のエンフォースメント ………… 232

目　次

　　4．欧州各加盟国における国内の会計監督体制
　　　　－ドイツを事例に－ ……………………………………… 234
　　5．EU－CSR 指令による「非財務情報」の開示の動向 ……………… 236

図　説

ヨーロッパの証券市場

第1章　EUの歴史

1．EUの統合－深化と拡大－　　EU（欧州連合）はEU条約に基づき，経済・通貨統合，共通外交・安全保障政策，また警察・刑事司法協力等の国家協力を進める政治・経済統合体である。2019年，加盟国28，人口は5億1千万人，面積430万平方キロ（日本の11倍，米国の1/2），経済規模（GDP）は15兆9000億ユーロ（18.5兆ドル），米国と並ぶ巨大経済圏である。

　EUは経済統合によって発展した。それはなぜ，どのようにスタートしたのだろうか。第2次大戦により欧州は4千万人を超える死者を出し，経済は破壊された。東部は共産主義ソ連が占領，東西に2分された。ソ連と米国の両超大国の谷間で西欧は没落の危機に瀕した。フランスと西ドイツは過去を超えて1950年共同体建設に踏み出し，西欧4カ国（ベネルクス3国とイタリア）が追随，ソ連との対抗上，米国は全力で西欧・南欧を支援した。

　かつて世界の中心だった西欧の繁栄を回復するという政治的意志に支えられ，統合は欧州石炭鉄鋼共同体（ECSC）によって仏独不戦体制を構築，両国民の信頼は年を追う毎に高まり，63年仏独協力条約（エリゼ条約）の締結に至った。

　EUの統合は2つの方向で展開している。第1は統合の深化（deepening），第2は統合の拡大（enlargement），つまり加盟国の数の増大である。

　統合の深化はECSC構築から4段階で発展し，EUは今日世界でもっとも進んだ統合体となった。経済・通貨統合では加盟国は主権の一部をEUに委譲し，共同で行使する。EEC（欧州経済共同体）では，58年に発効したローマ条約により，関税同盟と共同農業市場を形成（68年完成）。加盟国は関税権・農業市場政策権限をEC（欧州共同体，67年形成）に委譲した。85年から92年にかけてEC単一市場を構築，EC加盟国の間でモノ・サービス・資本（カネ）・人の域内自由移動が実現した。単一市場は12カ国から形成され，通貨はバラバラなので，為替投機に弱い。単一市場防衛のため，90年代をかけて通貨統合を進め，世紀の転換時に単一通貨ユーロを導入した。ユーロ圏諸国は共通の通貨圏に所属し，金融政策権限をECB（欧州中央銀行）に委譲した。

　EUは10年代に入ると，後述するように，多くの危機に直面した。イギリスはEU離脱へ動く。20年代EUの課題は危機対応と統合発展である。

2

第1章 EUの歴史

EU統合の5段階

EUの基本データ

	面積	人口	GDP	一人当たりGDP（指数）	
	1,000km²	1,000人	億ユーロ	ユーロ表示	PPS表示
EU28	4,291	511,266	148,210	86.5	92.5
EU27（イギリスを除く）	4,046	445,694			
ユーロ加盟19カ国	−	340,127	107,410	94.3	98.2
ドイツ	357	82,488	31,330	113.4	113.9
フランス	547	66,671	22,250	99.6	97.4
イタリア	301	60,623	16,720	82.4	88.6
スペイン	540	45,468	11,140	71.6	84.2
オランダ	42	17,030	6,972	122.2	118.5
ポルトガル	92	10,329	1,849	53.6	71.0
ベルギー	31	11,271	4,220	111.8	108.7
オーストリア	84	8,739	3,495	119.4	115.6
フィンランド	337	5,495	2,141	116.3	100.5
アイルランド	70	4,717	2,658	168.3	165.8
ルクセンブルク	3	584	542	277.2	249.3
ギリシャ	132	10,784	1,759	48.7	62.2
スロベニア	20	2,065	398	57.5	77.0
キプロス	9	853	179	62.6	75.8
マルタ	0.3	437	99	67.7	87.6
スロバキア	49	5,431	810	44.5	72.6
エストニア	45	1,316	209	47.5	69.1
ラトビア	65	1,961	250	38.1	60.2
リトアニア	65	2,869	386	40.2	70.5
ユーロ未加盟9カ国	−	171,598	40,799	−	−
イギリス	245	66,031	23,670	107.8	99.4
デンマーク	43	5,729	2,768	144.2	115.8
スウェーデン	450	9,923	4,624	139.1	114.8
ポーランド	313	38,427	4,243	33.0	64.1
チェコ	79	10,564	1,744	49.3	81.2
ハンガリー	93	9,815	1,124	34.2	63.6
ブルガリア	111	7,155	474	19.8	44.6
ルーマニア	238	19,760	1,696	25.6	54.5
クロアチア	57	4,194	456	32.4	54.5
EU加盟候補国					
マケドニア	26	2,078	99	14.2	33.8
トルコ	781	79,275	7,755	29.2	57.5
モンテネグロ	14	621	38	18.1	39.0
セルビア	77	7,057	341	14.4	34.3
アルバニア	29	2,886	108	11.1	27.9
参考					
日本	378	126,970	44,700	105.2	−
米国	9.631	321,173	167,740	154.8	−
中国	9.600	1,382,710	101,339	21.9	−
ロシア	17.098	143,439	11,569	24.1	−
世界	135,641	7,432,663	679,103		

（注）1．各国一人当たりGDPはEU15＝100とした指数表示。PPSは各国の物価水準を考慮した購買力平価指数（生活水準指数）。
　　 2．数値はいずれも2016年。
〔出所〕面積はUN, Demographic Yearbook., 2012。EU関係はEuropean Commission, Statistical Annex of European Economy, Spring 2017。その他は外務省等のサイト。

3

第1章　EUの歴史

2．EUの拡大－6カ国から28カ国へ－　　EU統合の第2の方向は統合の拡大（enlargement）である。

第2次大戦後ヨーロッパはソ連圏（共産圏）の東欧と資本主義圏に分断され，その資本主義圏も，仏独中軸の大陸6カ国（EEC）とイギリス中軸の北欧・南欧7カ国（EFTA：欧州自由貿易連合）に分裂した。EECは「ヨーロッパのすべての国は加盟を申請できる」と条約で規定しており，イギリスや南欧・北欧諸国をEECに取り込もうとした。EU拡大によって欧州を統一し，内部対立を排除し，超大国米国に対抗するための人口と経済規模が必要だったのである。

1950・60年代には経済統合による高度成長によってイギリスとEFTAを圧倒したので，イギリスは61年EECに加盟を申請した。第2次大戦の負担，大英帝国の崩壊（植民地独立）などを受けて経済が長期停滞に陥り，EEC加盟によって停滞から抜け出そうとした。フランスの強い反対により，イギリスは加盟申請を2度拒否された後，73年デンマーク・アイルランドとともにECに加盟した（第1次拡大）。「南への拡大」がこれに続いた。ギリシャ（81年，第2次拡大），スペイン・ポルトガル（86年，第3次拡大），そして95年には，ソ連崩壊を受けて，中立主義をとっていたスウェーデン，フィンランド，オーストリアが加盟して，15カ国（EU15）になった（第4次拡大）。

91年ソ連が崩壊すると，旧ソ連圏の東欧諸国が加盟を申請した。EUは加盟条件としてコペンハーゲン基準を定め，加盟前支援を行って，04年に中・東欧8カ国とキプロス・マルタの計10カ国（EU25，第5次拡大），07年ルーマニア，ブルガリア（第5次拡大の遅れ組），13年にクロアチアが加盟した。

EU28の人口は5億人を超え，GDPは米国に匹敵する規模になったが，経済の発展段階や歴史の異なる多くの国の加盟はEUに内部対立をもたらした。イギリスは自立心が強く，EUは自由貿易圏でよいと考えて，仏独主導の統合の深化（主権のEUへの委譲）に原則として反対，ユーロには非参加。16年ついにEU離脱へ動き出した。北欧にも自国の伝統を重視して，ユーロ非参加の国がある。南欧諸国はユーロ危機によって経済が落ち込み，ギリシャ，イタリアではEUとの対立も起きた。東欧諸国の加盟は低賃金生産基地をEUに提供し，EU経済を活性化させたが，反西欧・反EUの動きが見られる。

4

第1章　EUの歴史

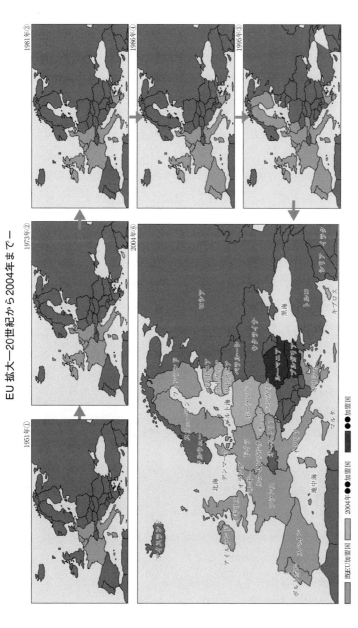

EU拡大―20世紀から2004年まで―

① 1951年4月　ベルギー、ドイツ、フランス、イタリア、ルクセンブルク、オランダ（欧州石炭鉄鋼条約調印の原加盟国）
② 1973年1月　デンマーク、アイルランド、イギリスが加盟
③ 1981年1月　ギリシャが加盟
④ 1986年1月　スペイン、ポルトガルが加盟
⑤ 1995年1月　オーストリア、フィンランド、スウェーデンが加盟（1990年には東西ドイツ再統一により、東ドイツが編入）
⑥ 2004年5月　チェコ、エストニア、キプロス、ラトヴィア、リトアニア、ハンガリー、マルタ、ポーランド、スロヴェニア、スロヴァキアの計10カ国が加盟

〔出所〕　欧州委員会代表部

第1章　EUの歴史

3．EU統合の飛躍は基本条約改正による　統合は加盟国の間の条約を
ベースに進み，新条約が統合の段階を高めた。右図の上部に条約の名前が，年
号の下に新規加盟国名を記す。右図の注のように，1950年代発効の3条約の機
関が統合されて，67年ECとなった。

　58年発効のEEC条約は「共同市場の創設」を目標に掲げたが，具体化した
のは，①関税同盟，②農産物の農業共同市場，の2つ。つまり，商品の域内自
由移動だった。関税同盟は域内の関税率ゼロ，対外共通関税をもつ単一関税領
域である。各国の域内関税を徐々に引き下げ12年かけてゼロにした。対外共通関
税は商品毎に6カ国の関税率の算術平均値に収斂させた。農業共同市場では小
麦など主要農産物の価格を統一し，共通農業政策によって管理した。

　商品・サービス・資本・人の域内自由移動（「4つの自由」）を実現した共同
市場は，85〜92年に進められた単一市場統合により実現した。70年代半ばから
80年代にかけて米英主導で経済自由化・グローバル化が始まり，大陸諸国も対
抗上，巨大単一市場の形成に乗り出したのである。8年間をかけて，物理的障
壁（域内税関），技術的障壁（製品の規格や標準），税障壁（間接税のみ）の3
種類の非関税障壁を撤廃し，域内税関が撤廃された93年1月1日，単一市場は
スタートした。単一欧州議定書（87年発効）によってEEC条約を改正し，
EC12カ国は多数決で多数の単一市場の法令を採択した。

　マーストリヒト条約により93年ECからEUに発展し，経済・通貨統合，共
通外交・安全保障政策，司法・内務協力の3本柱構造になった。単一市場に次
ぐ統合の飛躍は通貨統合で，マーストリヒト条約は通貨統合を取り決めた（92
年調印・93年発効）。単一通貨ユーロは99〜02年にかけて導入を終えた。その
後，東欧諸国の加盟など新事態に対応するために，アムステルダム条約，ニー
ス条約によりEUの機構改革を行った。

　21世紀初頭にはEUの連邦化への端緒としてEU憲法条約が加盟国により署
名されたが，05年フランスとオランダの国民投票で拒否された。東欧加盟への
反発などが拒否につながった。

　EU憲法条約は，連邦的取り決めを削除・緩和して，リスボン条約になり，
09年12月発効。3本柱構造を廃止し，権限をEUに一本化した。今日もリスボ
ン条約を基本条約として，EUは動いている。

6

第1章　EUの歴史

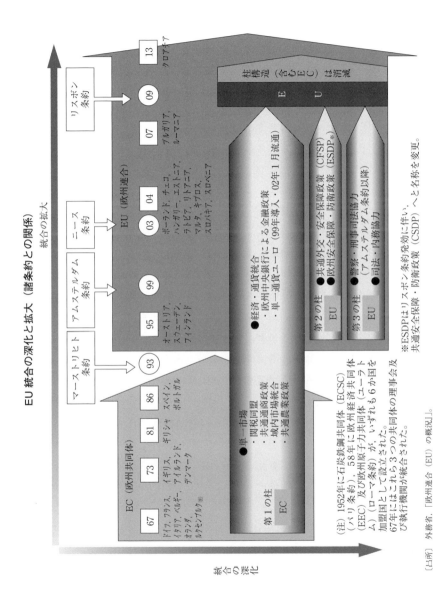

第 1 章　EU の歴史

4．広域国民経済形成統合と EU の民主主義　　ほぼ70年に及ぶ EU の経済
統合の第 1 段階は貿易や農業など特定の経済部門を対象とする部門統合だっ
た。1980年代半ば以降第 2 段階に入り，一国経済に固有の「4 つの自由」や単
一通貨を，国境を越えて EU 全域規模で実現した。多数国をカバーする広域の
国民経済を形成する，前例のない統合になった。

　80年代から，米英両国主導で経済の自由化・グローバル化が進んだ。巨大市
場・単一通貨をもつ米国に対して，EU は加盟国が並立していて，十分に対応
できなくなった。競争上の不利を挽回するために単一市場統合（「非関税障壁
の全廃」）に80年代半ばから取り組んだ。巨大単一市場により，米国と競争で
きる単一経済の形成を目指したのである。

　このような統合の進展は加盟国に対する EU の権限を引き上げた。EU は加
盟国単位の民主主義をベースにしているが，国益で歪むようなことがあっては
ならないので，超国家機関の欧州委員会が政策（法令）を提案し，加盟国の大
臣からなる EU 理事会（閣僚理事会ともいう）が EU 法を採択する。採択され
た EU 法の実施と統合事項の管理・運営は欧州委員会が担い，実施は加盟国が
引き受ける。EU の欧州議会は79年直接選挙で議員を選ぶようになり，その正
統性を背景に権限を強め，リスボン条約では EU 理事会との共同決定権限を獲
得した。欧州議会議員は EU 市民の直接選挙で選ばれるので，EU 市民の民主
主義をベースにしている。税制関連など加盟国のみの権限事項を除くほとんど
の政策領域で共同決定が行われる。また EU 法の解釈は EU 司法裁判所が行
い，判決を下し，違反者（国家を含む）には罰則を科す。

　広域国民経済の管理運営は EU と加盟国の共同の作業であるが，EU の権限
が拡大している。60年代末に関税同盟が完成すると，加盟国は関税の決定権を
失い，EU レベルに移る。70年代以降，GATT や WTO に関する貿易交渉は
EU（欧州委員会）が担当するようになった。このケースでは関税主権を EU
が代表して共同で行使する。「主権の共有（shared sovereignty）」方式と言わ
れる。超大国に比べると中小国の集まりにすぎない欧州の智恵といえる。

　財政支出の面では，健康・福祉，住宅，社会資本，教育，国防，警察，社会
問題などの典型的な支出はすべて加盟国レベルで行われ，EU はこれらの分野の
ごく一部を担うか，加盟国間の協力促進を担っている。

8

第1章　EUの歴史

EU法の提案と採択

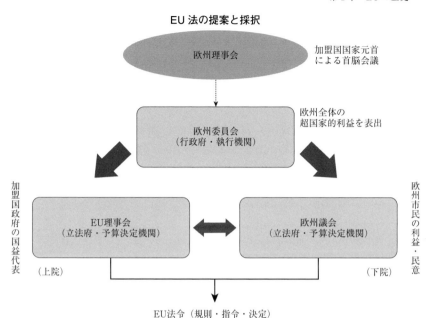

(注) 1. 欧州理事会（EU首脳会議）はEUの方針を審議・決定するが，立法権はなく，欧州委員会やEU理事会に指示を出す。法案提出権は欧州委員会だけにある。
 2. 非常に多くのEU法令についてEU理事会と欧州議会は共同決定により立法化を行う（「通常立法手続き」）。

第1章　EUの歴史

5．EUの「排他的権限」と「共有権限」　経済統合によりEUはいくつかの分野で「排他的権限」を獲得し，その分野では連邦国家のような権限をもつ。だが，EUに課税権はなく，EU警察やEU軍もない（加盟国の協力組織のみ）。いわゆる連邦国家ではない。

リスボン条約は，EUの排他的権限，加盟国との共有権限，その他の権限関係を定めている。排他的権限はEUに委譲された権限であり，加盟国は権限をEUレベルで共同行使する。たとえば，日欧EPA（経済連携協定）は共通通商政策なので，EU理事会と欧州議会が承認し，2019年2月に発効した。「共有権限」の分野でも，EUが権限を獲得すると，加盟国はその領域に侵入できない。

EUと加盟国の権限は複雑に絡み合っており，切り離しは困難を極める。イギリスは16年6月の国民投票でEU離脱を決めた。離脱派の政治家は「離脱は簡単」と言っていたが，イギリス政府も議会も国民も大混乱に陥り，投票から3年を経ても方針が定まらなかった。離脱後も権限の回復をめぐって厳しい課題に直面する。

EU経済はEUおよび加盟国相互に絡み合っており，単一市場により一国と同じように，国境なしのフリーパスの商品・サービスなどの移動が可能である。離脱すると，関税障壁，非関税障壁が復活して，イギリスと大陸のEU諸国との間に形成されている企業・工程間の供給網は寸断される。製造業では企業の製造工程がイギリスと大陸の間に稠密に形成されていて，部品は幾度も国をまたいで仕上げられていき，完成品となり，イギリスから大陸へ輸出される。ドイツ企業はイギリスに3000社以上が立地し，雇用者数は41万人，EU規模の「サプライ・チェーン」を使って製品を仕上げている。

イギリスが共通農業政策から離脱すると，関税障壁・非関税障壁が復活する。金融でも銀行など金融機関はEUの単一パスポート制度により自由に他の加盟国でサービス活動できるが，離脱するとその権限はなくなり，補完措置をとっても完全な修復はできない。

離脱後の移行期間（イギリスのビジネスは離脱以前と同じ待遇を受ける）にイギリスとEUの間でFTA（自由貿易協定）を締結し，双方の打撃を最小限にする作業が残っている。

10

第1章　EUの歴史

EUの排他的権限と共有権限（リスボン条約）

EUの排他的権限	EUと加盟国の共有権限	
(1)関税同盟	(1)単一市場（シングル・パスポートなど）	(8)欧州横断ネットワーク（運輸，電気通信，エネルギーのインフラ）
(2)単一市場関連の競争法	(2)一定の社会政策	(9)エネルギー（市場機能，供給の確保など）
(3)ユーロ圏の貨幣（金融）政策	(3)経済的・社会的・領域的結束（格差是正）	(10)自由・安全・司法領域
(4)海洋生物資源保護	(4)農業，漁業	(11)公衆衛生に関わる安全（人の臓器・血管や医薬品など）
(5)共通通商政策	(5)環境	(12)研究・技術開発・宇宙
(6)既存のEU立法や権限に関わる国際協定の締結	(6)消費者保護	(13)開発協力・人道援助
	(7)運輸	・欧州特許局（在イギリス）→2017年から特許手続き簡素化実施予定

（注）1．排他的権限はEUのみの権限（EU運営条約第3条），共有権限は同第4条。
　　　2．このほかに，「支援権限」（EUは支援と補完，同第6条），「協調権限」（同第5条）がある。
　　　3．排他的権限の(6)の「国際協定締結」はEUが加盟国を代表して締結する。イギリスが離脱後に現状維持をはかるためには168カ国を相手に750の国際協定の結び直しが必要とされる。内訳は，通商295協定，規制関係202，漁業69，輸送65（航空協定など），原子力45，農業・食品34である（2017年5月時点でフィナンシャル・タイムズの調査による）。

11

第1章　EUの歴史

6．EU の政策形成と政策の執行　　EU の主な仕事は単一市場の管理運営，ユーロによる金融政策，競争政策，共通通商政策，対外政策，その他排他的権限と共有権限に属する多数の政策領域である。EU 予算は EU・GDP のわずか1％（約20兆円）にすぎず，農業政策と地域振興政策（「構造政策」と呼ばれる）にそれぞれ約40％がつぎ込まれている。EU の省庁にあたる欧州委員会の職員数は3万人超と控えめである。

　巨額の予算を要する福祉政策，教育，治安，国防などは EU 加盟国の仕事である。EU が決定する行政事項の実施は加盟国の公務員が担い，EU 職員の仕事は基本的に EU レベルの政策提案，EU 法律案の作成，世界各国に所在する EU 代表部の運営など，連邦的な仕事である。

　EU の超国家的統治は EU 法によって行われ，EU の4つの機関が関わる。①EU 首脳会議（正式名称は「欧州理事会」European Council），②欧州委員会，③EU 理事会，④欧州議会，である。⑤EU 司法裁判所は，EU 加盟国，企業，個人，EU 諸機関，外国企業などが EU 法に適法な行動をしているかを判定する。EU 法の適用，運用の監督は欧州委員会による。

　欧州委員会は基本条約に基づいて EU 法の提案と執行を担当する（本部はベルギーの首都ブリュッセル）。省庁に当たる多数の総局，局，部をもつ。EU（閣僚）理事会は加盟国の大臣からなり，欧州委員会の提案を採択する（採択拒否もある）。超国家機関の欧州委員会が国益に偏らない提案を行い，各国の大臣が国益に基づいて主張し，提案の修正も組み込みながら，EU 法を採択する。加盟国数の55％以上，法案に賛成する加盟国の人口が EU 人口の65％を超えると法案は採択される（二重多数決制）。EU 首脳会議は欧州理事会常任議長（通称「EU 大統領」）の司会により，EU の基本方針を定めて，欧州委員会・閣僚理事会に立法化を指示する（首脳会議に立法権限はない）。欧州委員会委員長と EU 大統領は EU を代表して国際会議や通商協定締結に臨む。

　欧州議会は1979年から5年に一度直接選挙により議員を選出する（EU 全体で加盟国レベルの比例代表制選挙により。議員数751，イギリス離脱後 EU27で705）。欧州理事会と EU 理事会は加盟国を代表し，欧州議会は EU 市民を代表する。欧州議会は今日，税制関係を除くほとんどの分野で閣僚理事会と EU 法の共同決定を行う。

12

第1章　EUの歴史

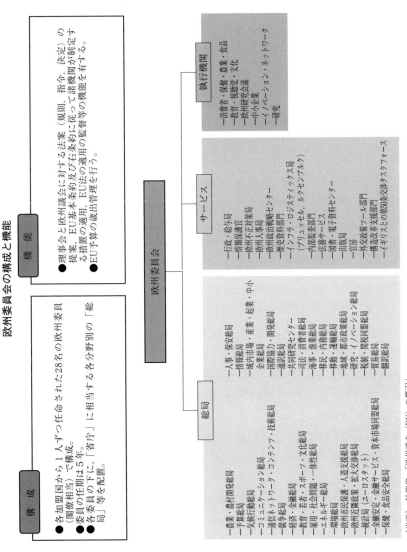

[出所] 外務省、「欧州連合（EU）の概況」

第1章　EUの歴史

7．EU財政　　EUは多数の政策を実施し，EU機関を維持するなどするために，財政が必要である。支出側では，農業，構造政策（地域格差是正），域内政策と対外政策，管理費が主たる項目である。EUは課税権をもたないので，関税・農業課徴金，EUルールによる加盟国の拠出金（VAT独自財源，GNI独自財源）により収入を得ている。VAT財源は加盟国の付加価値税の一定割合を，GNI独自財源は加盟国がGNI（総国民所得）に比例して，それぞれ拠出する。

EECでは加盟国拠出金により共通農業政策と管理費をまかなったが，関税同盟が完成すると，関税収入がEUの財源になるので，1970年代前半期にEU財政の運用が始まり，欧州議会は財政を最終決定する権限を獲得して存在感を高めた。79年初の欧州議会直接選挙が実施され，以後5年ごとに実施されて，19年5月には第8回の欧州議会選挙となった（後述）。

支出面では，70年代には共通農業政策が圧倒的シェアを占めたが，80年代に南欧諸国が加盟して地域格差縮小の構造政策のシェアが拡大し，21世紀初頭の東欧諸国の加盟により構造政策と農業がほぼ同規模となった。あとは，成長・雇用・競争力，「グローバル欧州」（加盟候補国支援，近隣諸国への支援政策，途上国支援など），管理費である。支出総額はEUのGDPの約1％，毎年約20兆円もの予算は加盟国にとっても重大事である。

EU予算の純拠出国は北欧・西欧の先進諸国，純受取りは東欧諸国である。純拠出国の負担はGDP比0.5％以下だが，金額的にはドイツ，フランス，イギリス，イタリアが大きい。純受取り国はGDP比2〜5％にのぼり，インフラ投資など経済発展にかなり大きな効果をあげている。

純拠出国の負担により東欧経済の成長率が高まると，西欧南欧諸国の東欧輸出は増える。また，西欧南欧諸国のインフラ企業が東欧諸国の道路建設を請け負うなど，見返りがある。東欧諸国をEUに惹き付ける効果もある。

EU財政は7年ごとの多年度財政枠組みを一区切りに運営されている。14〜20年（EU28）と21〜27年（EU27）の大きなくくりは右図のとおりである。21〜27年は，イギリスのEU離脱を織り込んだ欧州委員会の提案である。20年に最終決定となるが，それまで，加盟国の駆け引きが続く。最終決定はEU理事会と欧州議会の協議に委ねられる。

14

第 1 章　EU の歴史

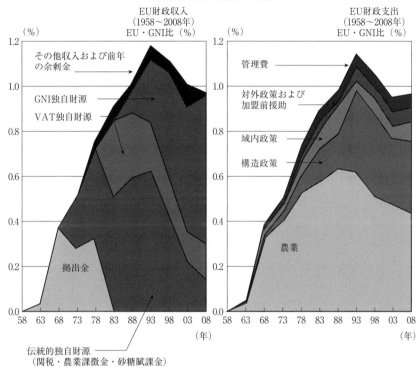

EU 財政の収入と支出の歴史

〔出所〕 欧州委員会ウェブサイト（http://ec.europa.eu/budget/reform/history/history 1957_en.htm）。

EU 財政の多年度枠組み

2014－2020多年度枠組み	割合%	2021－2027多年度枠組み	割合
1　賢明な＆包摂的な成長	47.2	1　単一市場・技術革新・デジタル	14.7
1 a　成長・雇用・競争力	1.3	2　格差是正	34.5
1 b　格差是正	34.2	3　自然資源と環境	29.7
2　持続的成長：自然資源	38.6	4　移民と域外国境管理	2.7
3　安全保障と市民	1.6	5　安全保障と防衛	2.1
4　グローバル欧州	6.1	6　近隣と世界	9.6
5　管理費	6.4	7　管理費	6.7
総額　1兆1357億ユーロ		総額　1兆1346億ユーロ	

（注） 1.「持続的成長：自然資源」は共通農業政策と農村開発，環境・気候変動対策，インフラ投資。「域外国境」は EU の外囲国境。
　　 2.「総額」：2014－20年は EU28，2021－27年は EU27（イギリスを含まない）。
〔出所〕 欧州議会資料。

第1章　EUの歴史

8．世界政治・経済の発展とEU統合の危機　　第2次大戦後の世界経済
（先進国ベース）は，①高度成長の管理資本主義時代（1970年代前半まで），②
新自由主義・グローバル化時代（08/09年のリーマン危機まで），③クライシス
（危機）時代（ポストリーマン危機の時代，10年〜今日）に3分できる。

　①の時代は，先進資本主義規模でIMF＝GATT体制が為替相場安定・貿易
自由化を保証し，高度成長の黄金時代となった。EEC（欧州経済共同体）／EC
（欧州共同体）は経済統合で対米キャッチアップを実現した。米国は日欧の競
争力強化に追い詰められ，70年代早々にIMF固定為替相場制を崩壊させ，変
動相場制の時代に移行した。ECは域内の為替相場安定機構を形成した。

　②の時代には，先進諸国で所得格差が拡大した。EC／EUは単一市場・単
一通貨の統合を成功させた。金融自由化は米英欧で行き過ぎて金融バブルが破
裂，08年世界金融危機から危機の時代に移行した。

　リーマン金融危機は米英両国の中央銀行の大胆な金融政策，各国の財政支出
などにより比較的短期間で終息したが，経済成長率低下・失業率急騰，所得格
差拡大など後遺症が残り，クライシス時代となった。エリート・指導層への批
判は広がり高まり，「反エリート」政治運動のポピュリズムが台頭・拡大し
た。伝統的な政党の支持率は低下，多党化し，政治の安定が失われた。

　共産主義ソ連が91年に崩壊して冷戦時代は終了し，ポスト冷戦時代となって
グローバル化が本格的に進展した。中国や東南アジア諸国，東欧など低賃金生
産国に先進国企業が大規模に進出し，貿易と経済が発展，20カ国ほどが新興国
に成長し，先進国との格差を縮めた。先進諸国では脱工業化が進み，零落した
労働者層がポピュリズム支持層の中核となっている。

　グローバル化で少数の新興国はうるおったが，多くの低開発国は放置され，
経済と政治は混乱，内戦や難民の流出問題が起きた。シリア，アフガニスタ
ン，アフリカ諸国，西バルカンなどで難民が大量に発生し，15年にはドイツを
はじめEUに100万人以上の難民が押し寄せた。イスラム圏からの流入にEU
では拒否反応を示す政府や人々もいる。EUは難民に寛大なので，ポピュリズ
ム運動は多くの国で「反EU」を唱える。対外問題も厳しい。米トランプ政権
が保護主義に転じ，中国も「一帯一路」でEUの分断をはかっている。

16

第 1 章　EU の歴史

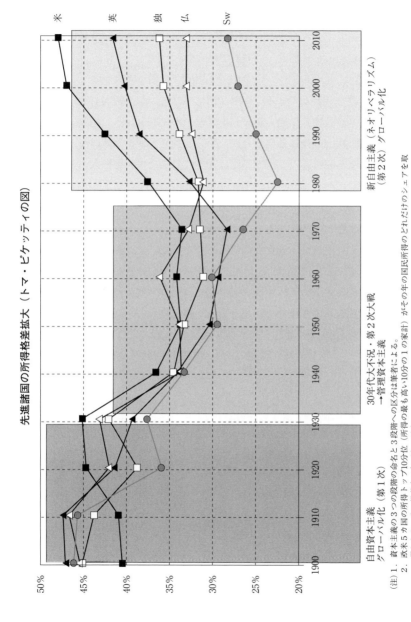

先進諸国の所得格差拡大（トマ・ピケティの図）

(注) 1. 資本主義の3つの段階への命名と3段階への区分は筆者による。
　　 2. 欧米5カ国の所得トップ10分位（所得の最も高い10分の1の家計）がその年の国民所得のどれだけのシェアを取得したか。その推移を10年ごとに示す。
[出所] トマ・ピケティ [2014]『21世紀の資本』図 9－7 に筆者が段階規定を加えた。

17

第1章　EUの歴史

9．東欧諸国のEU加盟とEUの変質　　20世紀のEU拡大は，資本主義圏・民主主義圏への拡大であって，原加盟6カ国と新規加盟国の間に対立はあったが，妥協して折れ合った。2004・07年の第5次拡大は旧共産圏の東欧の加盟であり，従来のEU拡大とは異質であった。

　東欧10カ国は，北から①バルト3国，②中欧5カ国，③東バルカン2カ国，の3地域に分けることができる。中欧諸国はハプスブルク帝国（後にオーストリア・ハンガリー帝国）に組み込まれ工業化・市民社会化し，西欧文明・文化を経験し，第1次大戦後に独立したが，第2次世界大戦後ソ連の軍事占領の下で共産主義体制へ移行した。中欧諸国は70年代以降大衆消費社会に進み，ポーランド，チェコ，ハンガリーは89年反共産主義の市民革命に至った。

　バルト3国は外部勢力への従属の長い歴史をもち，第一次大戦で独立したが，ソ連に併合された。東バルカン2カ国はオスマン・トルコの5世紀にわたる支配を受け，独立後も市民社会は発展しなかった。ソ連圏に組み込まれ，個人独裁体制の下で産業発展は遅れ，悲惨な人権状況を経験した。

　EUは93年東欧諸国のEU加盟の条件として，コペンハーゲン基準を定めた。加盟申請国は次の3条件の充足をEUが認定すれば，欧州理事会の全会一致の承認とEU加盟国の批准を経て新規加盟になる。①政治的基準［民主主義，法の支配，少数者の権利保護など］，②経済的基準［市場経済が機能しEUの競争圧力に対処できる］，③法的基準［約2万6千の法規・35章からなるEU法体系のすべて（「アキ・コミュノテール」）を国内法に移し入れ，かつその履行能力を有する］，の3つである。

　EUは90年代半ばに東欧の加盟申請国と欧州協定を締結，EU加盟に向けた指導・援助とEUとのFTA（自由貿易協定）を取り決めた。西欧・北欧の企業は東欧諸国に90年代半ばから直接投資により進出を開始，工業化が進み熟練労働者を多数有する中欧から始まり，徐々に東欧全体に進出は拡大した。EU諸国から諸種の企業を受け入れて，中欧を中心に，生産・輸出・雇用が拡大。サービス部門でも銀行・デパート・スーパーマーケット・ホテル・インフラ部門などが進出，大都市の景観は西側に接近した。西側による東欧経済の支配の進展が東欧の高度経済成長をもたらした。東欧諸国の国民一人当たり所得水準はかなり急速に上昇したが，国別の格差が大きい。

第1章　EUの歴史

EU拡大の現状―21世紀の加盟国と加盟候補国―

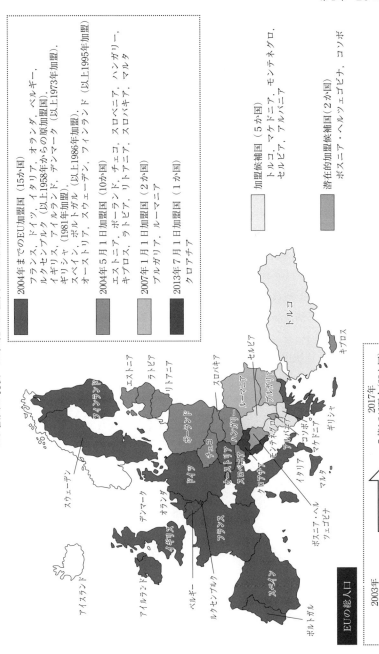

2004年までのEU加盟国（15か国）
フランス、ドイツ、イタリア、オランダ、ベルギー、ルクセンブルク（以上1958年からの原加盟国）、イギリス、アイルランド、デンマーク（以上1973年加盟）、ギリシャ（1981年加盟）、スペイン、ポルトガル（以上1986年加盟）、オーストリア、スウェーデン、フィンランド（以上1995年加盟）

2004年5月1日加盟国（10か国）
エストニア、ポーランド、チェコ、スロベニア、ハンガリー、キプロス、ラトビア、リトアニア、スロバキア、マルタ

2007年1月1日加盟国（2か国）
ブルガリア、ルーマニア

2013年7月1日加盟国（1か国）
クロアチア

加盟候補国（5か国）
トルコ、マケドニア、モンテネグロ、セルビア、アルバニア

潜在的加盟候補国（2か国）
ボスニア・ヘルツェゴビナ、コソボ

EUの総人口
2003年　3億2,073万人（15か国）　→　約1.6倍　→　2017年　5億1,246万人（28か国）暫定値
〈出典　EU統計局　暫定値〉

［出所］外務省、「欧州連合（EU）概況」。

19

第2章 EUの通貨統合とユーロ

1. ブレトンウッズ体制の崩壊からEU通貨協力へ 1929年米国大恐慌の波及により世界貿易は激減，不況，デフレ，ファシズム，為替相場切り下げ競争・通貨ブロックへの分裂，そして世界戦争へと至った。米国は世界経済の再構築構想を抱いて第2次大戦に臨み，植民地大国イギリス（大英帝国）を武器供与などで屈服させて，「自由・無差別・多国間」主義のルールと制度を実現した。為替相場安定のブレトンウッズ体制，貿易自由化のGATT（関税と貿易の一般協定）からなるIMF＝GATT体制である。

ブレトンウッズ体制は米ドルを基軸通貨とする固定相場制で，各国通貨の為替相場は対ドル平価（たとえば，1ドル＝360円）の上下1％以内で変動，先進国間の為替相場は安定していた。資本の国際的移動は規制され，固定相場制が機能した。しかし，60年代後半，国際競争力で日独に追い上げられた米国はドル切り下げで競争力回復をはかり，71年8月「ニクソン・ショック」により20年余りで固定相場制は崩壊，弥縫策も効なく，73年初めに主要国は変動為替相場制に移行した。

EU（当時はEC）諸国は貿易など経済の相互依存度が高いので変動制は無理で，72年4月から域内固定相場制を採用，73年3月対ドル変動相場制の「共同フロート」制に移行した（「スネーク」と呼ばれた）。だが，物価安定志向の西ドイツとインフレ許容・高度成長志向の仏伊英3大国が対立，3大国は「スネーク」から次々に離脱し，西ドイツ中心の「ミニ・スネーク」となった。

西独シュミット首相と仏ジスカールデスタン大統領のリーダーシップで仏伊両国は共同フロートに復帰，制度整備も実現し，79年3月「EMS（欧州通貨制度）」がスタートした。域内は中心レートの上下2.25％を変動幅とする固定相場制，対米ドル変動相場制の共同フロートだった（イギリスは不参加）。だが，西独と仏伊などのインフレ率は乖離しており，仏伊などの中心レート切り下げ，西独・オランダの切り上げを繰り返して，域内固定相場制を維持した。

基軸通貨米ドルは80年代急騰した後，85年から急激に下落した。ドルが不安定になると，強い通貨マルクに米国から資本が流入して為替相場が上昇，仏伊など弱い通貨は下落し，EMSの緊張を助長した。

第2章　EUの通貨統合とユーロ

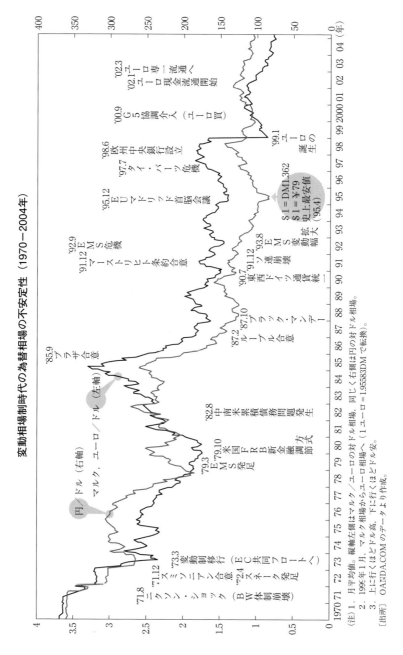

変動相場制時代の為替相場の不安定性（1970－2004年）

(注) 1. 月平均値。縦軸左側はマルク／ユーロの対ドル相場、同じく右側は円の対ドル相場。
2. 1999年1月、マルク相場からユーロ相場へ（1ユーロ＝1.95583DMで転換）。
3. 上に行くほどドル高、下に行くほどドル安。
[出所] OANDA.COMのデータより作成。

第2章　EUの通貨統合とユーロ

2．共同フロートの諸問題とマルクの基軸通貨化　　EMSはパリティ・グリッド方式の固定相場制である。EMS運営の問題は国際資本移動規制の前期（1987年まで）と自由化後の後期で異質であった。

EMSスタート後には，物価安定国（ドイツ，オランダ）とインフレ的な諸国（イタリア，フランスなど）の間で国際競争力が乖離し，投機に襲われる。中心レートの切り上げ・切り下げ（中心レート調整）を繰り返し，危機を切り抜けた。資本移動を規制していたので，この方式で対処できた。

80年代初めに米国は資本移動を自由化したが，高金利のため，世界中から資金が流入し，ドル相場は急騰，為替バブルとなりドル暴落の危機に直面した。85年9月米国の要請でプラザ合意に達し，G5（米日独仏英）が協力してドルの大幅下落（円とマルクの大幅上昇）を実現した。ドルの信頼は失われ，80年代末にドルに代わってドイツ・マルクがEMSの基軸通貨となった。同じ頃EU単一市場統合により，各国は資本移動を自由化した。

基軸通貨は，①為替標準通貨，②介入通貨，③準備通貨，の3つの機能を備えて，通貨圏の運営を規律する。EMS参加国はマルクを標準として自国通貨との乖離を2.25％におさめる（①の機能）。そのためにマルクで外為市場に介入する（介入通貨）。介入のためマルクを準備通貨として保有する。

マルクが基軸通貨になると，ドイツと他のEMS諸国の関係は非対称になる。自由な資本移動－為替相場安定（固定相場制）－独立した金融政策の3つをどの国も同時に達成するのは不可能なので，他のEMS諸国は自由な資本移動，固定相場制を選択すると，従属的金融政策になる。ドイツは，為替相場安定を考慮しないで，自立した金融政策を実施できる。

ドイツ連邦銀行（中央銀行）はドイツ本位の物価安定を重視した引き締め気味の金融政策を実施する。フランスやイタリアは不況の中でもっと金融を緩和してもらいたいが，連銀は譲歩しない。ドイツのこの特権を取り上げるために，単一通貨（共通通貨）を導入して，共通の中央銀行でドイツも他の国と同じように1票を行使する制度を目指し，フランスは88年通貨統合をドイツに提案し，ドイツ政府は前向きに対応した。89年のドロール委員会報告により通貨統合の方式を定め，政府間会議で交渉して91年末にマーストリヒト条約に合意（93年発効），ユーロ制度が条約に規定され，EUは通貨統合へ向かった。

22

第2章 EUの通貨統合とユーロ

パリティ・グリッド方式による EMS の固定相場制

通貨単位 (CU) 国通貨 ECU 中心レート			DM100 =…CU	BF100 =…CU	DKr100 =…CU	FF100 =…CU	Irish£1 =…CU	LIT1,000 =…CU	DFL100 =…CU
西ドイツ		U	–	6.508	36.235	44.285	3.875	2.322	94.375
ドイツ・マルク		M	–	6.36277	35.4313	43.2995	3.78886	2.18668	92.2767
DM 2.51064		L	–	6.221	34.645	42.335	3.705	2.059	90.225
ベルギー		U	1,607.40	–	569.50	696.00	60.9020	36.490	1,483.25
ベルギー・フラン		M	1,571.64	–	556.852	680.512	59.5471	34.3668	1,450.26
BF 39.4582		L	1,536.65	–	544.45	665.375	58.2225	32.365	1,418.00
デンマーク		U	288.660	18.3665	–	124.985	10.9365	6.553	266.365
デンマーク・クローネ		M	282.237	17.9581	–	122.207	10.6935	6.1716	260.439
DKR 7.08592		L	275.960	17.5585	–	119.49	10.4555	5.813	254.645
フランス		U	236.21	15.0290	83.69	–	8.9495	5.3620	217.96
フランス・フラン		M	230.95	14.6948	81.8286	–	8.75034	5.05013	213.113
FF 5.79831		L	225.81	14.3680	80.01	–	8.5555	4.7560	208.38
アイルランド		U	26.9937	1.71755	9.56424	11.6881	–	0.612801	24.9089
アイルランド・ポンド		M	26.3932	1.67934	9.35147	11.4281	–	0.577135	24.3548
IP 0.662638		L	25.8060	1.64198	9.14343	11.1739	–	0.543545	23.8130
イタリア		U	48,557.6	3,089.61	17,204.5	21,025.2	1,839.78	–	44,807.4
イタリア・リラ		M	45,731.4	2,909.79	16,203.3	19,801.5	1,732.70	–	42,199.5
LIT 1,148.15		L	43,069.8	2,740.44	15,260.5	18,649.0	1,631.85	–	39,743.4
オランダ		U	110.835	7.0520	39.27	47.99	4.1995	2.516	–
オランダ・ギルダー		M	108.370	6.89531	38.3967	46.9235	4.10957	2.36970	–
DFL 2.72077		L	105.960	6.7420	37.5425	45.88	4.0145	2.23175	–

(注) 1. U は為替相場の上限，M は 2 通貨間の中心レート（為替平価），L は為替相場の下限を示す。U と L は M から 2.25％乖離。
2. 1979 年 3 月 EMS スタート時の数値である。表 2 – 2 のように，M は次々に変更され，その上下 2.25％に新たな変動限度が設定された。
3. パリティ・グリッド（平価の格子）方式は，このように，各国の競争力を勘案して M を決め，その上下変動限度を 2 通貨間で設定する。
〔出所〕 Deutsche Bundesbank [1979], *Monthly Report*, March, p. 14.

EMS における為替平価（中心レート）変更

（回） 日付 通貨	(1) 1979 9.24	(2) 1979 11.30	(3) 1981 3.23	(4) 1981 10.5	(5) 1982 2.22	(6) 1982 6.14	(7) 1983 3.21	(8) 1985 7.22	(9) 1986 4.7	(10) 1986 8.4	(11) 1987 1.12	(12) 1990 1.8
ベルギー・フラン				–8.5		+1.5	+2.0	+1.0		+2.0		
デンマーク・クローネ	–2.9	–4.8			–3.0		+2.0	+2.0	+1.0			
ドイツ・マルク	+2.0			+5.5		+4.25	+5.5	+2.0	+3.0		+3.0	
フランス・フラン				–3.0		–5.75	–2.5	+2.0	–3.0			
イタリア・リラ			–6.0	–3.0		–2.75	–2.5	–6.0				–3.8
アイルランド・ポンド							–3.5	+2.0		–8.0		
オランダ・ギルダー				+4.25		+3.5	+2.0	+2.0	+3.0		+3.0	

(注) EMS 参加通貨が相互に設定する基準相場（バイラテラルな中心レート）の切上げ（＋），切下げ（－）の率を示す。
〔出所〕 Deutsche Bundesbank, *Devisenstatistik*, 各号。

経済政策の 3 角形の図

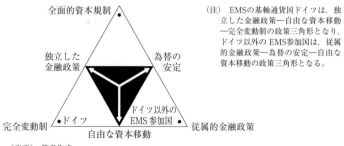

(注) EMS の基軸通貨国ドイツは，独立した金融政策―自由な資本移動―完全変動制の政策三角形となり，ドイツ以外の EMS 参加国は，従属的金融政策―為替の安定―自由な資本移動の政策三角形となる。

〔出所〕 筆者作成。

23

3．EMS危機を乗り越えて通貨統合本格化へ　　1980年代から90年代にかけて，世界の基軸通貨ドルの相場は未曾有の規模で変動し，為替相場の混乱が大問題となった。資本移動自由化は90年代にかけて多くの国が実施し，国際資本移動と為替投機は大規模化し，世界各国を不安に陥れた（92年EMS危機，97年東アジア通貨危機，南米通貨危機など）。

EMSでは92～93年通貨危機に襲われた。90年代初めから金利の高いEMS周縁国（イギリス，北欧，南欧など）に投資資金が流入したが，フランスのマーストリヒト条約批准の国民投票で通貨統合拒否の可能性が見えたため，資本は周縁国から一斉に引き揚げた（周縁国通貨売り／マルク買い）。周縁国通貨は下落，マルク相場は上昇し，2.25％の限度でEMS諸国の中央銀行はマルク売り／周縁国通貨買い（英伊など周縁国の弱い通貨）で対抗した。92年9月のEMS危機では，基軸国ドイツの政策金利が7％台（東独との統一によりインフレが起きたので）と極めて高いのに，弱い通貨の国は自国通貨の売りを防ぐために政策金利の2桁への引き上げを迫られる。不況下の高金利に耐えられず，英ポンド（90年EMS参加）と伊リラは9月EMSを離脱した（変動制へ移行）。

為替投機筋は，銀行調達した弱い通貨を売ってマルクを買い続け（「一方的賭け」），切り下がった通貨をマルクで買い戻して数十億ドルを大儲けした。

EMSが投機の攻撃を耐え抜いたのは，マルクが基軸通貨になり，介入に必要なマルクを無制限に供与できたからである。ドイツは英伊両国へのマルク供与は中途で断念したが，EMSの重要な通貨は守り通した。ドル依存ならEMSは92年危機で崩壊したであろう。しかし，2.25％の狭い変動幅のEMSでは相次ぐ投機に耐えられないことが明らかになり，93年7月のEMS投機の際に変動幅を±15％に拡大した。これだけ変動幅が大きいと，投機筋の「一方的賭け」は不可能となり，EMSは安定を回復した。

相次いだEMS危機の教訓は，90年代の為替投機に対抗するには，EMS域内から為替相場を無くす，つまり単一（共通）通貨しかないということであり，通貨統合に弾みがついた。8年間の統合を経て93年に単一市場がスタート，「単一市場に単一通貨を」がスローガンになった。80・90年代は世界規模のディスインフレ時代となり，EUでは各国のインフレ率がドイツに向かって収斂し，通貨統合に有利な状況になった。

第2章　EUの通貨統合とユーロ

EMS諸国の物価上昇率のドイツへの収斂

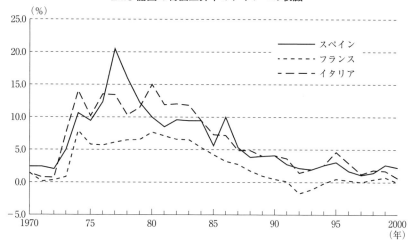

(注) 1. 1970年代はインフレ高揚の10年だったが，インフレ許容タイプのケインズ主義経済政策思想は，インフレ抑制・市場主義の新自由主義マネタリズムに敗退し，マネタリズムの政策が先進諸国で実現に向かった。
2. マネタリズムの政策思想は，マネーサプライを絞ってインフレを抑制する（そのために中央銀行はベースマネーの供給を絞る）というものであった。ケインズ主義は失業が増えるとフィスカルポリシー（金融政策・財政政策）を緩めるが，マネタリズムは失業が増えてもマネーサプライ供給を緩めない。失業率が上昇するが，無視して物価上昇率の抑制に専念するというポリシーである。
3. 完全雇用重視のケインズ主義思想に対して，新自由主義のマネタリズムは失業率の上昇，すなわち不況によって労働組合の攻勢を阻止し，賃上げ要求を抑え込み，物価安定をもたらすという資本主義本来の容赦ない法則を実施に移したのである。
4. この潮流を受けて，イギリスでは79年成立のサッチャー政権，米国では81年成立のレーガン政権が手を取り合って，戦闘的な労働組合潰しを実施し，他方で，金持ち優遇へ所得税制・相続税制を改革した。17ページの図（ピケッティ）のような英米両国の所得格差拡大にはこの新自由主義改革が大きく寄与した。

〔出所〕　筆者作成。

25

4．ユーロ体制への移行　1988年フランスは「為替平価不変更」宣言を行い，他の EMS 中核国も将来の通貨統合を見据えてドイツ・マルクとの為替平価不変更の政策へ転換した（後期 EMS の特徴の一つ）。これによって，92年の EMS 危機までの安定局面を実現し，93年 7 月の EMS 危機を±15％の変動幅拡大によって切り抜けると，EMS は安定を回復した。96年のイタリアのEMS 復帰によって通貨統合にはずみがつき，ユーロ紙幣の印刷・コイン鋳造など準備も順調に進んだ。

　ユーロ加盟には 4 条件（消費者物価 3 ％以下の物価安定，低金利，為替相場安定，財政赤字 3 ％以下）が課されたが，EU 各国はユーロ加盟を目指して 4 条件の達成に邁進し，98年 5 月に11カ国が合格となった。

　90年代末には米国の「強いドル」政策によってドル相場は安定し，ユーロ導入に有利な国際環境となった。97年東アジア通貨危機，98年にはロシア・ルーブルの暴落など国際通貨情勢は動揺したが，通貨統合の順調な進展によって，EU の通貨情勢は安定していた。

　ユーロは99年 1 月に導入，11カ国が参加国となった。EMS 出発時点から，EU は EU 共通の通貨単位として，EU 各国通貨の為替相場の加重平均値で構成される ECU（エキュ）というバスケット通貨を運用していて，98年12月31日の為替相場による ECU をユーロに引き継いだ（1 ユーロ＝1ECU）。各国通貨のユーロとの固定換算率も ECU から引き継がれ，1 ユーロ＝1.95583マルク，1 ユーロ＝6.55957仏フラン…などとなった。ユーロは銀行間あるいは銀行と企業の間で預金通貨として流通し，消費の場ではユーロ加盟11カ国の通貨（現金）が使用された（並行流通）。01年末までの 3 年間を消費者がユーロに慣れるための期間とし，種々の準備を経た上で，02年 1 月 1 日にユーロ現金の流通を開始，各国現金は流通から引き揚げられて，同年 3 月ユーロの専一流通となった。

　「4 条件」を満たすとユーロに加盟できるので，加盟国は拡大した。01年ギリシャ，07年スロベニア，08年キプロス・マルタ，09年スロバキア，11年エストニア，14年ラトビア，15年リトアニアが加盟し，19カ国となった。19年夏にクロアチアが加盟希望を表明した。

第2章 EUの通貨統合とユーロ

単一（共通）通貨ユーロの導入のプロセス

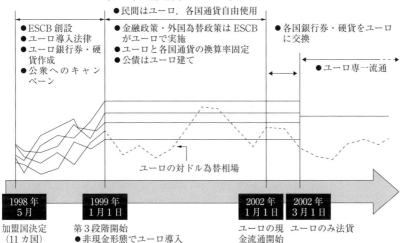

(注) 1. 98年5月にユーロ加盟の条件を満たしたとして11カ国を承認。イギリスとデンマークは不参加（オプトアウト）を承認され、またギリシャは4条件を満たせず、ともにユーロ非加盟。スウェーデンは加盟を拒否。11カ国はECB（欧州中央銀行）設立に参加し、ユーロへの移行準備を進めた。
2. 99年初めに非現金形態でユーロ導入。ユーロは銀行間で強制使用、民間は自由使用。ユーロの対ドル為替相場が変動。金融政策はECBがユーロにより実施。ユーロ加盟国の通貨の固定交換率を、1ユーロ＝1.95583マルク、1ユーロ＝6.55957仏フラン…などと固定し、同一通貨であることを消費者レベルで明示。
3. 02年1月1日にユーロ現金が流通開始、各国通貨現金は流通から急速に引き揚げられて、ユーロ専一流通へ。各国中央銀行は自国現金をユーロ現金に交換。
4. 02年3月1日より銀行レベル、消費者レベルの双方でユーロのみ使用となり、ユーロ専一流通へ。
5. 1999年にユーロ加盟を認められた11カ国は、独仏伊、ベネルクス3国、オーストリア、フィンランド、アイルランド、スペイン、ポルトガルである。加盟の4条件は、物価安定、金利安定、為替相場安定と財政赤字3％以下（97年）であった。ほかに、政府債務残高のGDP比60％もあったが、こちらは「60％に接近していればよい」という妥協の条件となり、60％を大きく超えるイタリアとベルギーも加盟を認められた。英デンマークはマーストリヒト条約承認の時点で通貨統合参加を免除される「オプトアウト条項」を承認されており、ユーロ非参加であった。

〔出所〕田中他著［2018］、『現代ヨーロッパ経済（第5版）』、128ページ。

第 2 章　EU の通貨統合とユーロ

5．ユーロ創出の意義　　単一（共通）通貨ユーロ創出は EU やヨーロッパ，世界にどのようなインパクトをもたらしただろうか。政治的インパクトとして，EU 一体化のシンボルとしての意味がある。また，2 度世界大戦を引き起こしたドイツの通貨を消滅させユーロに組み入れた意義も大きい。単一市場が通貨で分裂しなくなった経済的インパクトも大きい。単一通貨は域内から為替相場を除去して商品やサービスの価格を安定させる。通貨間の両替費用を節約し，単一市場の価格の比較を容易にし，域内競争と経済成長への刺激を与える。ドルに次ぐ基軸通貨がヨーロッパに出現し，広域ヨーロッパの為替相場の基準を提供し，安定させる効果がある。

　ユーロ以前には，西欧の強い通貨（マルク，ギルダー）と南欧の弱い通貨（リラ，ペセタ，ドラクマ…），中位の通貨（フランス・フラン，ベルギー・フラン…）が併存し，諸通貨の分裂的動き（マルク暴騰・リラ暴落など）が経済を混乱させた。ドルが不安定になると国際資本移動が大規模に生じて，米国より欧州経済への打撃が大きかった。「ドルからの自立」の願望から通貨統合を目指したという歴史的経過もある。

　EU の金融統合は単一市場形成の一環として進められ，EU 金融政策の基盤となっている。EU の銀行（証券・保険も）は EU 法による設立条件を満たせば，「単一パスポート」を認められ，EU のどこにでも支店や事務所などを設立できる。これにより，国境を越えた銀行・金融機関の相互進出が進んだ。

　ユーロ導入後，ユーロを使用する諸国はユーロ建て債券（国債や社債）を広範に購入するので，たとえば，フィンランドの ICT 企業ノキアは巨額の社債を発行してもユーロ圏の大市場で販売でき，資金状況が大きく改善された。クロスボーダーの債券・株式保有と取引が発展した。証券取引所の統合が進み，大規模取引はパリ，フランクフルト，ロンドンの取引所へ集約された。なお北欧圏も取引所を集約した。

　ユーロは欧州圏の通貨である。金融取引はロンドン，フランクフルト，パリなどに分散する（ロンドンが最大）。ドルはニューヨークへの集中型金融市場をもつ。国際債務証券の発行でユーロはドルに迫ったが，リーマン危機後ドルとの格差が開いた。国際銀行貸出でも類似の傾向が見て取れる。

28

第 2 章　EU の通貨統合とユーロ

国際債務証券と国際銀行貸出の通貨別シェアの推移

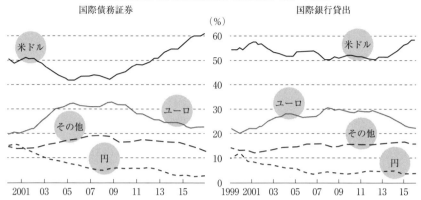

(注) 1. 四半期ベース。国際債務証券と国際銀行貸出ともに残高。
2. 国際債務証券の定義は，「資金調達者が居住する国の通貨以外の通貨で発行された債務証券」で，たとえば，米国の自動車メーカーGMの在欧子会社がユーロ建て社債を発行すれば，あるいはポーランドやハンガリーの国や企業がユーロ建て債券を発行すれば，この定義に当てはまる。
3. 国際債券発行，国際銀行貸出のいずれにおいても経済成長率の高いアジア・アフリカ等非ヨーロッパ諸国が依存するドルのシェアがリーマン危機後高まった。銀行貸出ではユーロ圏の銀行はアジアをはじめ外国取引からの撤退・貸出縮小（デレバレッジ）などでシェアが低下した。

〔出所〕European Central Bank〔2017〕, *The International Role of the Euro*, p.18, p.24（原典は BIS と ECB による計算）。

29

第2章　EU の通貨統合とユーロ

6．欧州中央銀行（ECB）とユーロの制度　ユーロを発行し金融政策を実施する中央銀行制度は「ユーロシステム（Eurosystem）」と呼ばれる。連邦型の中央銀行制度であり，上部機関の ECB（欧州中央銀行）と下部機構のユーロ加盟国中央銀行（NCBs：National Central Banks）からなる。ECB はドイツの金融都市フランクフルトに所在する。

ECB の執行機関は役員会（executive board）で，ECB 総裁，副総裁，4名の専務理事，合計6名からなる。役員の任期は8年で，再任はない。総裁は2019年11月に第4代ラガルド氏が就任した。他の役員もユーロ圏各国から就任している。国際金融界の言語である英語が ECB の共通言語である。

ECB の最高決定機関は政策理事会（Governing Council）であり，役員会6名とユーロ加盟国中銀総裁により単純多数決で決定する（ユーロ加盟国が19カ国になった15年以降は輪番制により15名の中銀総裁が採決に参加）。役員会は決定された政策の執行を下部の NCBs に指示し，NCBs が政策を実施する。ECB は NCBs の活動の監督を行う。ユーロ未加盟国の中央銀行は一般理事会に所属し，将来のユーロ加盟の協議などを行うが，ユーロには関わらない。

ユーロに関する法律は細部に至るまで EU が定め，ユーロをめぐる係争には EU 司法裁判所の判決が最終的な判断を示す。つまり，ユーロ流通や金融政策の法律面では EU が国家としての役割を果たしている。このように，複数の国々が共同の中央銀行をつくり，平等の立場で単一（共通）通貨を発行する前例はなく，ヨーロッパ統合の偉大な力量を示すものである。

EU は米国に匹敵する巨大経済圏を武器に，化学品の安全性基準，自動車の排ガス基準，情報通信の米4大企業 GAFA への規制・課徴金と課税基準の提出などで世界をリードし，「規制の超大国（regulatory superpower）」と言われるが，EU は連邦国家ではなく，ユーロは米国の連邦が発行するドルのような力をもたない。ドル建て国債は米連邦政府が発行するが，ユーロ建て国債はドイツやフランスなどユーロ加盟諸国が発行するだけで，米国の州債レベルにすぎない。EU・ユーロ圏はユーロ国債の発行権限を与えられていない。ユーロ圏の経済規模（GDP）は米国の60％弱だが，基軸通貨としてユーロは米ドルにまったく及ばない。

30

第2章 EUの通貨統合とユーロ

ユーロシステムとESCB

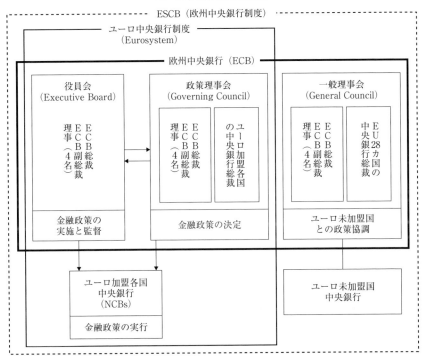

(注) 1. ECB総裁は，初代がドイセンベルク氏（元オランダ中銀総裁），任期終了前に辞任し，03年11月第2代のトリシェ氏（元フランス中銀総裁）に交代，11年11月ユーロ危機の最中に第3代マリオ・ドラギ氏（元イタリア銀行総裁）が就任した。
2. ドラギ総裁の任期満了により，19年11月第4代ラガルド氏（フランス，前IMF専務理事）が就任した。
3. 「物価の安定」をECBは統合消費者物価指数HICP（Harmonized Index of Consumer Prices：ユーロ加盟国の消費者物価指数の加重平均値）の前年比を「2％未満だが2％近傍」に抑えることと定義し（2003年），中期的にそれを達成するように金融政策を運営する。
4. ECBの政策決定は，総裁，副総裁，専務理事4人，ユーロ加盟国中央銀行総裁により，単純多数決により決定される（総裁は議長）。ユーロ加盟国が19に増えた段階で，加盟国中央銀行総裁のうち15人のみ投票権を行使するようになった（輪番制）。
5. 今日，ECBの政策理事会は6週間に一度行われ，世界の金融界の注目が集まる。総裁，副総裁，専務理事は欧州議会で金融政策を説明するほか，恒常的に講演やインタビューなどの形で説明責任を果たしている。

〔出所〕田中他著『現代ヨーロッパ経済（第5版）』。

7．ECB の業務・目的・政策金利　　EU 条約に規定されたユーロシステムの基本業務は，①金融政策の決定と実施，②外国為替操作（外為市場への介入など），③EU 加盟国の外貨準備の保有と運用，④決済システムの円滑な運営，の４つである。いずれも平時の任務であって，銀行の健全性の監督，銀行破綻や金融危機への対応など危機関連の業務はユーロ加盟国の権限とされていた。

米国 FRB の政策目標は物価安定と完全雇用の２つだが，ECB のそれは物価安定である。その達成時には他の政策目標（経済成長など）を支援することができる。目標達成のため，ECB，NCBs ともに，政治からの独立性を保障されている。いずれもドイツ連邦銀行の伝統である。

ユーロシステム（以下，ECB で代表させる）の金融政策は，他の中央銀行と同じように，主として短期市場金利の誘導による。政策金利として，①上限金利，②下限金利，③市場介入金利，の３種類を設定している。市場で資金調達できなかった民間銀行には適格資産を担保に NCB（当該国中央銀行）が上限金利で貸し付けるので，それがオーバーナイト金利の上限となる。下限金利は民間銀行が市場で貸付できなかった時に NCB にオーバーナイト預金をする時に付利される（「中銀預金金利」）。上下金利のほぼ真ん中に市場介入金利（金融政策の指標）を設定し，中央銀行はその金利で銀行に資金を供給する。

リーマン危機以前，ECB は好況期に金利引き上げ，不況期に金利引き下げの通常の金融政策を行った。上・下限金利は市場介入金利から１％ずつ上下に設定された。市場介入金利の上限は4.75％，下限は２％だった。

リーマン危機は世界恐慌となった。非常時の政策発動によって，金融システムの崩壊を食い止め，大恐慌への展開を阻止しなければならない。政策金利は０％近傍まで急激に引き下げられた。中央銀行は金融機関の崩壊を救済するために中央銀行マネー（現金と同等）を大規模に金融機関に供与し，財政面からも救済資金が供与された。米英両国では銀行の保有する国債など証券を中央銀行が大規模購入する QE（Quantitative Easing：量的緩和策）が発動された。リーマン危機以後，先進国資本主義の長期停滞が議論になり，今日なお日欧で政策金利はゼロまたはマイナス，もっとも勢いのよい米国も2.5％をピークに引き下げに転じた。

第2章 EUの通貨統合とユーロ

ECBの政策金利の推移（1999年1月～2010年9月1日）

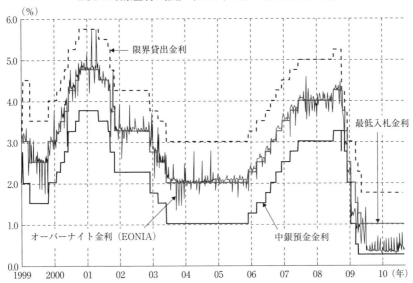

(注) 1. オーバーナイト金利とは，銀行が無担保で資金を借り入れて翌日返済する取引に適用される金利である（正確には，「無担保コール翌日物金利」という）。
2. 限界貸出金利は本文の上限金利，最低入札金利は中央銀行の公開市場操作（オペ）によって市場金利を誘導する金利水準である。
3. 08年9月のリーマン金融危機によって政策金利は急激に引き下げられ，最低入札金利は最低の中銀預金金利近くに引き下げられた。

〔出所〕 ECB, Monetary Operations および Statistical Data Warehouse（オーバーナイト金利），から作成。

リーマン危機以後の主要国政策金利の推移

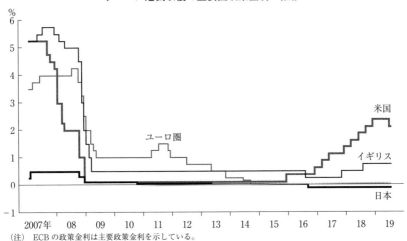

(注) ECBの政策金利は主要政策金利を示している。
〔出所〕 日本経済新聞，2019年8月30日。

33

第3章　ポスト・リーマン危機の EU と欧州

1．ポスト・リーマン危機期の欧米資本主義の見取り図　リーマン危機以後今日まで，世界はポスト・リーマン危機期（以下，ポスト・リーマン期）の不安定な状況が続く。先進国の物価上昇率と経済成長率は低く，完全雇用といっても非正規・短時間労働の割合が高く，生活状況の悪化している国が多い。EU では失業率や生活状況の国別格差が大きくなった（近年，改善へ）。

リーマン危機は金融・経済危機となり，EU では続いてユーロ危機（金融・経済危機）へと発展し，さらに政治危機へ継続した。金融危機が経済危機を生み，双方の危機が政治危機をもたらした。リーマン金融危機の後，米英両国では QE（量的緩和策）に支えられて低成長ながら経済は回復過程を進んだが，ユーロ圏では，ユーロ危機によって「不況の2番底」に落ち込み，緊縮財政政策の悪影響も生じて，GDP が2007年のピークに戻ったのは，8年後の15年半ばだった。危機に襲われた諸国（とりわけ南欧）では失業率が高騰し（ギリシャとスペインでは25％超，若者はその約2倍），財政緊縮を押しつけた西北欧と押しつけられた南欧との経済状態の格差は拡大した。南欧と西北欧との対立となり，南欧ポピュリズムが激化する大きな要因となった。また，イギリスを含む西北欧でも国内の所得格差は拡大し，ポピュリズム政党が勢力を伸ばした。東欧では90年代半ばから続いた西欧へのキャッチアップ（所得格差縮小）がリーマン危機で停止ないし逆転し，西欧への反発が強まった。

危機は EU だけではない。右派ポピュリストのトランプ大統領の下で社会的分裂が拡大し，EU 離脱を進めるイギリスでも国論が割れ，政治は混迷を続ける。米英両国の経済は比較的順調だが，それでも政府やエリートを批判する国民が多数を制した。金融主導の経済モデルが危機に陥り，政治の不安定を生んでいる。米国ナショナリズムの強まりは，米中の貿易・覇権争いや米国の攻撃的保護主義を激化させ，世界政治経済も不安定化している。

ユーロ圏経済は，ドラギ総裁の ECB による果敢な政策展開に助けられて，経済成長率は15年から18年まで2％近傍を記録し，勢いを取り戻した。19年には EU の政治危機も緩和したが，楽観は禁物であろう。

34

第3章　ポスト・リーマン危機のEUと欧州

EUの危機の展開

金融危機
07年〜12年
サブプライム危機
リーマン危機
ユーロ危機
東欧通貨・経済危機

経済危機
11年〜15年
マイナス成長
経済停滞
南欧失業率急騰
時々デフレ

政治危機
15年〜今日
難民大量流入
ギリシャ反乱
Brexit投票とその後の混乱
ポピュリズム高揚
EU加盟国間対立

〔出所〕筆者作成。

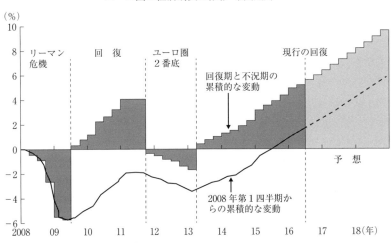

ユーロ圏の経済成長の推移（累積値）

〔出所〕European Commission [2016], Autumn Forecast.

第3章　ポスト・リーマン危機の EU と欧州

２．格差拡大とポピュリズム　　しばしば引用される「先進国ポピュリズム Index」によれば，ポピュリズム政党の公式選挙における得票率は，10年の７％（戦後の大部分の時期と同レベル）から16，17年には1930年代以来の高さになった（17年は世論調査ベースの計算値）。

　所得格差は80年代以降拡大した。先進５カ国については所得トップ10分位（所得の最も高い10分の１の家計）がその年の国民所得のどれだけのシェアを取得したかをピケティが跡づけた。20世紀初頭，５カ国すべてで40％以上，超格差社会だった。だが，大不況の30年代から格差は縮小に向かい，第２次大戦後も継続した。しかし，80年から急騰した米英両国で2010年には20世紀初頭並みの格差社会となった（米国では最上位１％の家計が国民所得の20％を得ている）。英米両国での右派ポピュリズム勝利の一因である。独仏両国では格差拡大は緩やかだが，トレンドは共通だ。

　ピケティは格差変動の主因を税制（とりわけ所得税制と相続税制）に見る。第２次大戦を前に所得税・相続税は大幅に引き上げられ，戦勝国では戦後に引き継がれ，税制も維持されて格差縮小に貢献した。だが，英米では80年代に新自由主義の政府により，所得税率，相続税率が劇的に引き下げられた。税制のほかに，製造業グローバル化の影響も指摘できる。

　「自分は不幸だ」と感じた有権者は「金持ちと有力者本位の社会システム」の改革を約束するポピュリズム政治家・政党に投票する傾向を強めた。16年のイギリス Brexit 国民投票と米トランプ大統領選出は右派ポピュリズム運動を高揚させた。西・北欧では仏蘭北欧諸国などで右派ポピュリズム政党が伸びたが，連立政権参加はオーストリアの自由党のみであった（19年５月連立解消）。

　EU の南欧諸国ではリーマン・ユーロ両危機による２桁失業（ギリシャ，スペインでは25％超）と不況長期化がポピュリズム政党を押し上げた。当時 EU 諸国では１％の失業率上昇がポピュリズム政党投票率を２〜４％引き上げた。ユーロ危機ではドイツを先頭に西北欧債権国が南欧債務国に緊縮財政を強要，不況と高失業を長期化・激化させ，両地域の所得格差が開いた。

　ギリシャでは，15年１月チプラス首相の急進左派連合（Syriza）政権がユーロ圏の圧政に対抗して成立，イタリアで18年６月に左右のポピュリズム政党（５つ星運動と同盟）の連立政権が誕生した（19年８月崩壊）。

36

第3章　ポスト・リーマン危機のEUと欧州

ポピュリズム index －先進国ポピュリズム政党の得票率の推移－

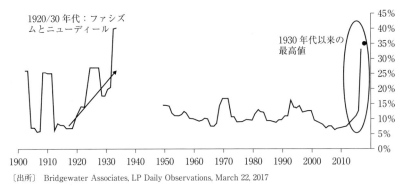

〔出所〕　Bridgewater Associates, LP Daily Observations, March 22, 2017.

先進4カ国における所得税制の変更－1900～2013年－

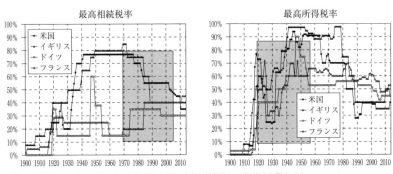

（注）　網掛けは、最高相続税率では格差拡大期、最高所得税率では格差縮小期を示す。
〔出所〕　トマ・ピケティ［2014］『21世紀の資本』。

ユーロ危機におけるドイツと南欧諸国の所得格差の拡大

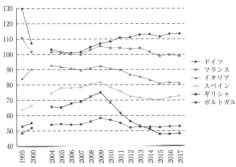

（注）　EU15は20世紀EU加盟15カ国の加重平均値（先進国レベル近似値）。
〔出所〕　Eurostatより筆者作成。

37

第3章 ポスト・リーマン危機の EU と欧州

3．イギリスの EU 離脱（Brexit）国民投票と格差　　2016年6月実施のイギリス国民投票は僅差で EU 離脱が多数だった（離脱52％，残留48％）。国論は割れた。年齢別では，18〜24歳は残留72％だが投票率が低く，35−44歳まで残留が多数，高齢層は離脱が多く投票率が高かった。スコットランドと北アイルランドは残留多数。だが，全人口の85％を占めるイングランドの離脱53％で決まった（首都圏や大都市で残留多数，工業地帯や農村で離脱多数）。

　所得水準は金融首都ロンドンの西部が突出，21世紀に格差は顕著に拡大した。イギリスの実質賃金は07年をピークに14年まで下落した。金融とハイテク部門を支える高所得層に対して，衰退産業地域や低所得の人々の反乱がこの国民投票だった。「置き去りにされた人々」がポピュリズム政党を支える。完全雇用といっても，非正規労働，パート労働でようやく生計を維持する階層が増えた。その下に，失業保険や生活保護でなんとか生きている人々がいる。移民との低賃金競争もある。イギリスの福祉状況は悲惨だ。人口の4分の1，未成年者の3分の1が貧困ライン以下である。

　10年就任のキャメロン保守党政権はリーマン危機で2桁赤字に陥った財政を黒字化すべく財政緊縮を強めたので，社会福祉費，教育費などが年々削減され，格差拡大と中下層の零落を招き，反政府機運が広がり，「EU 残留」を訴えたキャメロン首相への批判が離脱投票に向かったのである。

　イギリス独立党（UKIP）の離脱キャンペーンにボリス・ジョンソンなど一部の保守党政治家が合流し，経済悪化は EU のせい，世界に雄飛する「グローバル・ブリテンで繁栄」などと現実をねじ曲げ，支持を得た。偏狭なナショナリズム（大英帝国ノスタルジー），国内の失敗を外部（EU）のせいにするという右派ポピュリズム運動の2大特徴が顕著であった。

　EU の東欧拡大後ポーランドなどから移民が多数流入し，イングランド中部の工業地帯では反発が強まったが，大都市は移民歓迎が多数と対応が分かれた。格差問題を抜きにして移民流入を離脱派勝利の原因とするのは一面的である。

　イギリス経済は戦後植民地を失い長期停滞に陥ったが，EU 加盟により巨大な EU 単一市場を獲得し，サッチャー首相に始まる新自由主義改革やポンド切り下げなどと相まって，経済成長は仏独より高くなった。だが，ポピュリズム政治を生み出し，EU 離脱となり，イギリスの将来には暗雲がかかっている。

38

イギリスの地方間の所得格差

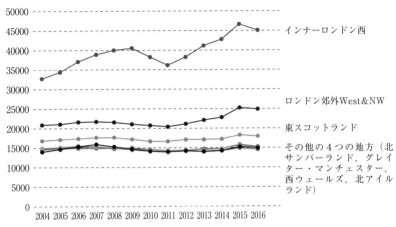

〔出所〕 Eurostat, NUTS2統計より筆者作成。

EU先進国における貧困リスク・社会的排除の人口シェア（％）

国	総合	未成年者	成人	高齢者
ドイツ	20.0	18.5	21.3	17.2
フランス	17.7	21.2	19	9.3
イギリス	23.5	30.3	22.9	17.7
イタリア	28.7	33.5	30.4	19.9
オランダ	16.4	16.3	19.1	6.1
オーストリア	18.3	22.3	18.4	14.0
参考：ギリシャ	35.7	37.8	39.4	22.8
参考：EU28	23.7	26.9	24.7	17.4

(注) 1. 貧困リスク人口は国平均所得の60％以下の家計の人口シェア。
　　 2. 社会的排除は失業その他の理由で正常な就業のできない家計の人口シェア。
　　 3. 未成年者は17歳まで，成人は18～64歳，高齢者は65歳以上。
　　 4. データは2016年12月時点。
〔出所〕 Eurostat, People at risk of poverty or social exclusion - Statistics Explained.

第3章 ポスト・リーマン危機のEUと欧州

4．東欧のポピュリズムとリーマン危機・ユーロ危機　　中・東欧諸国の経済成長率は1990年代半ばから高まり，07年までユーロ圏のほぼ2～3倍だった。民主主義国の体裁を整え，5カ国は先進国クラブOECDに加盟，社会主義からの体制転換は成功した。EU企業に低賃金生産と輸出の基地を提供し，欧州製造業の競争力回復に貢献した。西欧諸国の銀行は中・東欧に進出，それら諸国の銀行資産の40％から100％近くを支配する（平均約70％）。

だが，西欧との経済格差はまだ大きい。右図はEU15（20世紀加盟の15カ国）の加重平均所得（国民一人当たりGDP）を100として，毎年の東欧各国とギリシャの国民一人当たりGDPの推移を示す（毎年の為替相場で計算）。右肩上がりはEU15（先進国水準）にキャッチアップ，右下がりは格差拡大を示す。リーマン危機により東欧諸国は通貨・経済危機に陥り，バルト3国ではバブルが破裂，東欧諸国のEU15へのキャッチアップは停止・逆転し，再び格差が開いた。東欧諸国は「EUは西欧の都合に合わせて創られている」と不満を高め，反EU・反西欧の東欧ポピュリズムが顕在化した。

10年成立のハンガリー・オルバン政権は報道の自由を規制，最高裁判所判事の人事への介入など，EUの基本的価値に反する露骨な行動をとる。15年政権についたポーランドの「法と公正（PiS）」党はオルバン政権を模倣し，チェコとスロバキアの政府も時に同調する。難民・移民の受け入れは拒否する。付加価値税（日本の消費税に類似）が高く所得税は金持ち優遇税制（ハンガリーとチェコの最高所得税率は15％）である。大都市ではEU支持の世論が強いが，小都市・農村の住民が東欧の右派ポピュリズムを支える。

15/16年頃から東欧諸国はキャッチアップを再開，中欧諸国は完全雇用・人手不足でウクライナなどから大量の移民を受け入れる。他方，ルーマニア，ブルガリア，ラトビア，リトアニアの貧富の格差（ジニ係数による）はEU最悪で，人口比で大規模な人口流出が続く。行き先はEU4大国やスペインが多い。若年層の流出は国の将来に懸念を生じさせる。

東欧諸国では大都市市民の民主主義の政治運動も強まるなど，体制転換後の30年間に経済・政治・社会状況は大きく改善した。資源依存が続き独裁型のロシアと対照的だ。経済水準の低い諸国の人口流出，過疎化への対応は，20年代のEUの課題の一つとなっている。

第3章　ポスト・リーマン危機のEUと欧州

東欧諸国とギリシャの国民一人当たり GDP 指数

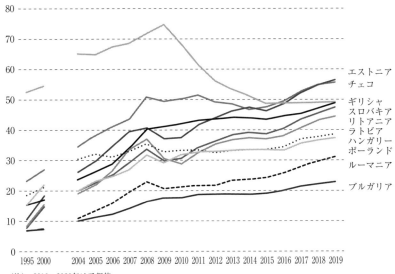

(注)　2019・2020年は予想値。
〔出所〕　European Commission, Statistical annex of European Economy, 各号。

欧州諸国の人口減少年率（2015－20年）および減少数（2000－15年）などの比較

国　名	2015－20年 年変化率	2015－20年 ランキング	2000－15年 減少数 A	2000年 人口 B	減少率 A/B（％）
ブルガリア	－0.8	1	992千人	8170千人	12.1
ルーマニア	－0.7	2	2615	22435	11.7
リトアニア	－0.6	3	595	3500	17
ラトヴィア	－0.5	4	391	2368	16.5
ウクライナ	－0.5	5	－	－	－
クロアチア	－0.4	7	225	4426	5.1
ハンガリー	－0.4	8	368	10211	3.6
ポルトガル	－0.4	9	－68	10290	－0.7
セルビア	－0.4	10	421	7516	5.6

(注) 1．2015-20年の減少率年は2017年時点の Economist（London）の予想値。
　　 2．ランキングは欧州諸国の人口減少年変化率（2015-20年）の順位（2017年時点の予想値）。
〔出所〕　European Commission［2019］Statisitical Annex of the European Economy & The Economist［2017］, Pocket World in Figures.

5．難民大量流入と右派ポピュリズムの活性化　　グローバル化で先進国から資本・企業が流入した国は新興国に発展したが，大多数の途上国は取り残され，リーマン危機でダメージを受け，難民の流出が増大した。

2015年夏から翌年にかけて多数の国から EU に難民が押し寄せ，大問題となった。最大数は内戦のシリア難民で，トルコを経てギリシャに入り，マケドニアを北上してドイツその他の西北欧諸国に向かった。ほかにリビアから地中海をイタリアへ渡る地中海中央ルート（主としてアフリカ人），モロッコからスペインに入る西地中海ルートがある。15年の流入は東ルート885千人，中央ルート153千人，西ルート 7 千人，合計105万人であった。

人の自由移動を定める EU のシェンゲン協定では，移民・難民が到着した国が登録や諸種のサービスを担当する。だが，このように膨大な流入は想定外だった。ギリシャ政府の手に負えず，マケドニア国境経由で次々に送り出した。他の国も困り，ハンガリーは国境を閉鎖，最大流入国ドイツは当初寛大に受け入れたが，結局いずれの国も国境管理を復活させた。16年 3 月の EU トルコ協定により，入国管理を厳格化し経済移民（経済的理由による移民）はトルコに送還，「真の難民」のみの受け入れとした。EU は60億ユーロの支援金をトルコに支払う。この協定などによって難民流入は減少した。

難民の大量流入は EU 各国の右派ポピュリズムを勢いづけた。イタリアでは17年までの 4 年間で約60万人の難民が流入したのに，EU は有効な支援措置をとれず，18年 3 月の総選挙で左右のポピュリスト政党が躍進，連立政権形成に至った。東欧ではイスラム圏からの流入に拒否反応がとくに強い。

ドイツ極右ポピュリズム政党 AfD（ドイツのための選択肢）党は難民大規模流入を機に「反難民・反イスラム」に主張を転換し，勢いを得た。東ドイツで支持率がとりわけ高く，西ドイツで低い。経済格差や激化する人口流出などにより東ドイツ住民は「2 級国民扱い」に反発，AfD を支える。

EU には移民の流入無しでは経済が回らない国が多い。毎年200万人を超える EU 外からの移民・難民の受入れを容認している。16年300万人，17年にも300万人超が流入した（17年ポーランドは70万人）。Brexit 国民投票後政府が移民流入制限を宣言したイギリスでも，EU からの流入減を相殺し純移民流入総数（流入マイナス流出）は年30万人規模が続く。

第3章 ポスト・リーマン危機のEUと欧州

EU外からの難民・移民流入（地中海3ルート）

〔出所〕European Commission.

EU外からEU諸国への移民流入

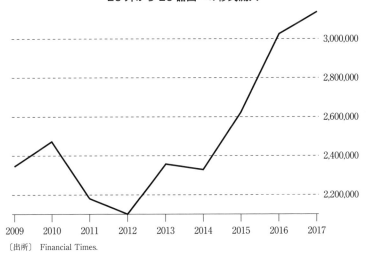

〔出所〕Financial Times.

43

6．イギリスの EU 離脱プロセスの混迷と合意なき離脱 　キャメロン首相退陣を受けて2016年 7 月成立したメイ政権は EU との離脱交渉により18年末に500ページ余りの離脱協定案と政治宣言に合意した。しかし，野党議員と保守党議員の一部が反対し，19年 1 ～ 3 月イギリス下院は 3 度否決した。メイ首相は離脱期限の19年10月末延期を EU が承諾後，辞任した。

　下院での争点は北アイルランド国境問題だった。1960年代から北アイルランド宗教紛争［カトリック教徒（＝アイルランド先住民）とプロテスタント教徒（先祖はスコットランドやイングランドからの移民が多い）との紛争。イギリス軍は後者を支援］により3000人以上の死者が出た。EU 単一市場により国境はなくなり，98年ベルファスト合意で紛争が終わった。

　イギリス・EU は紛争再発を防ぐため，検問所など「ハードな国境」回避で合意，①イギリスは EU 関税同盟に残留，②北アイルランドはアイルランド共和国と単一市場を維持，となった。①によりイギリスは外国と自由貿易協定を結べず，②でイギリスは一国 2 制度になる。議会は憤慨して合意案を 3 度も否決したが，代案はない。

　19年 7 月就任のジョンソン新首相は，10月末離脱の方針だったが，合意なき離脱はイギリス経済への打撃が大きすぎ，EU と交渉して EU 関税同盟は離脱するが，北アイルランドを EU 単一市場に残すという 1 国 2 制度案で EU と合意，20年 1 月末までの離脱延期を EU も承認した。政権は12月の総選挙で勝利し、20年 1 月末をもってイギリスは EU を離脱した。

　イギリスはモノ・サービスの貿易，直接投資，証券投資いずれをとっても EU 依存度が非常に高い。EU 相手のモノの輸出は18年45.6％，輸入は53.1％であった。欧大陸との間にサプライチェーンが形成され，部品から完成品になるまで幾度もイギリス・大陸間を半製品が行き来し，完成品を相互に輸出し合う。離脱は無理筋だ。「合意なき離脱」なら，イギリス経済は大混乱し（医薬品等諸商品の品不足，貿易混乱，マイナス成長など），EU の経済成長はゼロ近傍に落ちる。イギリスは長期的に没落に向かうであろう。EU 残留投票が多数だったスコットランドが独立，北アイルランドがアイルランド統一に向かえば，イギリス「連合王国 United Kingdom」は国の分裂へ進む。再度の国民投票により EU 残留が望ましかったが，離脱の世論は根強く，結局は離脱することとなった。世界とヨーロッパの危機の時期のイギリスの EU 離脱はヨーロッパへの打撃だ。

第3章　ポスト・リーマン危機のEUと欧州

EU とイギリスの離脱協定案の概要

時期	概要	内容	備考
17年末	離脱3原則合意	①　在イギリスEU市民と在EUイギリス国民の居住権等承認 ②　北アイルランド国境自由通過 ③　イギリスがEUに離脱清算金支払い	18年から本格交渉へ
18年末	離脱協定案	①　19年3月末イギリスはEU離脱，EU関税同盟に残る ②　20年末まで移行期間。イギリスビジネスはEUで従来通り活動（22年末まで延期可能） ③　北アイルランド国境問題に対応 ④　移行期間中に将来協定で合意 ⑤　将来協定の原則で合意	EUは承認。イギリス議会19年1～3月3度拒否
移行期間		①　イギリスEU，将来協定交渉，合意へ ②　移行期間終了によりイギリス全面的にEU離脱	将来協定合意は不確実

(注) 1.「合意なき離脱」になれば，協定案はすべて白紙に戻り，EUとイギリスの間に合意はなくなる。
　　 2. 将来協定はイギリスとEUの自由貿易協定など将来の関係を定める。
　　 3. 移行期間は2020年末まで。しかし，22年末まで延期可能。
　　 4. ジョンソン首相とEUの2019年秋の協議で，イギリスはEU関税同盟を離脱するが，北アイルランドはEU単一市場に残存と修正。ジョンソン政権は離脱協定案の修正でEUと合意し，EU関税同盟を離脱することとした。イギリス保守党は19年12月の下院選挙においてイングランドで大勝し，20年3月EUとの離脱交渉開始となる。
〔出所〕筆者作成。

第 3 章　ポスト・リーマン危機の EU と欧州

7．EU の通商問題－米国，中国，日本との関係－　　米中両国は EU の 2 大通商相手国である。中国は輸入で圧倒的な第 1 位，米国は輸出で圧倒的な第 1 位である。貿易収支は対中国が1850億ユーロの赤字，対米は1400億ユーロの黒字（2018年）。米中両国は貿易，先端技術，覇権をめぐる闘いに進んだが，EU と両超大国との対立も強まっている。

米トランプ政権は「アメリカ・ファースト」を唱え，多国間主義から 2 国間主義へ転換，通商問題で相手国を屈服させるやり方を強めている。貿易赤字の相手国には，西側の同盟国に対しても，高率の関税を賦課し，赤字縮小を求める。EU は多国間主義とルールに基づく通商関係を重視し，路線は日本と同じである。多くの国が統合に参加する EU では多国間主義は譲れない原則だ。米国の関税には報復関税で対抗する。

中国は13年「一帯一路」を開始した。世界の途上国に総計 1 兆ドルものインフラ投資を進め，貿易・投資・通信・人の移動が活発な経済圏を中国の勢力圏とする戦略である。12年に東欧16カ国（うち EU 加盟11カ国）と「16＋1」をつくった。「一帯一路」に組み入れ，毎年首脳会議に李克強首相が参加し，インフラ投資計画などを取り決め，一部を実行に移している。

中国による EU 分断策動ではあるが，EU は対応が難しい。南欧諸国はユーロ危機期に支援した中国に好意的で，ギリシャは「16＋1」に19年参加，イタリアは「一帯一路」覚書に19年 3 月署名，ポルトガルも署名済みだ。

中国企業の EU 進出（国有企業のシェアが高い）も EU 先進国を中心に急激に進展し，技術窃取に対して EU は直接投資へのスクリーニング（検査）制度を導入した。中国は口では WTO・多国間主義を支持といいながら，実際の交渉では 2 国間主義を好む。「16＋1」でも交渉は 2 国間協議方式である。

「一帯一路」のインフラ投資を歓迎する開発途上国は多いが，借金漬けの「債務の罠」に落ち，港湾や地下資源などを中国に差し出す国もかなりある。EU と日本は「一帯一路」の過剰債務問題を批判し，「受入国の返済能力や環境を考慮した透明性のあるインフラ投資」の推進を促す。19年 2 月発効の日欧EPA（経済連携協定）に続いて19年 9 月ユンケル委員長と安倍首相がアジア欧州連携の文書に署名し，協力関係を強化している。

米中日欧の地政学的対抗・協力のゆくえは世界の将来を左右する。

46

第3章 ポスト・リーマン危機のEUと欧州

EUの米中日3カ国に対する商品貿易の推移－1997〜2018年，単位：億ユーロ

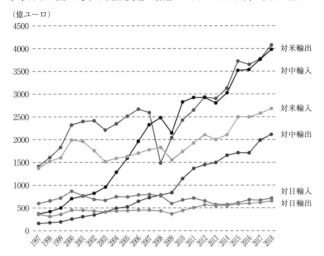

中国企業によるEUへの直接投資の推移

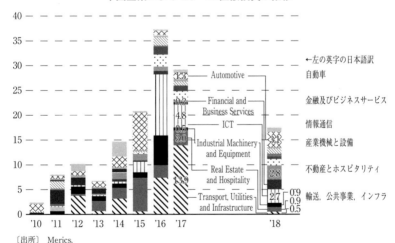

〔出所〕 Merics.

8．共通外交・安全保障政策（CFSP）と共通安全保障・防衛政策（CSDP）

1970年代から EC は外相理事会を中軸に外交分野の欧州政治協力を進めて，ソ連圏に対抗した。加盟国と EC 機関が調整しながら外交分野における西欧の利益を追求したのである。しかし，安全保障分野は米軍中軸の NATO（北大西洋条約機構）に委ねられ，それ以外の外交分野で協力を進めた。91年にソ連が崩壊すると，バルカン紛争など安全保障面での EC の弱体が暴露された。

EC が EU に発展したマーストリヒト条約（93年発効）において，CFSP（Common Foreign and Security Policy）が規定された。アムステルダム条約（99年発効）により CFSP の恒常的な「顔」として上級代表ポストを設置，09年のリスボン条約により，外務・安全保障政策上級代表が外相理事会常任議長及び欧州委員会副委員長を兼務するポストとなった（事実上の EU 外相）。外務省に相当する欧州対外活動庁（EEAS）を設置した。

上級代表は，初代がキャサリン・アシュトン氏（イギリス），14年フェデリカ・モゲリーニ氏（イタリア）に交代，新規の欧州委員会が欧州議会の承認を得て，19年11月第3代ジョセップ・ボレル氏（スペイン外相）が就任した。

CFSP の主要政策は，対イラン制裁，中東和平，ウクライナに関する対ロシア制裁，大量破壊兵器の不拡散などである。ロシア制裁は強力な効果を発揮している。

90年代後半のボスニア紛争での EU の対応力不全を受けて，99年6月の欧州理事会において CFSP の下，紛争地域等に対する平和維持及び人道支援活動を実施する ESDP（E は European）の設置を決定，09年のリスボン条約発効を機に CSDP（Common Security and Defense Policy）に名称を変更した。

CSDP の主要政策は，①ソマリア EU 海軍部隊による海賊行動の抑止と鎮圧のための軍事ミッション（アタランタ作戦）で，EU4大国を含む9カ国が海軍艦船や部隊などを派遣，②サヘル地域テロ・組織犯罪対処能力構築ミッション（サヘルはサハラ砂漠南縁部乾燥地帯。世界の最貧地域で，マリ，ニジェール，チャドなど5カ国）は，司法・治安分野の能力強化のための文民ミッション，などである。日本も一部で連携している。

ロシア軍をにらむ軍事的な対応は依然として NATO が担っている。

第3章 ポスト・リーマン危機のEUと欧州

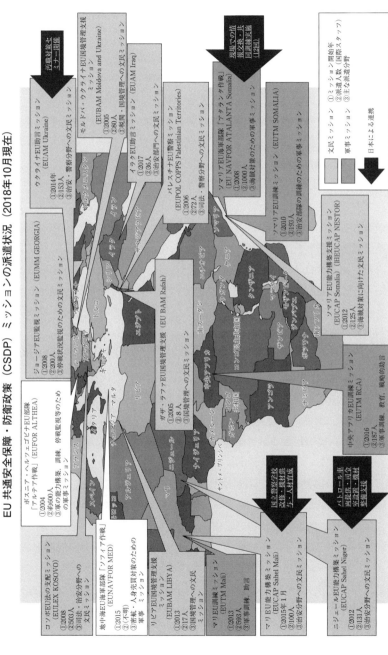

EU共通安全保障・防衛政策（CSDP）ミッションの派遣状況（2018年10月現在）

[出所] 外務省。

9．EU の司法・内務分野における協力　　EU は警察協力機関「ユーロポル（Europol）」や刑事司法協力機関「ユーロジャスト（Eurojust）」を運営し，「自由・安全・司法の空間」の創設を進めている。

EU 域内では国境を自由に越える人の移動が1985年のシェンゲン協定を出発点として加盟国間に拡大したが，人の自由移動により犯罪者やテロリストも自由移動できる。警察や検察間の情報交換や協力が欠かせない。指名手配者や行方不明者などの警報を発するシェンゲン情報システム（SIS）も導入された。加盟国が別々に対応したのでは EU 全体としてはバラバラになってしまう。EU レベルの実施は当然といえる。

マーストリヒト条約において政府間協力を EU の政策分野として導入するやり方が始まった。アムステルダム条約では一定の分野に EU 理事会の特定多数決・欧州議会の過半数決定による共同体手法（Community method）の適用が決まった。05年には不法な難民・移民への対応として，欧州域外国境管理庁（Frontex）が設立された。リスボン条約では右図のような広範な領域が「自由・安全・司法の空間」に含まれることになった。ただし，「警察・刑事司法協力」のみは政府間協力に残された。

EU の大国ドイツでも米中両超大国に比べれば小国である。交渉では太刀打ちできない。他の欧州諸国はいうまでもない。EU が域内のモノ・サービス・資本・人の自由移動を単一市場統合において承認したのは，経済効率を米国並みに引き上げ，世界への影響力を維持したいという願いによる。中国超大国化，インドの台頭が起きる21世紀において，欧州のそうした願いは EU によってしか実現できない。EU の意義はますます強まっている。

ポピュリズム運動の「反 EU」はそうしたグローバルな視点を見失っている。EU 内部での改革は妥当であるが，EU を解体させれば欧州の自滅になる。イギリスは EU を離脱した後も「自由・安全・司法の空間」から切り離されるわけにはいかず，EU との連結を協定で実現せざるをえない。EU 諸国に対するサイバー攻撃への EU 一体の対応，GPS（全地球航法衛星システム）での米中に対抗するガリレオ・システムの運行（イギリスを排除），将来の宇宙戦争や気候変動への対応など，あらゆるリージョナルないしグローバルの問題に対して欧州の要求に対応できるのは EU だけである。

第3章 ポスト・リーマン危機のEUと欧州

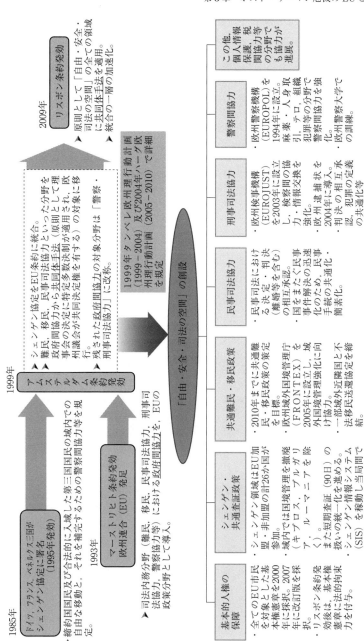

[出所] 外務省。

10. 2019年欧州議会選挙と新欧州委員会　　過去20年ほど欧州議会選挙は
EU諸国の選挙民の関心もメディアの注目度も低く，投票率は40％台で，回を
追う毎に低下した。しかし，2019年5月実施の欧州議会選挙で投票率は50％を
超えた。中道リベラルとグリーン（環境保護政党）が躍進した。

　欧州議会はEU理事会と並ぶEU法令採択機関である。議会ゆえの鋭い指摘
が持ち味だ。たとえば，中国の人権問題や通商問題では，政治的判断から批判
が甘くなる欧州委員会・EU理事会に対して，欧州議会は鋭角的に批判する。

　19年の欧州議会選挙の後に諸政党は連合して会派を結成した。これまで常に
過半数を占めた中道右派EPPと中道左派S&Dが過半数を割り込み，中道リ
ベラルとグリーン（環境保護派）が議席を伸ばした。増大を予想されたポピュ
リズム政党（右派の会派はID）は伸びなかった。

　EU主要国（独英仏伊）では，英Brexit党，仏国民連合，伊同盟と3大国で
右派ポピュリズム政党が第1党となったが，他の国では振るわなかった。
Brexit党は29議席をとったが，イギリスのEU離脱で欧州議会から消える。今
回の欧州議会選挙はポピュリズムとの雌雄を決する「運命の選挙」といわれた
が，「欧州民主主義の底力」を示す結果となった。EUの景気状況も幸いした。

　ドイツでは連立政権のCDU/CSU（キリスト教民主同盟・社会同盟）と社会
民主党が初めて過半数を割り込み，グリーンが若者に支持されて大都市で大き
く伸びた。仏英両国でも第3党になった。若者が気候変動の将来に危機感を強
く持ち，積極的に投票所へ足を運んだ画期的な選挙だった。国政選挙でも投票
率を上げれば，EU先進国の政治状況は大きく変わる。ただし，東欧など新興
国ではグリーン派の議員はほとんどいない。先進国のみの現象ではある。

　19年12月に就任した欧州委員会委員長はドイツのウルズラ・フォンデアライ
エン氏である。新委員長は気候変動，デジタルを中軸とする新技術，人口構成
の変化への対処の必要性，そしてEUの基本的価値（法の支配，民主主義，多
国間主義など）の擁護を強調した。

　対外面では，米国とのパートナーシップの強化，中国との関係の明確化，ア
フリカ支援などを指摘し，EUは多国間主義の守護者となる，と述べている。
だが，米国，中国はナショナリズムを強めており，主権の共有（shared
sovereignty）を原則とするEUに対抗する。EUは正念場を迎えている。

第3章　ポスト・リーマン危機の EU と欧州

2019年欧州議会選挙における会派別議席数（7月段階）

会　派	順	議席	率	主要政党
欧州人民党（EPP）	1	182	24%	中道右派政党29政党
欧州民主進歩同盟（S&D）	2	154	21%	独伊の社会民主党，西社会労働党など42政党
再生欧州（Renew Europe）	3	108	14%	仏の共和国前進，英独の自由民主党など23政党
緑の党・欧州自由同盟（Green/EFA）	4	74	9.9%	独仏英をはじめ各国の緑の党など16政党
アイデンティティ＆デモクラシー（ID）	5	73	9.7%	仏国民連合（RN），伊同盟，独AfD など10政党
欧州保守改革グループ（ECR）	6	62	8.2%	英保守党，ポ PiS など14政党
欧州統一左派・北欧緑左派（GUE/NGL）	7	41	5.4%	独左翼党，仏左派ポピュリズム政党など13政党
無所属（NI）		57	7.5%	Brexit 党など14政党
議席合計		751	100%	－

（注）　無所属（NI）は会派を結成できない諸政党の合計。国名の西はスペイン，ポはポーランド。
〔出所〕　European Parliament, https://election-results.eu/19年7月8日閲覧。

53

第4章　欧州の金融危機

1．金融危機の概要　2008年9月に米投資銀行大手リーマン・ブラザーズが経営破綻に陥ったことをきっかけに，世界的な金融危機が発生した。この波に飲まれる形で，欧州でも金融危機が生じた。欧州の金融危機の特色は，大別すると3つの流れが複合的に生じた点にあった。

1つ目の流れは，米国向けの投資銀行業務に注力していた欧州各国の大手行の経営危機が生じたことであった。イギリス，ドイツ，フランスといった主要国，そして金融立国であるスイスの大手行は，米国でサブプライム関連の証券化商品に多額の投資を行っていた。そのためこうした諸国の大手行は米国の住宅バブル崩壊やリーマン・ブラザーズの経営破綻の影響を色濃く受けることになり，軒並み経営不安に陥った。

2つ目の流れは，国内向けの開発金融業務に注力していた欧州各国の大手行の経営不安が生じたことであった。特にキプロス，ギリシャ，スペインといった，後に政府が債務危機に陥る南欧諸国やアイルランドでは，ユーロ導入に伴う金利低下や資本流入の増加，それに伴う経済の高成長を受けて開発バブルが発生し，銀行も多額の融資を行っていた。それが世界金融危機の発生を受けて崩壊し，開発金融業務に注力していた大手行は多額の不良債権を抱えることになった。

3つ目の流れは，中東欧向けの個人金融業務に注力していた欧州各国の大手行の経営不安が生じたことであった。04年の第5次拡大で，チェコやハンガリー，ポーランドやバルト三国といった旧共産圏の中東欧諸国がEUに加盟した。高成長が見込まれた中東欧諸国に対して，オーストリアやフランス，そしてイタリアの大手行が地場の銀行を買収することで進出し，カーローンや住宅ローンなど個人金融業務に注力して多額の利益を計上していた。そのビジネスモデルが世界金融危機を受けて崩壊し，オーストリアなどの大手行の経営不安が深刻化するとともに，中東欧諸国から多額の資本が流出した。

何れの問題も発生から10年近い歳月が経過したが，米国向けの投資銀行業務に注力していたドイツの大手行の経営不安は依然燻っている。南欧諸国の大手行も多額の不良債権を抱えており，その迅速な処理が問題となっている。

54

第4章 欧州の金融危機

欧州債務危機の主な展開

2007年	8月	仏BNPパリバ傘下のミューチャルファンドが解約を凍結，国際金融市場に緊張が走る（パリバ・ショック）
2008年	1月	キプロスとマルタがユーロ導入し，ユーロ加盟国が15ヶ国に
	9月	米投資銀行大手リーマン・ブラザーズが経営破綻，世界金融危機が発生（リーマン・ショック）
	10月	ユーロ圏首脳会議が金融危機対応で合意
		ハンガリーで通貨危機が発生，EUとIMFが中東欧諸国への支援を強化
2009年	1月	スロバキアがユーロを導入し，ユーロ加盟国が16ヶ国に
	3月	英イングランド銀行（BOE）が量的緩和政策を実施
	10月	ギリシャのパパンドレウ政権が前政権下で行われていた財政統計の改ざんを公表，ギリシャ国債が三段階格下げへ（ギリシャ財政危機の発生）
	12月	リスボン条約が発効
2010年	5月	EUとIMFがギリシャに対して金融支援（第一次金融支援）の実施で合意
	6月	欧州金融安定ファシリティ（EFSF）が発足
	11月	EUとIMFがアイルランドに対して金融支援の実施で合意
2011年	1月	エストニアがユーロを導入し，ユーロ加盟国が17ヶ国に
		EU金融監督制度がスタート（ESRB，ESFS）
		欧州セメスター開始
	5月	EUとIMFがポルトガルに対して金融支援（第一次金融支援）の実施で合意
	10月	ユーロ圏首脳会議がギリシャ向けの追加金融支援の実施で合意も，ギリシャのパパンドレウ首相がその受け入れの是非を国民投票で諮ると発表
	12月	欧州理事会，新財政条約（TSCG）で合意
2012年	2月	EUがギリシャ向け第二次金融支援の実施で合意
	3月	ギリシャ向け第二次金融支援の一環として民間投資家による損失負担（PSI）を実施
	4月	スペイン金融危機が発生
	6月	EUがスペイン向け金融支援の実施で合意
	7月	ECBのドラギ総裁（当時）がロンドンでの演説でユーロ防衛のための強い意志を示す
	9月	ECBが無制限の国債買取プログラム（OMT）の導入を発表
	10月	欧州安定化メカニズム（ESM）が発足
2013年	3月	EUがキプロス向け金融支援の実施で合意
	7月	クロアチアがEUに加盟し，EU加盟国が28ヶ国に
	12月	アイルランドとスペインが金融支援から卒業
2014年	1月	ラトビアがユーロを導入し，ユーロ加盟国が18ヶ国に
	5月	欧州議会選でEU懐疑派が躍進
		ポルトガルが金融支援を卒業
	10月	ECBとEBAのストレステストでイタリアの銀行問題が顕在化
2015年	1月	ラトビアがユーロを導入し，ユーロ加盟国が19ヶ国に
		ギリシャでチプラス政権が誕生
		ECBが量的緩和政策を実施
	6月	EUとギリシャの交渉が決裂
	7月	ギリシャで緊縮の是非を問う国民投票を実施
	8月	EUがギリシャ向け第三次金融支援の実施で合意
2016年	1月	ドイツ銀行の赤字問題が深刻化
	3月	キプロスが金融支援を卒業
	6月	イギリスでEU離脱の是非を問う国民投票を実施し，離脱派が勝利
	7月	EBAのストレステストでイタリアのモンテパスキ問題が再燃
2017年	3月	イギリスがEUに対して離脱を通告，期日を19年3月29日に設定
2018年	8月	ギリシャが金融支援を卒業
	12月	ECBが量的緩和の拡大を終了

55

2．ユーロ金融危機の3つの波－金融危機の激化－　ユーロ危機の発火点ギリシャは，2008年以前の好況期に財政赤字を累積し，隠蔽していたが，09年末に大幅財政赤字が暴露され，金融危機となった。だが，EU条約は財政危機国の非救済を定めており（EU運営条約第125条の「非救済条項」），ユーロ圏財務相会議は対策を決めきれず，10年4月末ついに国際金融パニック，ユーロは暴落，5月初めユーロ圏首脳会議で財政支援が決まった。

ユーロ金融危機の第1波はギリシャに始まる小国危機で，財政赤字のファイナンスに行き詰まったアイルランド・ポルトガルもユーロ圏・IMF・ECBの「トロイカ」による財政支援により沈静化した（10年4月〜11年4月）。

ユーロ危機第2波はスペイン・イタリア危機，一時ユーロ圏全体へと拡大した。危機国の国債・証券が投げ売りされ，それを保有する西欧大銀行の資産状況が悪化し，銀行の株価が激落する，「ソブリン危機と銀行危機の悪循環」により，危機は深刻化した。11年11月に就任したドラギECB総裁は年末と翌12年2月，800の銀行に約1兆ユーロを低利で供与し（VLTRO：超長期リファイナンシングオペ），銀行危機を取り除き，金融危機は緩和した。

しかし，早くも4月にユーロ危機の第3波が生じた。南欧から巨額の預金がドイツなど西北欧に流出し，ユーロ圏は分断され，ユーロ制度存亡の危機と捉えられた。ドラギ総裁は7月26日ロンドン演説で「ユーロ圏を救うためにECBは何でもする（"whatever it takes"）」と表明して金融パニックを沈静化させ，9月早々にECBによる危機国国債無制限購入措置（OMT：Outright Monetary Transactions）を打ち出し，ユーロ危機はようやく沈静化した。

金融危機の激しさを図る指標の一つに長期国債利回りがある（10年物国債）。国債の利子は発行時に確定している。それを分子に，市場の需要と供給で決まる国債価格を分母にして割り算すると利回りが計算できる。金融パニックで国債が投げ売りされ価格が暴落すると，利回りは暴騰する。ユーロ圏の利回りの基準（ベンチマーク）となるドイツ国債の利回りとの格差（スプレッド）を表示した右図により，以上3波の危機の推移を知ることができる。15年のギリシャの暴騰はユーロ離脱危機（Grexit）による。

第4章　欧州の金融危機

南欧危機国長期国債利回り―対ドイツ・スプレッド。2008年1月～17年8月―

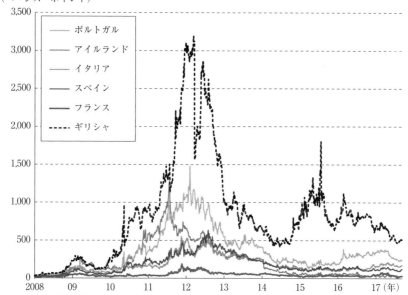

(注)　10年物国債の対独スプレッド（アイルランドのみ9年物国債）。ベーシス・ポイントは100分の1％。
〔資料〕　Bloomberg より作成。

第4章　欧州の金融危機

3．ユーロ金融危機－ユーロ制度の弱さ－　　ユーロ金融危機の原因と推進要因は3つに分解できる。①南北格差：南欧諸国ではユーロ導入により実質金利が大幅に低下し，不動産ブームが起き，ギリシャ政府は財政赤字を膨らませた（問題の起点），②西欧大銀行はユーロにより為替リスクがなくなった南欧諸国に投資・貸出を加速しバブルを膨張させ，危機のたびに資本を引き上げたので，バブル破裂（＝バスト）が間欠的に生じた。ユーロ危機は「欧州債務危機」と命名され，南欧債務国の責任とされるが，欧州先進諸国の大銀行にも大いに問題があった。③普通の国なら軽微で済ませたであろう金融危機を大金融危機にしてしまったユーロ制度の不備，である。

③について説明しよう。EU条約はECBに平時の権限しか与えず，金融危機対策として必須の危機国国債の直接購入も禁止していた。財政赤字とインフレを助長するというドイツ流の発想による規定だ。ドラギ総裁はそれを乗り越えないと危機救済はできないと政治家や金融関係者に現実によって教育した。ドイツ人の常識が非常識であることを現実によって示した。ECBの危機対応能力は高まり，危機国国債（満期まで3年以下）の無制限購入措置OMTが危機沈静化の決め手となった。

右表の非救済条項について言えば（EU運営条約第125条），EMS（欧州通貨制度）を継承したユーロは，きちんと財政運営を行う先進国のみの制度と考えて制度設計された。その規定のため，第1波危機での財政支援制度の構築は遅れ，構築された制度も財政緊縮を強要するなど危機国の不況を深刻化した。また，ユーロ加盟国の財政赤字は毎年GDP比3％以下と規定されており，財政緊縮を危機国への財政支援の条件としたため，危機国では不況の中の財政引き締めとなり，南欧諸国の経済は長期的に悪化し，ユーロ圏経済も悪化した。またECBは危機国のユーロ建て国債の購入を規制されていた。1990年に再統一したドイツのユーロ加盟と引き換えに，ドイツ連邦銀行にユーロ制度の設計を委ねたが，インフレを過度におそれるドイツ連銀の危機対応制度はギリシャなど新興国の加盟によりユーロ圏に不向きとなった。ユーロ制度はドイツと他の諸国の妥協の産物であった。ドイツには適合的であっても，ユーロ圏には硬直的にすぎたのである。

世界初の共通通貨ユーロは導入時には高く評価されたが，ユーロ危機により消えてしまい，今日なおユーロは不当に低く評価されている。ユーロ制度の改革を踏まえ，公平・正確な評価が必要な時期に来ている。

58

第4章 欧州の金融危機

南欧への資本の流入と流出－バブルとバスト：金融危機の要因－

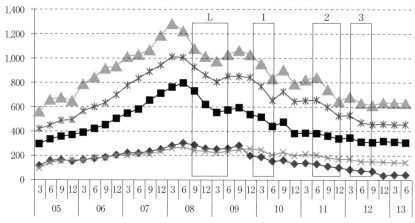

(注) 1. 単位は10億USD。期末値，最終リスクベース。
　　 2. 図の四角形の枠は左から，リーマン危機，ユーロ危機の第1波，第2波，第3波，である。
〔出所〕BIS, Consolidated Banking Statistics より作成。

ユーロ危機を激化させたユーロ制度の主な問題点

問題点	内容	備考
安定成長協定	毎年の財政赤字上限はGDPの3％	ユーロ圏の安定を考慮。不況時の財政緊縮を導き，悪影響
条約第125条	非救済条項。危機国を財政支援しない	先進国からなるユーロ制度を想定。危機国支援の遅れの一因
条約第123条1項	中央銀行は発行国債を直接購入できない	理由：インフレを招く恐れがある。ユーロ危機激化を助長
条約第127条6項関連	銀行の健全性監督を加盟国当局に委ねる	金融グローバル化・リージョナル化に加盟国当局は対応できず

(注) 表にいう「条約」はEU運営条約（リスボン条約に含まれる）。
〔出所〕筆者作成。

第4章　欧州の金融危機

4．ユーロ危機国への支援とユーロ制度の改革　　EU の諸条約には加盟国
への財政支援の規定がある。2008年リーマン危機により通貨・経済危機に陥っ
た東欧諸国には速やかに財政支援を実施し，危機を早期に沈静化させた。とこ
ろがユーロ加盟国は「非救済条項」により財政支援を受けられないという奇妙
なことになった（自然災害等のケースは第122条により支援可能）。

　しかし，ギリシャ危機は全世界を金融危機に巻き込むこととなり，EU 加盟
国首脳は救済に取り組むほかなくなり，09年5月3年期限の時限措置で財政支
援措置が決まった。

1）　ギリシャ支援　　ギリシャ貸付ファシリティ　1100億ユーロ（ユーロ圏
　　諸国800億ユーロ，IMF300億ユーロ）　ローン金利5％（後に引き下げ）
2）　南欧支援（事実上）　　欧州金融安定ファシリティ（EFSF）4400億ユー
　　ロ（ユーロ圏），欧州金融安定メカニズム600億ユーロ（EU），IMF スタン
　　ドバイクレジット2500億ユーロ（いずれも最大値）

　財政支援はローンで，EFSF では格付けの高い6カ国が共同で EFSF 債を発
行して低利で資金を調達し，アイルランド，ポルトガル，スペインに融資し
た。当初5％の高い金利が付けられたが，これは安定成長協定における「財政
赤字上限 GDP 比3％」の規定を破ったことへの懲罰であった。金利支払いの
負担が大きすぎ，後に引き下げられた。12年10月 EFSF を常設機構 ESM（欧
州安定メカニズム）が引き継いだ（ESM 条約によりルクセンブルクに設立）。

　11年から13年にかけて安定・成長協定（SGP）を強化する EU 法令が採択さ
れ（シックス・パック，ツー・パックと呼ばれる），ユーロ加盟国のマクロ経
済運営に対する監視の強化，加盟国の予算に対する欧州委員会のサーベイラン
ス（予算の是正勧告や罰則措置を含む）などである。

　ESM は危機国への財政支援機構なので，条約第125条を超える機構づくりと
なった。OMT による是正と併せて，以上のユーロ制度改革を図示しておこ
う。条約の規定するユーロ制度を「ユーロ1.0」とすれば，第2世代「ユーロ
2.0」への発展とみなすことができる。ただし，ESM の資金の利用条件は厳し
く，15年ギリシャが利用したにとどまる。「ユーロ3.0」への一段の改革が求め
られている。

60

第4章　欧州の金融危機

欧州安定メカニズム（ESM）の概要

ESMの資金	資金規模7000億ユーロうち払込資本800億ユーロ	払込資本はユーロ加盟国がGDP比に応じて17年までに払込み
その他の資金	請求後払込資本金＋保証	6200億ユーロ。必要に応じて払込
融資規模	5000億ユーロ	2兆ユーロまで可能との見方も
その他の特徴	危機国政府，銀行に融資	銀行融資は政府の赤字を増やさない

〔出所〕筆者作成。

ユーロ1.0からユーロ2.0へ（125条と123条1項の改革）

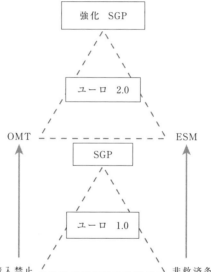

(注) 1. ESM：欧州安定メカニズム，SGP：安定・成長協定，OMT：ECB国債新規買い入れ措置。
2. 国債直接購入禁止：第123条1項，非救済条項：第125条。
3. 「強化SGP」は財政赤字GDP比3％以下などを規定したSGPを一連の措置により強化。欧州委員会のユーロ加盟国予算の監視機能獲得などを含む。

〔出所〕筆者作成。田中他著『現代ヨーロッパ経済（第5版）』第5章参照。

第4章　欧州の金融危機

5．銀行同盟の創設－ユーロ2.0－　ユーロ危機第3波では南欧からの預金流出は企業・大衆規模にまで及び，南欧諸国の破綻が危惧された。南欧諸国では大銀行と国家の相互依存体制が強固だ。金融危機でこの「体制」が破綻すれば，膨大な負担が北部欧州諸国にかかる。各国から権限を取り上げ，ユーロ圏・EU レベルに移す合意ができ，2012年5月銀行同盟が承認された。

EU 単一市場では，銀行の監督や破綻処理は各加盟国に任されていて，銀行の海外支店は本店所在国の監督当局が監督する母国監督主義がとられているが，金融グローバル化の下で起きたリーマン危機・ユーロ危機にまったく対応できなかった。ユーロ圏・EU レベルへの権限移行は妥当な措置だった。

銀行同盟とは，ユーロ圏・EU レベルに，①単一銀行監督メカニズム（Single Supervisory Mechanism：SSM），②単一破綻処理メカニズム（Single Resolution Mechanism：SRM），③共同の預金保険制度（Deposit Guarantee Scheme：DGS），の3つの機構・制度を創出し，運用権限をもたせる。①②は14年11月にスタートしたが，③は留保。独仏などで積み立てた預金保険資金をギリシャ等の預金保護に使うことへの反対が，独仏などで強かった。

SSM は ECB とユーロ圏各国（非ユーロ圏でも希望国は参加可能）の銀行監督当局から構成される。ユーロ圏には約6000，EU には約8000の銀行がある。ECB は国際的に活動する銀行や主要銀行など約120行を「重要銀行」として特定し，子会社や支店も含めて，直接に監督する。他の中小行はユーロ加盟国当局が監督するが，統一的な監督責任は ECB がもち介入できる。外国の銀行（子会社，支店）も SSM が直接に監督できる（ロシアの大銀行を監督）。

SSM は14年11月に発足，ECB に監督委員会が置かれた。1000名を超えるスタッフが各国当局と協力して動いている。その議長，副議長は ECB 役員から選出，ほかに ECB 代表3名，参加各国代表各1名からなる。監督委員会は政策案などを準備し，ECB 政策理事会に提出，そこで賛成，反対が決まる。銀行監督についても最高決定機関は ECB 政策理事会である。

SRM は破綻に直面した銀行の再建または破綻処理をユーロ圏レベルで審議・決定し，破綻処理を各国当局に命じる（ブリュッセルに設置）。

SSM と SRM により銀行監督，破綻処理の権限がユーロ圏各国から ECB と EU レベルに移行した。「ユーロ2.0」の構成要素である。

SSMとSRMによる銀行監督・破綻処理権限の移行－「ユーロ2.0」の第2の構成部分－

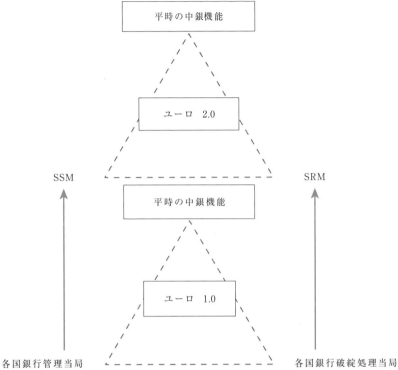

(注) SSM：単一銀行監督メカニズム，SRM：単一破綻処理メカニズム
〔出所〕 筆者作成。

6.「ユーロ2.0」からのさらなる制度改革　SRM の基本組織は単一破綻処理委員会（SRB：Single Resolution Board）で，委員長，副委員長，欧州委員会，ECB，各国破綻処理当局代表者により構成される。破綻処理関連の議決は特別委員会である。当該銀行の所在するすべての国の当局代表者が出席し，本国1票，他の所在国代表が1票を分割保有する。

破綻処理への出動の基本線は次のようになる。ECB が経営難に陥った銀行の破綻の可能性が高いと判断すると，SRB が査定し，必要と認定すれば破綻処理スキームを策定・採択し，欧州委員会に提出，欧州委員会が支持すると直ちに EU 財務相理事会に提案，両者は24時間以内にスキームの発効を宣言し，SRB は各国破綻処理当局へスキームの実施を指示する。以上は大枠であり，細かいルールは複雑である。

SRM 参加国の全銀行の預金の1％を毎年積み立て2023年に約550億ユーロの単一破綻処理基金（SRF）が完成する。経営難に陥った銀行への支援金にもなる。公的資金の注入も否定されていない。SRF は16年活動を開始し，同時にSRM も本格稼働となった。

ユーロ金融危機の終了した12年9月以降，ユーロ圏では一度もパニック型の金融危機は起きていない。「ユーロ2.0」への発展が一因だ。ただし，イタリア第3位の銀行モンテ・パスキが16年から破綻に瀕した際には，欧州委員会は最終的にイタリア当局に同行の救済を委ね，17年7月国有化された。EU ルールでは銀行債の保有者も損失負担が必要だが，イタリアでは多数の個人投資家が預金のように銀行債を保有するなどの特殊事情があり，考慮した。

「ユーロ2.0」を超えて「ユーロ3.0」の構築が次の課題である。第1に共同預金保険機構の創設である。ユーロ危機は南から来るということを忘れてはならない。第2に，ギリシャの政府債務は GDP 比180％，イタリアは130％超である。ユーロ圏がユーロ共同債を発行して低利資金を南欧諸国の債務カットに充てるなど，共同行動が必要だ。第3に，ユーロ圏に財政同盟を設立し，ユーロ圏財政を経済力の弱い国の救済や公共投資などに振り向ける。使いづらいESM を欧州通貨基金（EMF）に発展させる構想もある。ユーロ圏財務相を置き，ユーロの諸制度が敏速かつ統一的に動けるように発展させる作業もユーロ3.0の課題である。

第 4 章　欧州の金融危機

SRM（単一破綻処理メカニズム）の意志決定プロセス

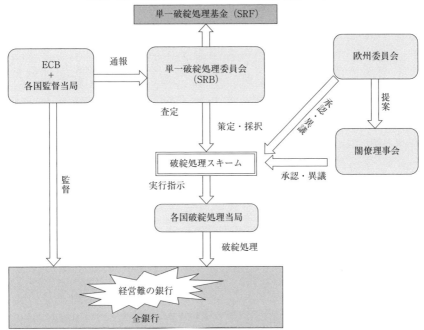

〔出所〕　太田瑞希子,「EU 銀行同盟」, 経済学論纂（中大）第55巻第 5 ・ 6 合併号。

第4章　欧州の金融危機

7．ユーロはなぜ崩壊しなかったのか　　ユーロ危機の期間を通して,「ユーロ崩壊」の予想でにぎわった。米国のノーベル賞経済学者ポール・クルーグマンは危機の間に11回も「崩壊」と評論に書いたという。だが崩壊を囃した多くの論者はユーロが崩壊しなかった理由を明らかにしていない。

　ユーロ圏内部の要因はすでに明らかにしたとおりである。危機国への財政支援，ドラギ総裁の VLTRO，OMT である。だが，金融危機で新興国は国際収支危機から崩壊に至る。たとえば，1998年東アジア通貨危機で崩壊したタイの場合，96年の好況期に GDP 比 8 ％の資本流入，97年危機，98年資本流出 GDP 比10％となり，合計 GDP 比18％もの資本のスイングが起きた。96年資本収支黒字に見合って経常収支は大幅赤字，しかし98年経常収支は10％超の大幅黒字，国際収支は経常収支＝資本収支（国際収支の合計ゼロ）である。タイの98年の経常収支黒字は前年比23％もの内需減少（つまり内需崩壊）に見合っていた。資本収支の大規模なスイングがこの「暴力的な経常収支の黒字化」の原因である。タイ・バーツは97年に暴落した。

　南欧危機 5 カ国（アイルランドを含む）から危機のたびに巨額の資本が流出したので，98年のタイのように内需崩壊が起きてもおかしくなかった。しかし，南欧 5 カ国は危機の間も経常収支赤字を持続できた。内需の崩壊は起きなかった。ユーロ圏の決済システム TARGET2 の役割が大きかった。

　右図の上の部分に危機 5 カ国の資本収支赤字の累積値（流入資本残高）が示されている。03年から08年まで南欧 5 カ国へ流入・累積した民間資本は約9000億ユーロ，08年の流出は小さかったが，ユーロ危機の10年に一度ダウンし，11年後半から急激に流出した。だが，公的資金流入が流出をカバーして，危機国の経常収支赤字（図の下半分）の継続を可能にしている。公的資本流入は，第 1 に EU と IMF による財政支援，第 2 は TARGET2 バランス（債務）の増大による流入である（対外債務増大＝資本収支黒字増大）。量的には後者の方が圧倒的に大きい。つまり，ユーロの決済システムが東アジア危機タイプの金融システム破綻や内需の激烈な落ち込み，そして危機国のユーロ離脱を防いだのである。

66

第4章 欧州の金融危機

南欧危機5カ国への資本フローと経常収支赤字の推移－ともに累積値－

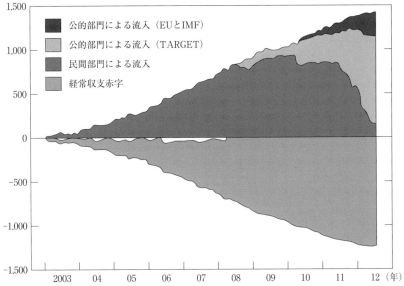

(注) 1. 危機5カ国は，ギリシャ，アイルランド，イタリア，ポルトガル，スペイン。
 2. データは2012年8月まで。
 3. 「公的部門による流入（TARGET）」は公的部門フローの資本勘定のネットの値。
〔出所〕Bank of England, Financial Stability Report, Nov. 2012.

第4章 欧州の金融危機

8. ドイツの金融不安　　ドイツの金融不安は大手行が米国で生じたサブプライム危機に伴い投資銀行業務で多額の損失を被ったことに端を発する。他方で伝統的な金融仲介業務に従事していた貯蓄銀行（シュパルカッセ）などの地域金融機関の経営は健全である。

　かつてドイツには民間の大手行が3つ存在したが，そのうちドレスナー銀行が2009年にコメルツ銀行と合併し，消滅した。現在ではドイツ銀行とコメルツ銀行が民間銀行のガリバーとして君臨している。ドイツ銀行とコメルツ銀行はともに米国のMBS（住宅ローン担保証券）で多額の損失を抱え，それが経営を圧迫することになった。

　とりわけドイツ最大の銀行であるドイツ銀行の経営不安は深刻であり，かつて注力していた国際部門や投資銀行部門は大幅な縮小が迫られることになった。ドイツ銀行とコメルツ銀行の合併も協議されていたが，19年に正式に破談となった。ドイツのメルケル政権がドイツ銀行の救済に消極的な理由として，巨額の納税者負担が生じる可能性があることや，ドイツ自身が主導して銀行救済に対する厳しいルールをEU各国に強いてきたことなどがあると考えられている。政府による救済が見込み難いため，ドイツ銀行の経営不安問題は今後も中長期的に燻り続ける見通しである。

　民間の大手行のほかにも，ドイツでは州立銀行（ランデスバンク）の経営不安が生じた。州立銀行とは州単位で存在する貯蓄銀行の中央機関である。従来は州内での金融取引に従事していたが，2000年代に州政府による保証が段階的に撤廃されたことを受けて，国際業務や投資銀行業務に注力する州立銀行が現れた。代表的な州立銀行としてバイエルン州立銀行（バイエルンLB）があるが，同行は中東欧向けの個人金融取引に傾斜したオーストリアの金融機関（ヒポ・アルプ・アドリア銀行）を買収したり，米国のMBSに投資したりして収益を稼いでいた。

　08年の世界金融危機を受けていくつかの州立銀行は多額の損失を抱え，公的資金の注入を余儀なくされるとともに，その統廃合が進んだ。危機前に12行存在した州立銀行は，18年現在で8行に減少している。州立銀行の経営不安は峠を越えたが，地方社会における産業空洞化の影響もあって，その収益力は低いままであり，一段の再編を余儀なくされる可能性が高い。

68

第4章 欧州の金融危機

ドイツのマクロ経済

(%)

	1999〜2014年	2015年	2016年	2017年
実質GDP成長率	1.3	1.7	2.2	2.2
寄与度　内需	0.9	1.8	2.6	1.8
在庫	-0.1	-0.3	0.2	0.0
純輸出	0.5	0.2	-0.5	0.3
失業率	0.7	0.9	1.3	1.4
消費者物価変化率	1.6	0.7	0.4	1.7
経常収支（対GDP比）	4.2	8.9	8.7	8.2
貿易収支（対GDP比）	6.2	8.6	8.5	8.1
財政収支（対GDP比）	4.1	8.9	8.6	8.0
公的債務残高（対GDP比）	68.4	71.6	68.5	64.5

〔出所〕 欧州委員会経済・金融総局

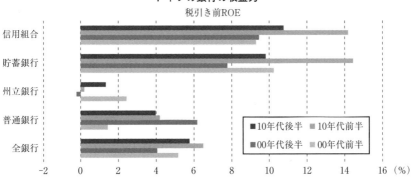

ドイツの銀行の収益力

(注) 10年代後半は15〜17年の平均値
〔出所〕 ドイツ連銀

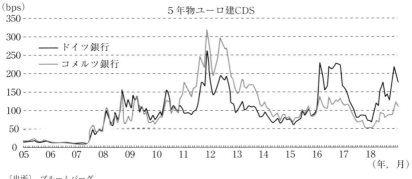

ドイツ銀行とコメルツ銀行の信用状況

〔出所〕 ブルームバーグ

69

第4章　欧州の金融危機

9. フランスの金融不安　　2007年8月，フランスの大手行である BNP パリバ傘下のミューチャルファンドが解約を凍結した。その結果，金融市場でサブプライム関連商品の売買が成立しない事態となり，多額のサブプライム関連商品を保有していた欧米の金融機関がパニックに陥った（パリバ・ショック）。

BNP パリバ以外にも，フランス最大の投資銀行であったクレディ・アグリコルやクレディ・ミュチュエルなどが，続くリーマン・ブラザーズの経営破綻（08年9月）に伴う世界金融危機の影響を受けて多額の損失を被った。フランス政府は主要6行（BNP パリバ，ソシエテ・ジェネラル，クレディ・アグリコル，ケス・デパーニュ，バンク・ポピュレール，クレディ・ミュチュエル）に対して公的資金の注入を行った。

さらに業界再編も進み，2つの協同組合金融機関（ケス・デパーニュ・グループとバンク・ポピュレール・グループ）が合併して BPCE グループが形成され，フランス第二位の金融グループが誕生した。ケス・デパーニュとバンク・ポピュレールは合併以前に共同で投資銀行部門（ナティクシス）を設立していたが，運用経験に乏しいなかで世界金融危機を経験し，多額の損失を計上した経緯があった。

フランスの大手行のうち中東欧向けの個人金融業務に注力していたソシエテ・ジェネラルに関しては，世界金融危機に伴う中東欧の金融不安の悪影響を被った。またその他の大手行も，ギリシャなど南欧諸国やアイルランドで生じた債務危機の悪影響を被った。ギリシャ債に関しては，デフォルト観測のために金利が急騰したことに加えて，12年2月には EU と国際通貨基金（IMF）によるギリシャ向け金融支援の一環として民間投資家による損失負担（PSI）が強いられたことなどから，フランスの金融機関にも多額の損失が発生した。

フランスの金融不安は10年代前半に峠を越え，その後は小康状態が続いている。一方で，オランド前大統領（12〜17年）が金融安定化の観点から銀証分離を進めるとともに，大手行も国際業務や投資銀行業務を整理・縮小した結果，フランスの金融機関の収益性は顕著に低下している。自由化志向が強いマクロン現大統領（17年〜）の下，フランスの金融機関が再び息を吹き返すかが注目される。

70

第4章 欧州の金融危機

フランスのマクロ経済

(%)

	1999〜2014年	2015年	2016年	2017年
実質GDP成長率	1.5	1.1	1.2	2.2
寄与度　内需	1.6	1.3	2.1	1.8
在庫	0.0	0.3	-0.4	0.2
純輸出	-0.2	-0.4	-0.5	0.1
失業率	8.9	10.4	10.1	9.4
消費者物価変化率	1.7	0.1	0.3	1.2
経常収支（対GDP比）	0.2	-0.4	-0.8	-0.6
貿易収支（対GDP比）	-1.0	-1.1	-1.3	-1.8
財政収支（対GDP比）	-3.7	-3.6	-3.5	-2.8
公的債務残高（対GDP比）	73.0	95.6	98.0	98.4

〔出所〕　欧州委員会経済・金融総局

BNPパリバとソシエテ・ジェネラルの信用状況

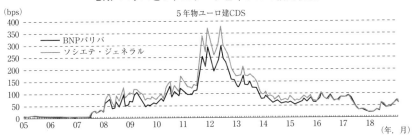

〔出所〕　ブルームバーグ

マクロン大統領の構造改革

	内容	詳細	スケジュール
労働市場改革	解雇規制緩和	解雇補償額の上限引き下げ グローバル企業の解雇要件緩和 解雇不服申立期間の短縮	2018 2018 2018
	賃金規制緩和 労働時間の上限緩和 雇用保険の拡充	労働協約単位から企業単位での労使協定優先に 週35時間以上の労働の容認 求職者への雇用保険の拡充	2018 2018 2018
税制改革	法人税減税 税額控除（CIEC） 富裕税（ISF）減税 地方住民税廃止 一般社会税（CSG）増税 キャピタルゲイン減税	33％から25％に引き下げ 社会保険料減額に統合 不動産に限定 80％の世帯を対象に廃止 7.5％から9.2％への増税 30％への一本化	2018〜2022 2019 2019 2018〜2022 2018 2019
財政改革	マクロ数値目標の設置	財政赤字の対GDP比率を3％以内に抑制，22年までに1％以内に赤字削減を進める	2018〜2022
	公務員削減と採用	6百億ユーロの歳出削減 12万人の公務員削減（地方7万人，中央5万人） 教師5千人，警官1万人増員	2018〜2022 2018〜2022 2018〜2022
その他	巨大投資プラン（GPI）	環境対策投資（200億ユーロ） 労働政策投資（150億ユーロ） 産業政策投資（130億ユーロ） デジタル化投資（90億ユーロ）	2018〜2022 2018〜2022 2018〜2022 2018〜2022
	AI投資戦略	スタートアップ企業に資金供給（1億ユーロ） 政府系銀行を通じた融資（7千万ユーロ） AIプロジェクトの公募（4千万ユーロ） 高等研究機関の整備など	2018〜2022 2018〜2022 2018〜2022 2018〜2022

〔出所〕　土田陽介（2018）「最近のフランス経済とマクロン大統領の構造改革」『国際金融』（1313号）図表4を転載。

第4章　欧州の金融危機

10. GIIPS 諸国の重債務危機と金融危機　　ユーロ導入によって金利が低下し，また資本流入が増加したヨーロッパの諸国では開発バブルが生じ，不動産価格が急騰した。しかしながら2008年秋に生じた世界金融危機を受けて開発バブルが崩壊すると，金融機関の不良債権問題が深刻化して金融不安が高まり，それが政府の信用不安につながるという負のスパイラルに陥る国が現れるようになった。

その中でも状況が特に深刻であった5ヶ国（ギリシャ，アイルランド，イタリア，ポルトガル，スペイン）は，その頭文字からGIIPS（あるいはPIIGS）と呼ばれた。このうちイタリアを除く4ヶ国とキプロスを合わせた5ヶ国は，金融危機と債務危機が複合的に生じたため，欧州連合（EU）と国際通貨基金（IMF）から金融支援を受けることになった。

具体的には，ギリシャが10年5月に金融支援を要請したことを皮切りに，同年11月にアイルランドが，翌11年3月にポルトガルが，12年6月にはスペインが，さらに13年3月にはキプロスが金融支援を要請した。その後アイルランドは13年12月に，スペインは14年1月に，ポルトガルは同年5月に，キプロスは16年3月にそれぞれ金融支援を卒業した。他方でギリシャの問題は長期化し，12年2月に第二次金融支援を，15年8月に第三次金融支援を要請する事態になった。ギリシャが金融支援をようやく卒業できたのは18年7月であった。

当初，EUによる金融支援は，10年に設立されたEFSF（欧州金融安定ファシリティ）と呼ばれる時限機関によって行われたが，12年にその機能はESM（欧州安定メカニズム）という恒久機関に発展的に継承された。EUは金融支援のコンディショナリティ（制約条件）として，各国に対して厳しい財政緊縮を通じたマクロ経済安定化を義務付けた。その結果，金融支援を受けた重債務国の財政収支と経常収支の改善が進んだ。

他方で欧州中央銀行（ECB）は，局面に応じて金融緩和を強化し，重債務国を支援に努めた。特に12年9月に，OMTと呼ばれる流通市場での無制限の国債購入プログラムを導入（ただし発動にはESMによる発行市場での購入が前提となり，実際は発動されなかった）したことは，投資家の不安心理を和らげる上で非常に大きな効果を持った。LTROと呼ばれる長期固定資金供給オペも，銀行の資金繰りの改善につながった。

第4章　欧州の金融危機

GIIPS諸国の長期金利

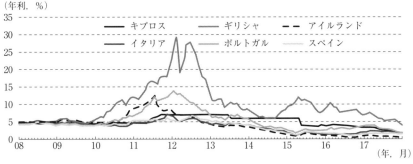

〔出所〕　欧州連合統計局

GIIPS諸国の不良債権比率

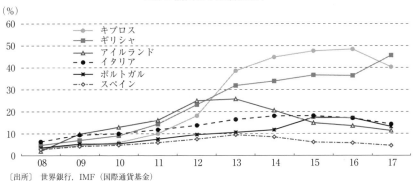

〔出所〕　世界銀行，IMF（国際通貨基金）

EUによる金融支援の概要

国名	金融支援の目的	EUによる金融支援額 億ユーロ	債務の平均残存年数 年
キプロス	マクロ経済安定化	63	14.9
ギリシャ	マクロ経済安定化	619	32.4
アイルランド	マクロ経済安定化	260	20.8
ポルトガル	マクロ経済安定化	177	20.8
スペイン	銀行への資本注入	413	12.5

〔出所〕　欧州安定化メカニズム（ESM）

第4章　欧州の金融危機

11．ギリシャの財政金融危機　　ギリシャの重債務危機は，2009年10月の政権交代時に発覚した財政統計の改ざんに端を発する。当時のパパンドレウ首相（〜12年6月）が前政権による財政統計の粉飾を公表し，08年の財政赤字を当初の対GDP比で5.0％から7.7％に修正し，09年の赤字見通しを12.7％と従来の3倍近い規模まで引き上げた。

　この事態を受けてギリシャの格付けは引き下げられ，長期金利が急騰するとともに，債務不履行に陥るリスクが意識されるようになった。結局ギリシャは10年5月にEUとIMFに対して金融支援を要請し，EUの協力を仰ぎながら財政の健全化を目指すことになった。ギリシャ政府は年金や社会保障費などを通じて歳出の削減に努める一方で，増税や国有企業民営化などを進めて歳入の増加を試みたが，事態はなかなか好転しなかった。

　12年2月には追加の金融支援（第二次金融支援）が実施されたが，その際にPSIと呼ばれる民間投資家の損失負担が実行された。これは既発債の元本の53.5％をヘアカットし，その分の損失を民間投資家が負担することで，ギリシャ財政の健全化を支援しようというものであった。ただこのPSIを実施したことで，国債の最大の保有主体であったギリシャの民間銀行の財務体質は非常に悪化し，国内の金融危機に拍車がかかることになった。

　14年に入るとマイナス成長にようやく歯止めがかかり，景気悪化が一服した。ただ厳しい財政緊縮を求めるEUに対するギリシャ国民の不安が募るようになり，15年1月に行われた総選挙では反緊縮を掲げる極左政党SYRIZA（急進左派連合）が第一党に躍進し，ツィプラス党首が新首相に就任した。同年6月にEUとECB，IMFがギリシャに一段の歳出削減を求める改革案を提示したが，ツィプラス首相はEUによる金融支援案の受入の是非をめぐる国民投票を実施し，反対多数で受け入れを拒否する民意が示された。

　国民投票の結果を受けてギリシャのユーロ離脱がいよいよ現実化するかとみられたが，結局15年8月に第三次金融支援の実施で合意に達した。その後もギリシャは財政緊縮に努め，18年8月に金融支援から完全に卒業した。ただ経済はゼロ成長が常態化しており，雇用情勢の改善も滞っている。公的債務残高もGDPの2倍近い水準であり，銀行の不良債権比率も40％を超えるなど，厳しい状況が続いている。

74

第4章 欧州の金融危機

ギリシャのマクロ経済

(%)

	1999〜2014年	2015年	2016年	2017年
実質GDP成長率	0.3	-0.4	-0.2	1.5
寄与度 内需	0.1	0.3	0.4	1.6
在庫	0.0	-1.6	0.1	0.1
純輸出	0.3	0.9	-0.7	-0.1
失業率	13.7	24.9	23.6	21.5
消費者物価変化率	2.5	-1.1	0.0	1.1
経常収支（対GDP比）	-9.3	-0.3	-1.2	-1.1
貿易収支（対GDP比）	-14.5	-9.1	-9.3	-10.3
財政収支（対GDP比）	-8.1	-5.6	0.5	0.7
公的債務残高（対GDP比）	125.3	175.9	178.5	176.2

〔出所〕 欧州委員会経済・金融総局

ギリシャの経済規模と公的債務残高

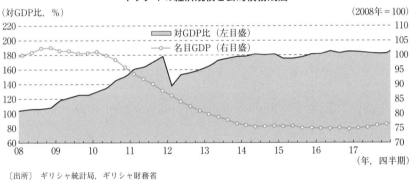

〔出所〕 ギリシャ統計局, ギリシャ財務省

PSIでギリシャの銀行が課された費用負担

	債権総額（百万ユーロ）			PSIによる損失（百万ユーロ）			損失総額の対比（%）	
	合計	国債	貸付	合計	国債	貸付	自己資本	総資産
NBG	14,749	13,748	1,001	11,736	10,985	751	161.0	11.0
ユーロバンク	7,336	7,001	335	5,781	5,517	264	164.5	7.5
アルファ銀行	6,043	3,898	2,145	4,786	3,087	1,699	105.7	8.1
ピレウス銀行	7,343	7,063	280	5,911	5,686	225	226.0	12.0
ATE	5,772	5,164	608	4,329	3,873	456	1,144.2	17.1
郵便銀行	4,372	4,197	175	3,444	3,306	138	618.3	24.8
その他8銀行	2,994	2,572	422	1,746	1,422	324	−	−
合計	48,609	43,643	4,966	37,733	33,876	3,857	170.6	10.1

〔出所〕 ギリシャ中銀

75

第4章 欧州の金融危機

12. アイルランドの財政金融危機 2008年秋に生じた世界金融危機前の
アイルランドには,主にその低い人件費や法人税率のため多くの多国籍企業が
進出し,好景気を謳歌することができた(ケルトの虎)。その結果,アイルラ
ンドで不動産を中心とする資産バブルが生じたが,それが世界金融危機の発生
を受けて崩壊し,銀行は多額の不良債権を抱えることになった。

当時,アイルランドにはその高成長を反映して多額の資金が流入しており,
銀行部門の総資産はGDPの8倍ほどまで膨らんでいた。総資産が膨張した銀
行はバブル崩壊で巨額の損失を計上したため,アイルランド政府は09年1月の
アライド・アイリッシュ銀行など主要行に公的資金を注入したが,その結果ア
イルランド政府の財政も行き詰まり,10年11月にEUとIMFに対して金融支
援を要請した。

バブル崩壊によって深刻化した不良債権問題は,公的バッドバンク
(NAMA)による不良債権の一括処理といった大規模な政策介入もあり,13年
をピークに徐々に収束に向かった。その結果,同年12月にアイルランドはEU
とIMFから受けた金融支援を卒業することに成功した。その後も銀行はデレ
バレッジに努め,最大でGDPの10倍近くまで膨らんでいた総資産は4倍を下
回るまで縮小が進んだ。

一方でアイルランドの景気も,金融支援の対価としてEUから厳しい財政緊
縮策を課されたこともあって低迷していたが,14年には8.3%の高い成長率を
記録するまで回復した。翌15年には複数の米国の大企業が節税のためアイルラ
ンドに本社機能を移転したことを受けて,実質成長率が実に25.6%という先進
国では異例の高水準を記録した。その後もアイルランド経済は,EUの平均値
を上回る力強い成長が続いている。

力強い経済成長を追い風に,金融危機を受けて悪化した財政も着実な改善軌
道に乗った。イギリスのEU離脱で拠点をロンドンからダブリンに動かす動き
も,足元では経済成長の追い風になっている。ただアイルランド経済はGIIPS
諸国の中でも特異な成長モデル(外需かつ外資主導の経済成長モデル)である
ため,同国の成功体験は必ずしも一般的に適用できるものではない点について
留意すべきだろう。

76

第4章　欧州の金融危機

アイルランドのマクロ経済

(％)

	1999～2014年	2015年	2016年	2017年
実質 GDP 成長率	3.9	25.1	5.0	7.2
寄与度　内需	2.6	12.3	14.3	-10.1
在庫	0.1	-0.4	1.7	-1.1
純輸出	1.6	12.7	-11.9	19.1
失業率	8.4	10.0	8.4	6.7
消費者物価変化率	2.1	0.0	-0.2	0.3
経常収支（対 GDP 比）	-1.8	4.4	-4.2	8.5
貿易収支（対 GDP 比）	21.5	43.2	38.8	36.6
財政収支（対 GDP 比）	-4.3	-1.9	-0.7	-0.3
公的債務残高（対 GDP 比）	57.7	76.8	73.5	68.5

〔出所〕　欧州委員会経済・金融総局

アイルランドの銀行の総資産

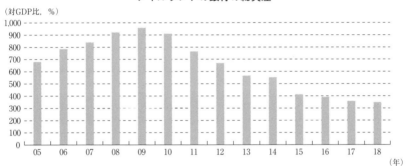

〔出所〕　ECB（欧州中央銀行），欧州連合統計局

アイルランドの不動産価格の推移

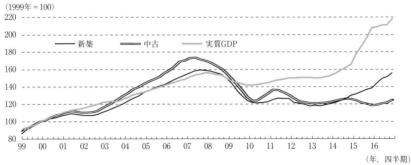

（注）　不動産価格は GDP デフレーターで実質化
〔出所〕　アイルランド環境・食糧・農村地域省，欧州連合統計局

77

13. ポルトガルの財政金融危機　ポルトガルはイタリアと同様，ユーロ導入後に輸出競争力が低下し，景気の停滞が続いた。そのため他のGIIPS諸国と異なり，2000年代に開発バブルが生じ，それが崩壊して金融危機や財政危機が生じたわけではない。またポルトガルの銀行は国際業務や投資銀行業務にも注力しておらず，当初は銀行の経営不安も他のGIIPS諸国に比べると軽微なものにとどまっていた。

　ただ10年5月にギリシャが，同年11月にアイルランドがそれぞれEUとIMFに対して金融支援を要請するなど，欧州で金融不安と信用不安の流れが強まるなかで，11年3月に追加の緊縮財政策が議会で否決されたことなどを受けてポルトガルの長期金利も急騰し，金融市場での資金調達が困難になった。その結果，ポルトガルもまた翌4月にEUとIMFに対して金融支援を要請することになった。

　この金融支援を基にポルトガル政府は，経営不安に陥っていた大手行（ミレニアムBCP，バンコBIP，CGD，BANIF）に対して公的資金を注入した。ただ金融支援を要請したことで厳しい緊縮財政に努めた結果，ポルトガルの景気は悪化が続き，そのことで不良債権が増加するなど銀行の経営はかえって苦しくなった。14年5月にポルトガルは金融支援から卒業したが，その直後の同年7月には当時第三位の銀行であるバンコ・エスピリト・サント（BES）の経営不安が顕在化し，再び金融不安に陥った。

　政府が15年12月にBESの継承銀行として設立されたノボバンコの売却交渉が難航していたことを理由に，一部の優先債保有者に対してベイルインを課すなど，ポルトガルの金融不安は燻り続けた。17年5月にはECB理事のビルロワドガロー仏中銀総裁が会見でイタリアと共にポルトガルの金融不安に対する早期対応の必要性に言及するなど，EU当局者の警戒感も高かった。

　ただその後は，資本注入を受けた大手行の売却が進むなど事態は好転し，景気の着実な回復もあって，足掛け10年にわたった金融不安は徐々に落ち着くようになった。中道左派の社会党出身のコスタ首相（15年11月〜）による「上げ潮的」な経済運営もあり，ポルトガルの景気は着実な回復軌道に乗った一方で，公的債務残高は14年をピークに緩やかながらも着実な減少が続いている。スペインと同様，近年の経済成長率は高めで推移している。

第4章　欧州の金融危機

ポルトガルのマクロ経済

(%)

	1999〜2014年	2015年	2016年	2017年
実質 GDP 成長率	0.5	1.8	1.9	2.8
寄与度　内需	0.2	2.6	2.1	3.1
在庫	0.0	0.1	-0.1	-0.2
純輸出	0.4	-0.9	-0.1	0.0
失業率	9.7	12.6	11.2	9.0
消費者物価変化率	2.3	0.5	0.6	1.6
経常収支（対 GDP 比）	-7.9	-0.9	0.1	0.2
貿易収支（対 GDP 比）	-9.7	-4.5	-4.3	-5.4
財政収支（対 GDP 比）	-5.5	-4.4	-2.0	-3.0
公的債務残高（対 GDP 比）	80.3	128.8	192.2	124.8

〔出所〕　欧州委員会経済・金融総局

ポルトガルの不良債権問題

	不良債権比率[1]					不良債権の構成比率[1]				
	2006年	2009年	2012年	2015年	2018年	2006年	2009年	2012年	2015年	2018年
企業部門	1.5	3.9	9.4	15.2	9.4	100.0	100.0	100.0	100.0	100.0
（産業活動別）										
農林水産業	2.3	2.4	4.8	4.4	6.2	2.0	1.0	0.9	0.8	2.3
鉱業	1.6	4.2	9.1	13.0	5.8	0.4	0.4	0.4	0.3	0.2
製造業	3.1	5.3	8.7	10.3	6.3	25.5	17.5	11.9	10.6	12.0
電気ガス水道	0.2	0.3	1.0	1.1	0.7	0.3	0.3	0.5	0.4	0.3
建設業	1.8	5.5	18.7	33.2	24.2	27.8	31.2	37.5	34.0	32.5
卸売小売業	2.2	5.8	12.3	16.1	9.8	22.2	19.1	15.8	15.7	16.7
物流業	0.6	0.8	2.6	6.7	2.9	2.5	1.6	2.2	3.9	2.6
宿泊飲食業	1.8	3.8	8.3	10.9	7.0	4.0	4.2	4.3	3.9	5.4
情報通信業	1.7	2.5	4.4	8.6	4.0	1.1	0.6	0.5	0.7	0.6
不動産業	0.9	3.3	11.6	23.7	12.1	8.0	12.3	17.0	21.2	16.3
法人向けサービス業	0.4	2.6	4.0	8.7	7.6	4.3	10.2	7.0	7.0	9.4
その他	0.9	1.7	3.8	6.3	3.6	1.9	1.6	1.9	1.6	1.6
（企業規模別）[2]										
零細企業	−	6.5	16.8	27.0	16.8	−	32.0	31.9	31.7	31.1
中小企業	−	4.4	10.9	14.9	8.6	−	23.8	21.8	24.8	26.3
中堅企業	−	3.4	7.3	9.5	3.8	−	22.3	21.8	24.5	22.8
大企業	−	1.2	1.9	3.2	4.0	−	13.7	12.8	13.1	14.8

(注) 1．単位はパーセント
　　　2．欧州委員会の定義によると，零細企業は従業員10人未満，中小企業は50人未満，中堅企業は250人未満
〔出所〕　土田陽介 (2019)「ポルトガルの銀行危機の長期化とその背景分析」『証券経済研究』図表6を転載

大手行の資本注入状況

	資本注入の次期	処理の次期	主な売却先
BPN（ポルトガルビジネスバンク）	2008年	2012年	バンコ BIC（アンゴラ）
ミレニアム BCP（ポルトガル商業銀行）	2012年	2017年	復星国際（中国）
バンコ BPI（ポルトガル投資銀行）	2012年	2017年	カイシャバンク（スペイン）
CGD（ポルトガル貯蓄銀行）	2012年	未定	未定
BANIF（フンシャル国際銀行）	2013年	2018年	野牛資本（中国）
BES（バンコ・エスピリト・サント）	2014年	2017年	ローンスター（米国）

〔出所〕　土田陽介 (2019)「ポルトガルの銀行危機の長期化とその背景分析」『証券経済研究』図表3を転載

14. スペインの財政金融危機　　1999年のユーロ導入以降，スペイン経済は一貫して高成長が続き，ユーロ圏経済全体の成長を牽引した。他方で国内の不動産価格は急上昇し，バブル状態に陥った。しかし07年から08年にかけて生じた世界的な金融危機を受けて不動産バブルは崩壊し，不動産融資に傾斜していた地域金融機関である貯蓄銀行（カハ）が経営危機に陥った。

　この事態を受けて，第二次サパテロ内閣（08〜11年）下のスペイン政府は，09年6月にカハの経営再建支援を目的とする専門機関「銀行再建基金（FROB)」を設立し，カハに対して公的資金を注入して資本増強を図るとともに，統廃合を進めた。12年初頭にかけて貯蓄銀は45行から11行に整理されると同時に，持株会社の設立を通じた株式会社化も進められ，経営体質の改善が図られた。しかしスペインの銀行部門は不安定な状況を脱することができず，ギリシャ発の信用危機の波に飲まれる形で危機的な状態に陥るようになった。

　ユーロ圏第4位の巨大経済であるスペインが銀行危機を終息できず，財政危機に陥るなら，ユーロ圏そのものの崩壊につながりかねない。こうした懸念の中でその動向が注目された同国の銀行危機であったものの，EUからの金融支援（12年6月）に基づく安定化政策が功を奏して比較的早期に終息することに成功した。金融支援を要請した1年半後の14年1月には予定よりも前倒しでプログラムが終了し，長期金利が低下して信用不安も和らぐなど，スペイン経済は次第に安定を取り戻した。

　この間，スペインは緊縮財政に努めたほか，硬直的な労働市場の弾力化（正社員の解雇規制や賃金規制の緩和）に取り組み，労働コストを引き下げることに成功した。その成果もあってスペイン経済は輸出主導の成長軌道に復し，15年から3年連続で3％台の高成長軌道に返り咲き，ユーロ圏経済の成長の牽引役を果たすようになった。

　他方で金融面では，17年6月には大手銀行バンコ・ポピュラールが経営破綻に陥り，最大手のサンタンデールに1ユーロで売却されたものの，銀行部門は混乱に陥ることなく安定を維持しており，危機を経てスペインの銀行部門は堅強性を増したと評価される。ただ公的債務残高の対GDP比率は90％台後半で高止まりしており，財政再建が今後の課題となっている。

第4章 欧州の金融危機

スペインのマクロ経済

(％)

	1999〜2014年	2015年	2016年	2017年
実質 GDP 成長率	1.7	3.6	3.2	3.0
寄与度 内需	1.6	3.5	2.4	2.8
在庫	0.0	0.5	-0.1	0.1
純輸出	0.7	3.3	3.0	2.9
失業率	15.1	22.1	19.6	17.2
消費者物価変化率	2.5	-0.6	-0.3	2.0
経常収支（対 GDP 比）	-4.3	1.1	2.2	1.9
貿易収支（対 GDP 比）	-5.4	-2.0	-1.4	-1.9
財政収支（対 GDP 比）	-3.5	-5.3	-4.5	-3.1
公的債務残高（対 GDP 比）	58.6	99.3	99.0	98.1

〔出所〕 欧州委員会経済・金融総局

スペインの住宅バブル

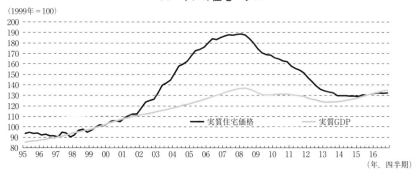

(注) 住宅価格は中銀が公表する平米当たりの鑑定額の平均値，実質化は GDP 価格指数で実施
〔出所〕 スペイン中銀，スペイン国家統計局

スペインの不良債権問題

(対融資残高比率，％)

	2007年	2008年	2009年	2010年	2011年	2012年	2013年	2014年	2015年	2016年
不良債権比率[3]										
全体	0.8	3.3	5.0	5.8	7.9	10.6	13.8	12.6	10.2	9.2
主体別										
企業	0.7	3.7	6.2	8.0	11.6	16.0	20.9	18.9	14.9	13.3
農林水産業	1.2	2.2	3.2	4.3	6.5	9.1	13.5	12.3	10.2	9.1
工業	0.9	2.1	4.2	4.4	5.7	9.4	13.3	13.3	11.2	9.1
建設業	0.7	5.0	8.6	12.3	18.7	26.6	35.3	33.7	30.9	29.7
サービス業	0.6	3.8	6.3	8.1	12.0	16.3	21.0	18.9	14.4	13.0
不動産業	0.5	6.1	10.0	14.0	21.5	29.1	38.0	36.2	27.4	25.4
家計	1.0	2.7	3.4	2.9	3.4	4.7	6.7	6.6	5.5	5.4
住宅ローン	0.7	2.3	2.8	2.3	2.8	3.8	5.8	5.7	4.7	4.6

〔出所〕 スペイン中銀

第 4 章 欧州の金融危機

15. キプロスの財政金融危機　　キプロスの財政金融危機は，ギリシャで
第二次金融支援が行われた際に，民間債権者による損失負担（PSI）が課され
たことがトリガーになった。キプロスの銀行は多額のギリシャ向け債権（国債
への投資や企業への貸出）を抱えていたため，ギリシャの財政金融危機を受け
て財務体質が悪化した。さらに PSI によって保有していたギリシャ債のヘア
カットが強制されたため，キプロスの銀行は軒並み経営危機に陥った。

　もともとキプロスは租税回避地（タックスヘイブン）として知られ，とりわ
け歴史的に関係が深いロシアから多額のマネーが流入していた。そのためキプ
ロスの銀行は，ロシアから多額の預金を引き受けており，その資産規模は
GDP の 7 倍を超える程度にまで膨張していた。キプロスの財政力だけでは事
態の改善が見込めず，同国は2012年 6 月に EU に対して金融支援を要請したが
なかなか受理されず，13年 3 月になってようやく認められた。

　EU はキプロスに対して最大で100億ユーロの提供を約束したが，コンディ
ショナリティとして当時の二大銀行の再編と預金者への費用負担を要求した。
具体的には当時第 2 位のライキ銀行の優良資産を第 1 位のキプロス銀行に移管
し，再編に関わる費用を10万ユーロ以上の大口預金者に対して求めるという条
件が課された。さらに海外への預金逃避を防ぐ目的から，預金引出制限や海外
送金制限などの資本規制も実施された。

　EU がキプロスに対して厳しい態度をとった背景には，同国の銀行がロシア
による資金洗浄（マネーロンダリング）に利用されていたことがある。ロシア
に対する懲罰的な意味合いから，ドイツなどが厳しいスタンスで臨んだ結果，
預金者に費用負担を求める（つまりベイルインを発動する）事態になった。た
だ預金者に対して銀行の救済の費用負担を強制するという EU の方針が，他国
の銀行の救済に際しても預金者に費用負担が求められるのではないかという金
融関係者の不安をかえって刺激する結果につながった。

　紆余曲折を経ながらもキプロスは16年 3 月に金融支援を卒業し，金融市場に
復帰した。ただ公的債務残高は GDP の100％程度で高止まりしており，財政
再建は進んでいない。銀行の不良債権比率も18年末時点で20％をようやく下回
る程度であり，厳しい状況が続いている。

82

第4章　欧州の金融危機

キプロスのマクロ経済

(%)

	1999〜2014年	2015年	2016年	2017年
実質 GDP 成長率	2.1	2.0	4.8	4.5
寄与度　内需	2.1	3.2	8.4	8.4
在庫	0.1	0.6	-2.3	0.2
純輸出	-0.1	-1.9	-1.3	-4.1
失業率	6.7	15.0	13.0	11.1
消費者物価変化率	2.3	-1.5	-1.2	0.7
経常収支（対 GDP 比）	-6.2	-1.4	-5.1	-8.4
貿易収支（対 GDP 比）	-23.1	-16.7	-21.0	-24.2
財政収支（対 GDP 比）	-3.5	-1.3	0.3	1.8
公的債務残高（対 GDP 比）	65.5	108.0	105.5	95.8

〔出所〕　欧州委員会経済・金融総局

キプロスの銀行の資産規模の推移

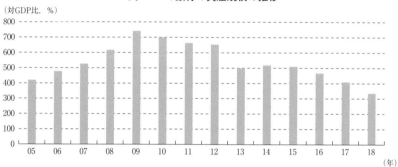

〔出所〕　ECB（欧州中央銀行），欧州連合統計局（ユーロスタット）

83

第4章　欧州の金融危機

16. イタリアの金融危機　　1999年のユーロ導入以降，輸出競争力が低下したイタリアの景気は低空飛行が続いたものの，プラス成長を維持していた。しかし08年に生じた世界金融危機を受けて景気は腰折れし，翌09年の実質GDP成長率は5.5％減と歴史的な悪化を経験した。その後はギリシャ発の信用不安の波に飲み込まれる形で長期金利が急騰し，資本逃避に対抗すべく財政緊縮を強化したため，12年から2年間，イタリア経済は再びマイナス成長に陥った。14年以降景気は回復に転じたが，そのテンポは緩慢であり，ユーロ圏平均を下回る状況が続いている。

　他方で金融面では，銀行の経営危機が表面化し，不良債権比率が最悪期である15年には18.2％に達し，17年時点で第4位の大手銀行であったモンテ・パスキ・ディ・シエナ（MPS）に至っては融資額の3割強が焦げ付くなど，未曽有の事態に陥った。欧州全体が金融危機に陥る危険性も意識される中で，その動向は大いに注目されたが，15年以降の政策対応（中小銀行の統廃合やMPSへの資本注入）を受けて，不良債権問題は最悪期を乗り越えたものの，17年末時点の不良債権比率（対与信比率）は14.5％と依然高水準であり，問題の抜本的な解決には至っていない。

　財政面に関してもイタリアは大きな問題を抱えている。イタリアはGIIPS諸国の1つに数えられるが，元々ユーロ加盟前からイタリアの公的債務残高は他のヨーロッパの主要国に比べると巨大であったことで知られる。08年秋に生じた世界金融危機を受けてイタリアの公的債務残高はGDPの130％程度まで膨張した。この間，中道左派政権は財政健全化に向けた取り組みに注力した結果，利払い費を除いたプライマリーバランスで見た財政収支は黒字を維持することに成功した。

　イタリアの最大のリスクは政治にある。18年6月，左右両極政党2党（同盟と5つ星運動）による連立政権が成立し，大衆迎合主義（ポピュリズム）的な政治運営が目指された。もっともこの枠組みは翌年に入り崩壊し，9月には5つ星運動と中道左派の民主党が連立を組むことで中道寄りのコンテ首相がなんとか続投することになったが，両党の緊張が高まっている。こうした政治不安が嫌気されてイタリアの長期金利はユーロ圏諸国の中でも高水準で推移しており，銀行の経営を圧迫している。

84

第4章 欧州の金融危機

イタリアのマクロ経済

(%)

	1999〜2014年	2015年	2016年	2017年
実質 GDP 成長率	0.3	0.9	1.1	1.7
寄与度　内需	0.2	1.4	1.4	1.7
在庫	0.0	0.1	0.0	-0.4
純輸出	0.1	-0.5	-0.3	0.3
失業率	8.9	11.9	11.7	11.2
消費者物価変化率	2.1	0.1	-0.1	1.3
経常収支（対 GDP 比）	-0.8	1.3	2.5	2.5
貿易収支（対 GDP 比）	0.6	3.1	3.4	3.2
財政収支（対 GDP 比）	-3.2	-2.6	-2.5	-2.4
公的債務残高（対 GDP 比）	109.8	131.6	131.4	131.4

〔出所〕欧州委員会経済・金融総局

イタリアの不良債権問題

	2008年	2009年	2010年	2011年	2012年	2013年	2014年	2015年	2016年	2017年
銀行部門										
対 GDP 比率	5.2	8.4	9.8	11.9	14.7	17.6	21.0	21.8	20.8	16.6
対融資残高比率	6.1	9.1	9.8	11.2	13.5	15.9	17.7	18.2	17.4	14.5
うち										
破綻先以外	3.5	4.6	5.3	6.2	7.2	8.7	10.0	10.5	10.7	9.1
破綻先	2.6	4.5	4.5	5	6.3	7.2	7.7	7.7	6.7	5.4
五大銀行										
対融資残高比率	5.0	9.8	10.0	11.2	14.1	17.3	19.6	19.6	18.9	22.4
うち										
UniCredit	6.6	9.7	11.6	11.8	13.4	15.0	16.3	16.0	11.8	10.2
Intesa	5.5	8.8	9.4	10.5	12.4	15.4	16.9	16.6	14.7	11.9
MPS	7.9	9.4	9.9	12.2	15.7	20.0	26.0	27.6	32.6	29.5
UBI	3.7	6.4	7.1	8.4	11.4	13.7	14.6	15.1	14.5	13.0
Popolare	6.6	13.4	13.1	14.2	16.9	20.9	24.7	24.2	23.3	21.1

(注) 1．イタリアでは伝統的に引当金控除後の純額ベースが用いられるが，国際比較を念頭に，引当金控除前の総額ベースを採用した。

　　2．不良債権の定義は14年までイタリア中銀の，15年以降は欧州銀行監督局（EBA 基準）の基準による。

　　3．Banco Popolare は17年 1 月にミラノ庶民銀行（BPM）と合併し，Banco BPM となった。

旧基準（イタリア中銀基準）	
破綻先	支払不能な債権
一時支払困難先	一時的に支払不能な債権
貸出条件緩和先	金利減免等条件変更がなされた債権
破綻懸念先	90日以上の支払遅延債権

新基準（EBA 基準）	
破綻先	支払不能な債権
実質破綻先	支払いの保証がない債権
破綻懸念先	90日以上の支払遅延債権

〔出所〕土田陽介（2019）「イタリアの銀行危機対応策の展開とその問題点」『日本 EU 学会年報』表 2 を転載

85

第4章　欧州の金融危機

17. 中東欧の国際収支危機　　2008年秋に生じた世界金融危機は中東欧諸国にも悪影響を与えた。中東欧諸国で急激な資本流出が生じた結果，いくつかの国で国際収支危機が生じた。そして同年10月以降，IMFに対してハンガリー，ラトビア，ウクライナ，ルーマニアがスタンドバイ・クレディットを申請することになり，翌年にはポーランドも予防的な措置としてIMFに融資枠を申請した。なおユーロ導入が目前だったバルト三国はユーロとの固定相場制度の維持を重視したため，緊縮財政による需要抑制策を敢行し，経常収支の赤字削減に努めた（内的減価）。そのため非常に厳しい景気後退を経験した。

　EUの第5次拡大の第一弾（04年）で，かつて共産圏に属していた中東欧諸国のうちいくつかの国がEUの加盟を果たす前後から，中東欧諸国にはイタリアやオーストリア，スウェーデンなどの銀行が地場銀行の買収などを経て進出し，個人金融業務に注力していた。こうした銀行は，金融市場で調達した資金を元手に，資金需要が旺盛であった中東欧諸国の家計部門に積極的な融資を行った。その結果，中東欧諸国では急激な信用膨張が生じ，世界金融危機が生じる以前からIMFなどがその不安定性を指摘していた。

　中東欧諸国の国際収支危機が本格的な金融危機に転じることを防ぐため，中東欧に進出したヨーロッパの大手行や進出先の中東欧諸国の金融監督当局，さらにEU，IMFなどが，オーストリア政府の呼びかけに応じる形で08年末に国際的な協調体制を採ることになった。これはウィーン・イニシアチブと呼ばれる非公式的な国際協定で，翌09年1月に発足した。この取り組みの結果，中東欧諸国からの資本逃避に徐々に歯止めがかかるようになり，同時に急激な信用収縮も回避され，金融不安は和らいだ。

　他方で中東欧諸国の金融不安は，中東欧に進出していた近隣諸国，具体的にはイタリアやオーストリア，スウェーデンといった諸国の銀行の経営不安にもつながった。特にオーストリアでは，エアステ，ライファイゼン，バンク・オーストリア（親会社はイタリアのウニクレディット）といった三大銀行に加えて，ヒポ・アルプ・アドリア銀行などが経営不安に陥った。スウェーデンではスウェドバンクなどバルト三国で積極的に個人金融業務を行っていた大手行の経営不安が高まり，公的資金が注入される事態となった。

86

第 4 章 欧州の金融危機

中東欧諸国の経常収支

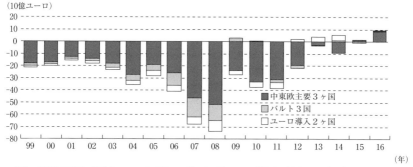

（注） 中東欧主要3ヶ国はチェコ，ハンガリー，ポーランド，ユーロ導入2ヶ国はスロバキアとスロベニア
〔出所〕 IMF（国際通貨基金）

オーストリアの銀行の対中東欧依存度（2006～08年）

(1) 残高（10億ユーロ）

	バンク・オーストリア			エアステバンク			ライファイゼン		
	2006年	2007年	2008年	2006年	2007年	2008年	2006年	2007年	2008年
オーストリア	24.7	47.6	49.3	49.4	50.2	51.8	26.3	39.5	37.0
ロシア中東欧	48.3	46.6	67.7	34.8	34.8	30.7	39.1	51.9	60.0
その他	6.3	10.3	12.3	-2.3	7.2	18.9	5.2	2.2	-7.9
リスク資産合計	79.8	104.5	129.3	81.8	92.2	101.5	70.7	93.6	89.0
資産合計	154.3	209.2	222.2	181.7	200.5	204.1	115.6	137.4	156.9

(2) 内訳（パーセント）

	バンク・オーストリア			エアステバンク			ライファイゼン		
	2006年	2007年	2008年	2006年	2007年	2008年	2006年	2007年	2008年
オーストリア	16.0	22.8	22.2	27.2	25.0	25.4	22.8	28.7	23.6
ロシア中東欧	31.3	22.3	30.5	19.2	17.4	15.0	33.8	37.8	38.2
その他	4.1	4.9	5.5	-1.3	3.6	9.3	4.5	1.6	-5.0
リスク資産合計	51.7	50.0	58.2	45.0	46.0	49.7	61.2	68.1	56.7
資産合計	100.0	100.0	100.0	100.0	100.0	100.0	100.0	100.0	100.0

（注）1．連結ベース
　　　2．その他には統計上の不整合も含む
〔出所〕 土田陽介（2009）「オーストリアの銀行とその東方拡大モデル－スウェーデンとの比較試論」『上智ヨーロッパ研究』15～31頁，表7を転載

第5章　欧州中央銀行制度

1．欧州中央銀行制度　　欧州統一通貨ユーロの誕生は，ユーロ圏における単一の金融政策の遂行主体としての中央銀行（欧州中央銀行：ECB）の設立を要請することとなった。実際に，ユーロ誕生（1999年）の前年の98年にECBはドイツのフランクフルトに設立された。ECBの駐在員事務所はベルギーのブリュッセルおよび米国のワシントンにあるが，支店は存在しない。実際の金融政策遂行（オペレーション等）や各国間の資金決済等の実務は，ユーロ圏諸国の各中央銀行により行われている。

欧州中央銀行制度（ESCB）とは，ユーロ圏だけでなく非ユーロ圏も含めたEU全体における中央銀行組織であり，ECBおよび加盟各国の中央銀行により構成される。ECBとユーロ圏の各国中央銀行で構成される部分については，ユーロシステムと呼ばれている。なお，ECBは，非ユーロ圏諸国も含めたEU加盟各国中央銀行の出資により設立された。

ユーロ圏は，99年1月のユーロ流通開始時のメンバーは，アイルランド，イタリア，オーストリア，オランダ，スペイン，ドイツ，フィンランド，フランス，ベルギー，ポルトガル，ルクセンブルグの11か国であり，その後，01年1月にギリシャ，07年1月にスロベニア，08年1月にキプロス，マルタ，09年1月にスロバキア，11年1月にエストニア，14年1月にラトビア，15年1月にリトアニアが加盟し，計19か国となった。

ESCBとユーロシステムにおける意思決定は，ECBの「政策委員会」および「役員会」により行われる。後者は，ECBのオペレーションを遂行する上での意思決定を行う主体であり，実際の運営に係る決定についての責務を負っている。前者は，それ以外のすべての決定についての責務を負っている。なお，ユーロシステムとユーロ非加盟国（EU加盟国）の中央銀行をつなぐための機関としては，「一般委員会」が設けられている。

ユーロシステムの重要な業務としてユーロ紙幣（銀行券）の発行がある。これについては加盟各国中央銀行により発行されているが，デザインは統一されている。券種は，従来5・10・20・50・100・200・500ユーロの7種類であったが，このうち500ユーロ紙幣については，テロ等の犯罪に用いられることが多いことから，18年末をもって発行が停止された。

88

第5章　欧州中央銀行制度

欧州中央銀行（ECB）と欧州中央銀行システム（ESCB）の関係

欧州中央銀行（ECB）	単一金融政策の法的根拠は、「欧州連合の機能に関する条約」および「欧州中央銀行制度，欧州中央銀行規程」による。同規程により，1998年6月1日以降においてECBおよびESCBの双方が設立された。ECBはユーロシステムおよびESCBの中核として設立された。ECBと各国中央銀行（NCB）は，その委託された業務を協力して遂行する。ECBは国際公法下の法人格を有する。
欧州中央銀行制度（ESCB）	ESCBは，ユーロを採用しているか否かにかかわらず，ECBおよびすべてのEU加盟国のNCBにより構成される。
ユーロシステム	ユーロシステムは，ECBおよびユーロを採用した諸国のNCBにより構成される。ユーロ圏外にEU加盟国がある限りにおいて，ユーロシステムとESCBは共存する。
ユーロ圏	ユーロ圏は，ユーロを採用したEU加盟諸国により構成される。

〔出所〕 ECBホームページに基づき筆者作成。

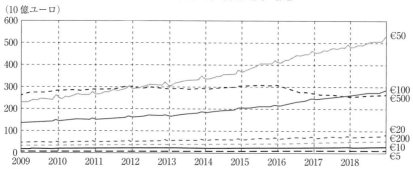

ユーロ紙幣（券種別）発行残高の推移

〔出所〕 ECB［2019］*Annual Report 2018*
Chrat24 p.70

第5章　欧州中央銀行制度

2．ユーロ域内資金決済システム　　ユーロ域内における資金決済システム
は，TARGET2と呼ばれている。これは当初のTARGETシステムに不十分な
点が意識されるようになったことから，2007年11月から08年5月にかけて段階
的に新しいシステム（TARGET2）に移行したものである。TARGET2は即時
グロス決済システム（RTGS）であり，金融機関（銀行等）は加盟各国中央銀
行に当座預金（RTGS）口座を保有する。なお，10年11月には小規模銀行のた
めの特別のインターネット経由の参加方式も開始された。参加金融機関間の送
金額等の情報伝達についてはSWIFT経由で行われているが，このインター
ネット経由の参加方式はSWIFTへの参加は条件とされていない。この他，金
融機関によっては，TARGET2に直接参加せずに，その他銀行を通じて間接参
加の方式をとる場合もある。なお，参加金融機関がユーロ圏内の他国におい
て，支店等やグループ会社等を保有し，複数の中央銀行に当座預金（RTGS）
口座を保有している場合があるが，この場合は①本店・支店・グループの口座
をまとめる方法と②複数の口座を1つの口座に準じて扱う方法のどちらかを採
用することが可能であり，流動性の節約が可能となっている。

　TARGETシステムを利用した決済金額は，導入からしばらくは急速に増加
していたが，リーマン・ショックからユーロ危機を経験した後においては，若
干の減少傾向にある。これには統計手法の変更や証券取引の決済方法の変更
（T2S）も影響している。決済件数ベースでは，最大のものは銀行顧客間のも
のであり，これに銀行間の決済が続いている。

　種々の決済の結果として，各国中央銀行にはTARGETバランス（債権・債
務）が発生することとなる。平時においては，経常収支の赤字国の中央銀行の
TARGETバランスは債務超過となるわけではあるが，資本収支等によって埋
め合わされる場合が多い。しかしながらユーロ危機の時期のような場合は，
TARGET債権・債務ともに膨張することとなる。このことは，すぐに大きな
問題となるわけではないが，TARGET債務の大きな国がユーロシステムから
離脱するような場合は，大きな問題が発生する。規定では当該債務額は，それ
以外の国の中央銀行により負担されることとなっているが，実際にそのような
事態が発生するならば大きな混乱が予想される。

第5章　欧州中央銀行制度

TARGET 決済金額

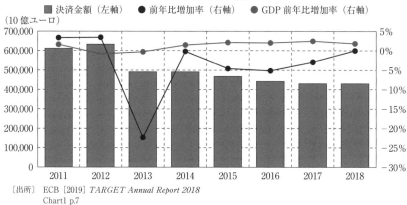

〔出所〕 ECB［2019］*TARGET Annual Report 2018*
Chart1 p.7

TARGET 決済件数

〔出所〕 ECB［2019］*TARGET Annual Report 2018*
Chart5 p.10

91

3. 危機以前の金融政策運営　ESCB および ECB の金融政策運営の基本的な目標は物価の安定である。その目標を追求するための環境として，ECB には独立性が付与されている。この ECB の独立性には，組織としての独立性，法的な独立性，意思決定主体のメンバーの人的な独立性，機能・業務運営上の独立性，財務面・機構的独立性が含まれる。

ECB における物価の安定とは，より具体的には消費者物価指数の前年比上昇率が 2 ％未満の水準にとどまることであり，いわゆるインフレーションターゲティングは採用していない。一方で，デフレーションは容認しない姿勢は明確にしている。

この基本目標を達成する手段は，平時においては最短期市場金利（EONIA）（およびターム物金利：代表的なものは EURIBOR）の ECB が好ましいと判断する水準への誘導である。ECB の準備預金制度（中央銀行当座預金積立制度）は完全後積み制度（期間約 6 週間）であり，他の中央銀行と同様にマクロ的な準備需要には過不足なく供給（資金余剰の際には吸収）するというのが平時の対応である。銀行券要因や財政要因により発生するマクロ的な資金需要に対しては，メイン・リファイナンシング・オペ（MRO：期間 1 週間）が平時における主たる供給手段であり，この金利が ECB における中心的な政策金利となっている。そして，その近傍の水準に EONIA が誘導されている。

その他の資金供給手段としては，長期リファイナンシング・オペ（LTRO：危機以前は期間 3 か月が基本），ファインチューニング・オペ（FTO），構造オペ（SO）があり，マクロ的に過不足がないだけでなく，個別金融機関の積み不足等が起こらないような工夫がなされている。

市場金利の誘導手段として，2 種類のスタンディング・ファシリティが設けられている。ひとつは限界貸付ファシリティ（MLF：期間オーバーナイト）であり，MRO 金利よりも若干高い金利で金融機関がユーロシステムより借り入れられるものである。もうひとつは預金ファシリティ（DF：期間オーバーナイト）であり，これは MRO 金利よりも若干低い金利でユーロシステムへ預入できるものである。両者とも平時においては市場金利よりも不利であるため利用は少ないが，両者の金利の間（コリドー）に市場金利を誘導する手段となっている。

第5章 欧州中央銀行制度

ECBの平時の資金供給（吸収）手段

名称	取引のタイプ		期間	頻度
	資金供給	資金吸収		
・公開市場操作				
MRO	現先	－	1週間	週次
LTRO	現先	－	3か月	月次
FTO	現先・外為スワップ	現先	非標準化	不定期
SO	現先 及びアウトライト	ECB債務証書の発行 及びアウトライト	標準化／ 非標準化	定期及び不定期 不定期
・スタンディング・ファシリティ				
MLF	現先	－	O／N	アクセスは取引先の任意
DF	－	預金	O／N	アクセスは取引先の任意

〔出所〕 ECB [2011] *THE MONETARY POLICY OF ECB 2011.* を参考に筆者作成。
Table 4.1 p.95

危機以前の金利の推移

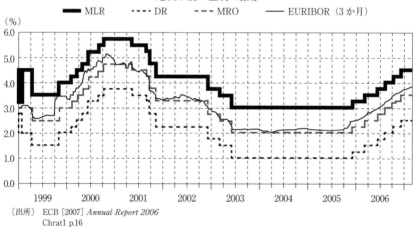

〔出所〕 ECB [2007] *Annual Report 2006*
Chrat1 p.16

93

第 5 章　欧州中央銀行制度

4．世界金融危機への対応　2007年夏ごろから米国ではサブプライムロー
ン危機が顕在化していた。それを原因として発生したのが2008年 9 月のリーマ
ン・ショックであるが，欧州の金融市場ではその約 1 年前の07年 8 月に BNP
パリバが傘下の 3 つのファンドを凍結したことから金融市場には緊張が走っ
た。ユーロシステムは，これに無制限の資金供給で応じた。また，ECB は長
期リファイナンシング・オペ（LTRO：通常 3 か月）を 6 か月物についても供
給した。この過程で，従前の資金供給の中心であったメイン・リファイナンシ
ング・オペ（MRO）の資金供給量に占める割合が低下し，LTRO の割合が上
昇した。

　この時期の欧州の多くの金融機関は，短期のドル資金の調達を行う一方でド
ル建て債券（MBS・CDS 等）への投資を行っていたが，危機の進行の過程で
ドル資金調達に苦慮することとなった。ECB はこれへの対処を目的として米
国の FRB 等との間で一時的なスワップ協定を結び，これにより調達した資金
によりドル資金を供給した。

　08年 9 月のリーマン・ブラザーズの破綻（リーマン・ショック）は，米国の
みならず欧州の金融市場に深刻な機能不全をもたらした。ECB はまず政策金
利（MRO 金利）を急速度で低下させ，リーマン・ショック後の5.25％から09
年 5 月には 1 ％へと3.25％の引下げを行った。

　この時期における ECB の危機対応のための施策としては，LTRO の期間延
長（最長12か月），オペの適格担保基準の緩和等による資金供給の弾力化があ
る。その他では，ドル等の外貨資金調達のために FRB 等の主要国の中央銀行
との間で通貨スワップ協定を締結し（FRB とのスワップラインは08年10月13
日には無制限となった），外貨建ての資金を供給した。

　また，ユーロシステムは，09年 6 月から10年の間において，カバードボンド
の買入プログラム（CBPP）を実施した（買入総額約600億ユーロ）。世界金融
危機により，住宅ローン担保証券（MBS）や債務担保証券（CDO）等の証券
化商品市場は，壊滅的な打撃をこうむったが，その影響を受け，スキームの異
なるカバードボンド（オリジネーターのバランスシートから切り離されない）
市場も混乱した。ECB はこの市場における機能回復を狙って一種の信用緩和
政策として CBPP を実施した。

94

第 5 章　欧州中央銀行制度

危機時の流動性の供給および吸収

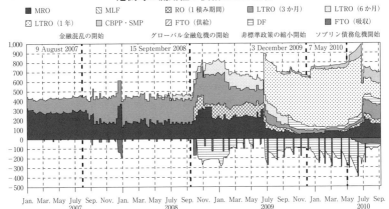

〔出所〕 *Monthly Bulletin*（ECB）2010-10
　　　　Chart6（p.68）

超過流動性（日次）および金利スプレッド（EONIA-DFR）

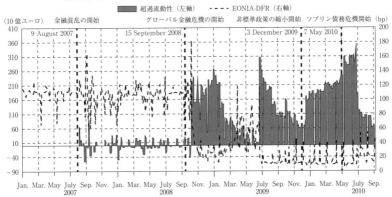

〔出所〕 *Monthly Bulletin*（ECB）2010-10
　　　　Chart7（p.68）

95

5．ユーロ危機と非標準的金融政策の採用（1）　　リーマン・ショックによる大きな混乱が問題の完全解決とはいかないものの，何とか終息へ向かったと思われた2009年の秋（10月），ギリシャで発足した新政権が，前政権によるユーロ加盟時の財政指標の操作疑惑を公表したことにより，欧州の金融市場，特に国債市場は大混乱することとなった。

　ギリシャは10年4月にEUおよびIMFに支援要請を行い，実際に支援（約730億ユーロ）が行われるとともに，財政破綻国への支援の枠組みも整えられた。ただし欧州の国債流通市場においては，ギリシャ国債等の価格低下（金利上昇），取引量低下といった事態も発生したため，ECBは10年5月に証券市場プログラム（SMP）の導入を決定し，ユーロ圏の公共債・民間債の買入を行った。ただし，このうちの公共債の買入についてはECBとしては従前は行っていなかったものである。これについては財政ファイナンス（中央銀行による政府への信用供与）の恐れがあることから，流通市場からの買入に限定されており，またこれが量的緩和とは異なることを示す意味から，これによって供給された流動性については，ほぼ同額の資金吸収オペが実施されるという不胎化政策が取られた。

　しかしSMPの採用によっても周辺国の財政危機は改善せず，ギリシャに次いでアイルランド，ポルトガルがEU，IMF等による支援を受けることとなった。特にギリシャは，12年に事実上のデフォルト状態となった。ECBとしては，SMPを11年11月に一時停止し（この間においても買入を行わない時期有り），これに代えてLTROによる無制限の資金供給へと舵を切った。具体的には，LTROについて3年物という従前に比べて非常に長い期間のもの（VLTRO）を，無制限供給方式で11年12月と12年2月の2回実施した。これにより供給された流動性は約1兆ユーロであった。

　12年は，ギリシャのユーロ圏離脱問題がピークとなり，ユーロ安が進行したが，7月26日のドラギ総裁の「ECBはユーロを守るためには何でもやる」発言と9月の短・中期国債の買い切りオペ（OMT）の導入決定により，ユーロの危機的状況は改善した。ただしOMTについては，その後1度も実施されてはいない。13年以降において，欧州債務危機の緊張が緩和するにつれてLTROの償還が進み，ECBのバランスシートは縮小していった。

第5章　欧州中央銀行制度

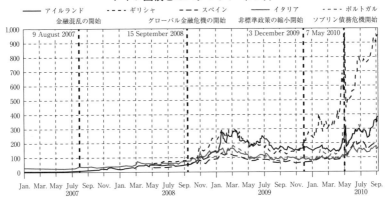

〔出所〕 *Monthly Bulletin* (ECB) 2010-10 Chart13 (p.73)

〔出所〕 ECB [2013] *Annual Report 2012* Chrat5 p.25

97

第5章　欧州中央銀行制度

6．ユーロ危機と非標準的金融政策の採用（2）　　ECBの金融政策は，2014年に別の転機を迎えた。危機の鎮静化の一方で，実体経済の停滞や物価上昇率の鈍化があり，デフレ懸念が出てくるようになったことにECBは対応を余儀なくされたからである。ECBは，14年6月にDF金利を初めてマイナス（−0.1％）とした。さらには，金融機関がユーロシステムに保有する当座預金の金利もすべて同率のマイナス金利が適用されることとした。同時に，民間銀行への低金利大量融資としてのTLTRO1（Targeted-LTRO1：住宅ローン以外の与信拡大に的を絞ったもの，最長期限18年9月）が開始され，資産買入プログラム（APP）を拡充する方針（具体的にはABSとカバードボンドの購入：ABSPP-CBPP3）が明らかとされた。

DF金利は，その後14年9月，15年12月，16年3月に各0.1％引き下げられマイナス0.4％となった。そしてMRO金利は，DF金利がマイナス0.4％となった16年3月に0％にまで引き下げられた。

ECBは15年1月についにAPPを公共債を中心に月間600億ユーロ買い入れることとしたが，これは一般的にはECBによる量的緩和（QE）の開始と呼ばれている。この時点でECBは従来消極的であったバランスシートの拡大政策へ転換したといえよう。このAPPの当初期限は16年9月であったが，15年12月に17年3月までの延長および償還分の再投資が決定された。ただし，APPの月間購入額はDF金利がマイナス0.4％に引き下げられた16年3月に800億ユーロに増額された。また同時期に社債購入プログラム（CSPP）も開始された。なお，16年6月には貸出増加を支援するTLTRO2（期間4年）が開始された。これはTLTRO1の終了後の後継制度として採用されたものであるが，MLO金利（0％）で借り入れられ，貸出増の場合にはDF金利（−0.4％）での借入が可能な制度設計となっている。

APPはその後，16年12月に月間600億ユーロ，17年10月に月間300億ユーロ，18年6月に月間150億ユーロに減額され，18年12月をもって一旦は終了した。ただしそれ以降においても，債券の償還分の再投資は行われており，バランスシートの規模は維持されている。一方で，DF金利のマイナス金利の0.4％，MRO金利の0％という水準はAPPの減額，終了の過程においても変更されなかった（19年秋まで）。

98

政策金利の推移

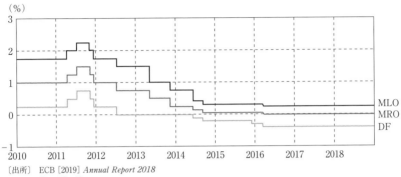

〔出所〕 ECB［2019］*Annual Report 2018* Chrat16 p.28

APPによる購入額の推移

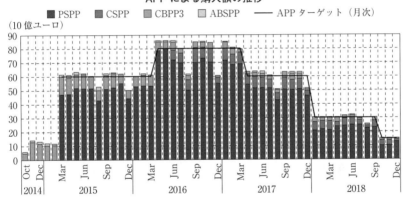

〔出所〕 Hammerman et al.［2019］'Taking stock of the Eurosystem's asset purchase programme afer the end of net asset purchasees,' *Economic Bulletin*（ECB）Issue2, p.74（Chart2）

第 5 章　欧州中央銀行制度

7．ユーロ圏の非標準的金融政策再開と財政政策　　ECB は2019年 9 月の政策理事会で 3 年半ぶりに金融緩和を決めた。中銀預金金利をマイナス0.5％へ引き下げ，量的緩和を月額200億ユーロの債券買入により11月から再開した。

　ユーロ圏の成長率は第 2 四半期に前期比0.8％増（年率）へと減速，米中貿易戦争の影響の強いドイツはマイナス成長となった。牽引車ドイツの失速，待ち構える Brexit（イギリスの EU 離脱）を念頭に，若干の国の反対を押し切って，ドラギ総裁のリーダシップで緩和策を決め，ユーロ加盟国へ財政支出による出動を呼びかけた。QE 再開の具体策は11月に就任の新 ECB 総裁クリスティーヌ・ラガルド氏（前 IMF 専務理事）の最初の大仕事となった。

　イタリアでは18年 3 月の総選挙で左派ポピュリスト政党 5 つ星と右派ポピュリスト政党同盟が 1 ，2 位を占め， 6 月両党による連立政権が発足，財政赤字の大きな予算案を作成し，監視役の欧州委員会と衝突した。19年 7 月同盟は政権を外れ，中道左派の民主党と 5 つ星の連立政権に転換したが，コンテ首相は「今の EU ルールでは経済成長は無理。成長しながらルールを守りたい」とルール変更要求を EU に行った。EU 財務相理事会の諮問機関，学識研究者などで構成される欧州財政委員会は 9 月財政ルールを検証した報告書を公表し，より機動的な財政出動を提唱，また一定の基準を満たせば ESM など EU・ユーロ圏の基金を活用できるなどインセンティブ型に改めるよう求めた。ギリシャ，イタリアの政府債務を共同で切り捨てる措置も必要だ。

　ドイツ流の中央銀行制度，ドイツ流の財政緊縮路線を採用したユーロ圏はユーロ危機から政治危機を招いた。ユーロ圏の金融・財政政策路線の転換を求める声が強まる。19年 5 月の欧州議会選挙ではドイツ流を推し進めてきた中道右派と中道左派の政党の議席数が大きく減って過半数を失い，リベラル政党とグリーン（環境保護派）が大きく伸びた。 5 年ぶりの交代となる EU 諸機関のトップは，欧州委員会委員長がドイツのフォンデアライエン氏だが，EU 大統領（EU 首脳会議常任議長），ECB 総裁，外務・安全保障上級代表，欧州議会議長はいずれもラテン系諸国出身者が選ばれた。EU の内政・外交両面で統合促進派の仏マクロン大統領のプレゼンスが強まっている。

　20年代，ユーロ圏経済の安定を高める「ユーロ3.0」への発展が望ましい。米中両大国，イギリス・ロシアとの対峙を迫られる EU の強化もまったなしだ。

100

第5章　欧州中央銀行制度

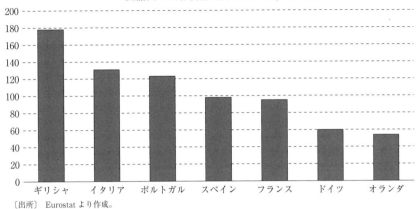

ユーロ圏諸国の政府債務残高（GDP比，2018年）

〔出所〕 Eurostatより作成。

ECBの非標準的金融政策の一覧表

NMP	日付	DF金利	量的緩和（QE）	TLTRO	その他
第1次	14.06.05	▲0.1%	－	TLTRO Ⅰ	
第2次	14.09.04	▲0.2% MRO0.05%	－		ABSPP CBPP3
第3次	15.01.22		PSPP導入決定：月額600億€。16年9月まで（延期可）		3月実施
第4次	15.12.03	▲0.3%	期限17年3月に延期。満期債券再投資。地方債購入可。		
第5次	16.03.10	▲0.4% MRO 0%へ	買入月額800億€。1銘柄上限33%から50%へ	TLTRO Ⅱ	CSPP
第6次	16.12.08		買入月額600億€へ減額。期限17年12月へ延期。		
第7次	17.10.26	金利18年9月まで不変。	18年1月以降買入月額300億€。資産購入終了18年9月末へ。		
第8次	18.06.14	金利19年夏まで維持	18年10月以降月額150億€、12月終了。保有資産再投資（長期間）。		
第9次	19.09.12	▲0.5% （階層金利採用）	19年11月以降月額200億€。期限定めず。	TLTRO Ⅲ	

（注） NMP：非伝統的金融政策。TLTRO：目標を絞ったLTRO（長期リファイナンシングオペ）。DF：預金ファシリティ＝中銀預金。MRO：主要政策金利。ABSPP：資産担保証券購入プログラム。CBPP3：カバードボンド購入プログラム（第3次）。PSPP：公的部門証券購入プログラム。CSPP：社債購入プログラム。

〔出所〕 筆者作成。各項目については本文参照。

101

第6章　証券取引所

1．概観　欧州の証券取引所では2000年以降に経営統合が進み，複数の取引所グループが出来上がっているが，各国の取引市場そのものが統合されたという事例は（後述の新設取引市場を除いては）見当たらない。取引所運営会社の統合まではイギリスのロンドン証券取引所が突出して大きく，フランスのパリ証券取引所，ドイツのフランクフルト証券取引所，スイスのスイス証券取引所等がこれに続く形となっていた。

99年の通貨統合を前にフランクフルト証券取引所の運営会社であるドイツ取引所とロンドン証券取引所の合併交渉がおこわれたが，ストックホルム証券取引所を傘下に持つスウェーデンのOMグループがロンドン証券取引所に買収提案をおこなったことから英独取引所の合併交渉は撤回された。英独取引所合併計画に危機感をもったパリ証券取引所はオランダのアムステルダム証券取引所とベルギーのブリュッセル証券取引所とともに取引所運営会社ユーロネクストを2000年に設立し，OMグループもフィンランドのヘルシンキ証券取引所と合併して03年にOMXと改名した。

06年にはドイツ取引所とユーロネクストの合併交渉がおこなわれたが，ユーロネクストは米国のニューヨーク証券取引所を傘下に持つNYSEグループとの合併（NYSEユーロネクスト）を選択する一方，07年には米国のナスダックがロンドン証券取引所に公開買い付けを仕掛け，紆余曲折を経て，ナスダックはOMXを買収し，ロンドン証券取引所はイタリアのイタリア取引所を買収することになった。そして11年にはドイツ取引所とNYSEユーロネクストの経営統合が合意されたが，欧州委員会の反対で実現せず，13年にNYSEユーロネクストは米国のインターコンチネンタル取引所に買収され，ユーロネクストは再び独立企業となった。さらに16年にはロンドン証券取引所を傘下に持つロンドン証券取引所グループ（LSEG）とドイツ取引所が経営統合で合意したが，欧州委員会の反対で経営統合は実現しなかった。

他方，07年の金融商品サービス指令（MiFID）で認可されたMTFという取引所類似施設が取引を伸ばし，Chi-XヨーロッパとBATSヨーロッパを傘下に収めたCBOEヨーロッパは取引金額ではヨーロッパ最大の証券取引所グループとなり，MTFのターコイズは09年にLSEGに買収され，傘下に入ることになった。

102

第6章　証券取引所

2018年の証券取引所等取引状況

Market Operator	Electronic OrderBook		Dark Pool Transaction		Off-Electronic OrderBook		Reporting Transaction	
	Trades	Turnover	Trades	Turnover	Trades	Turnover	Trades	Turnover
Athens Exchange	4,997,273	10,775	〃	〃	1,713	2,427	21	14
BME (Spanish Exchanges)	44,027,990	548,577	〃	〃	110,899	36,041	n/a	n/a
Boerse Stuttgart	1,647,235	16,192	〃	〃	〃	〃	〃	〃
Bucharest Stock Exchange	534,245	2,133	〃	〃	339	285	4,890	876
Budapest Stock Exchange	1,675,559	8,674	〃	〃	124	57	408	1,947
Bulgarian Stock Exchange	49,322	184	〃	〃	6	2	10	1
Cboe Europe Equities	583,869,665	2,377,393	25,287,396	216,758	10,976,793	1,335,010	148,390,917	8,253,284
CEESEG - Prague	705,619	5,551	〃	〃	n/a	n/a	n/a	n/a
CEESEG - Vienna	5,565,691	35,220	〃	〃	〃	〃	〃	〃
Cyprus Stock Exchange	24,238	49	〃	〃	115	46	516	6
Deutsche Börse	133,379,663	1,538,060	〃	〃	796,325	33,026	9,196,199	293,223
Equiduct	6,302,306	41,896	〃	〃	〃	〃	〃	〃
Euronext	224,413,457	1,864,832	〃	〃	185,067	45,205	683	820
Irish Stock Exchange	3,681,557	28,063	〃	〃	68,091	20,987	n/a	n/a
Ljubljana SE	30,286	328	〃	〃	〃	〃	〃	〃
London Stock Exchange Group	340,371,000	2,142,651	〃	〃	15,010,000	779,839	5,179,000	1,091,084
Luxembourg Stock Exchange	7,786	82	〃	〃	n/a	n/a	—	—
Malta Stock Exchange	10,401	86	〃	〃	〃	〃	—	—
Nasdaq Nordics & Baltics	152,687,281	718,565	171,907	1,662	74,082	49,438	876,007	10,680
Oslo Bors	31,436,761	123,861	16,234	66	17,456	12,050	21	1
SIX Swiss Exchange	57,250,643	814,830	660,215	19,072	1,900	5,547	39,035	107,690
Warsaw Stock Exchange	18,807,486	48,311	〃	〃	1,887	2,643	n/a	n/a
Zagreb Stock Exchange	94,728	216	〃	〃	111	73	〃	〃
Multilateral Trading Facility	Trades	Turnover	Trades	Turnover	Trades	Turnover	Trades	Turnover
Aquis Exchange	48,731,116	258,948	〃	〃	〃	〃	〃	〃
Turquoise	147,314,485	621,097	14,832,268	203,991	〃	〃	〃	〃

〔出所〕 Federation of European Securities Exchange ホームページより作成

第6章　証券取引所

2．CBOE ヨーロッパ　　MiFID の導入に当って，米国で証券取引委員会
（SEC）によって進められていた市場間競争のさらなる促進（レギュレーショ
ン NMS）を考慮して，欧州でも市場間競争を促進する方向で，株式取引にお
いていくつかの国が採用していた取引所集中義務の撤廃や，取引所外取引の取
引所への報告義務の撤廃が盛り込まれることになった。規制当局が想定してい
たのは各国内での取引所と取引所類似施設の競争であったであろうが，取引所
は国境を越えないが，取引所類似施設は国境を越えて広がることになった。

　2007年11月の MiFID 施行をにらんで，07年４月には株式を対象とする最初
の MTF として Chi-X ヨーロッパがイギリスで取引を開始したが，MiFID 施
行後もしばらくは他の MTF の市場開設はおこなわれなかった。MiFID によ
る市場間競争の活発化を支持していた大手業者は取引所外取引の新たな報告機
関の設立（プロジェクト BOAT）と MTF の設立（プロジェクト Turquoise）
を計画していたが，06年９月に取引情報機関として BOAT（08年１月に
Markit に売却）を設立したのみで，MTF の市場開設は取引システムと CEO
の選定に手間取り，MiFID 施行には間に合わなかった。そして，ようやく
Turquoise が取引を開始したのは08年８月であり，先行する Chi-X を脅かすに
は至らなかった（10年２月にはロンドン証券取引所グループに売却）。他方，
Turquoise に続く形で08年９月には Nasdaq OMX ヨーロッパ，10月には
BATS ヨーロッパ，09年３月には NYSE Arca ヨーロッパが市場開設をおこ
なった。11年２月には最大の MTF であった Chi-X ヨーロッパを BATS が買
収し，BATS Chi-X ヨーロッパが誕生し，13年５月にはイギリスで証券取引所
として認可を受けたが，16年には親会社である米国の BATS Global Markets
がシカゴ・ボード・オプション取引所（CBOE）に買収され，CBOE ヨーロッ
パとなっている。

　CBOE ヨーロッパは株式取引金額では欧州最大の取引所ではあるが，自市
場で上場する株式はなく，個々の株式取引の中心市場でもないが，多くの株式
で中心市場に次ぐ取引シェアを獲得している。個々の株式の中心市場である各
国の取引所で外国銘柄の株式取引が少ないために，個々の銘柄の中心市場では
ないにもかかわらず，各国の株式取引金額を累計すると CBOE ヨーロッパの
取引シェアが欧州で最大になるという歪んだ構図ができあがっており，投資家
には中心市場の代替的市場としての MTF として意識されている。

104

2018年12月の証券取引所等 Electronic OrderBook 取引状況

取引市場	シェア	合計	London	Frankfurt	Paris	Zurich	Amsterdam	Milan	Stockholm	Madrid	Copenhagen	Helsinki	Oslo	Brussels
Cboe Europe	21.72%	9,295,751,910	21.77%	21.59%	21.94%	18.31%	21.46%	16.71%	25.42%	26.27%	26.96%	29.29%	22.79%	21.86%
LSE Group	19.27%	8,247,625,719	64.00%					75.76%						
Euronext	16.85%	7,209,492,964			64.43%		67.33%							65.73%
Xetra	12.19%	5,217,869,075		67.77%										
SIX Swiss Exchange	8.13%	3,480,884,096				72.02%								
Turquoise	5.70%	2,437,851,852	6.98%	5.22%	6.47%	4.55%	5.67%	2.97%	4.91%	7.94%	4.40%	4.65%	4.67%	4.58%
Nasdaq OMX	5.68%	2,431,524,913							62.95%		60.45%	58.22%	0.15%	
Aquis	2.98%	1,273,564,093	2.94%	2.78%	2.85%	3.74%	2.20%	2.72%	3.18%	2.49%	4.57%	4.06%	3.64%	3.45%
Bolsa de Madrid	2.92%	1,251,789,666								62.21%				
Oslo	1.02%	437,007,318											65.29%	
UBS MTF	0.94%	402,981,851	1.03%	0.94%	1.48%	0.43%	1.04%	0.41%	1.16%	0.03%	0.94%	1.44%	0.76%	1.43%
ITG Posit	0.92%	392,392,070	1.48%	0.80%	0.86%	0.37%	0.76%	0.44%	1.11%	0.37%	1.12%	1.40%	1.41%	1.17%
Liquidnet	0.73%	312,442,293	1.14%	0.58%	0.65%	0.41%	0.54%	0.49%	0.87%	0.58%	1.04%	0.44%	0.79%	0.62%
Equiduct	0.34%	144,533,594	0.22%	0.12%	1.06%	0.03%	0.79%	0.23%	0.03%	0.03%	0.05%	0.04%		0.80%
Wiener Boerse	0.33%	140,981,875												
SIGMA MTF	0.17%	72,997,236	0.27%	0.10%	0.17%	0.11%	0.12%	0.08%	0.25%	0.04%	0.30%	0.30%	0.35%	19.00%
Instinet Blockmatch	0.11%	48,929,099	0.16%	0.12%	0.12%	0.04%	0.09%	0.10%	0.11%	0.04%	1.18%	0.17%	0.17%	18.00%
Total	100.00%	42,798,619,623	21.94%	17.99%	16.58%	11.29%	7.08%	6.90%	5.23%	4.70%	2.12%	1.79%	1.56%	1.55%

〔出所〕 CBOE Global Markets ホームページより作成

第6章 証券取引所

3．ロンドン証券取引所グループ（LSEG）　　イギリスの証券取引は政府
が継続的に国債を発行した1693年以降に活発化したと言われている。当初は他
の商品取引と同様に王立取引所で証券取引も行われていたが，1760年に王立取
引所から追い出された150人の証券ブローカーが近くのコーヒーハウスで会員
制クラブを結成して取引を行うようになった。そして，そのクラブが1773年に
証券取引所（Stock Exchange）と改名したことがロンドン証券取引所の起源
とされている。ただし，このクラブは入場料さえ支払えばだれもが参加できる
形であり，1801年に会員資格の審査を導入したこと，1802年に設立証書（Deed
of Settlement）を作成し，任意団体となったことをその起源とみる説もある。

　1973年にはイギリスとアイルランド各地の証券取引所がロンドン証券取引所
に統合されて The Stock Exchange（英国証券取引所）となり，86年のビッグ
バンの際にはロンドンでユーロ債や外国株式の店頭取引を行っていた ISRO
（International Securities Regulatory Organization）と合併し，英国アイルラ
ン ド 国 際 証 券 取 引 所（The International Stock Exchange of the United
Kingdom and the Republic of Ireland）となった。しかし，95年にアイルラン
ド証券取引所の分離独立を受けて，ロンドン証券取引所（London Stock
Exchange Limited）と名称を変更した。この間，86年に会員資格が無限責任
の個人から有限責任の法人に変更されたのを受けて設立証書が変更され，取引
所自体も有限責任私会社（private limited company）となり，88年には86年
金融サービス法に基づく公認投資取引所として認可されている。そして，91年
には理事会が取締役会に変更され，形の上では株式会社となった。

　取引所の株式会社化・株式上場という世界的な流れの中で，2000年3月15日
の臨時株主総会の承認を受けて6月8日にロンドン証券取引所は公開会社
London Stock Exchange plc となり，7月24日からはカザノブ社を通じて株式
の店頭取引が開始された。そして，01年7月19日の株主総会での承認（4.9％
の株式保有制限条項の撤廃）を受け，7月20日に資金調達を伴わないイントロ
ダクションの形で自らへの上場を果たした。上場後，04年にはドイツ取引所，
05年にはオーストラリアのマッコーリー，06年にはナスダックから買収提案を
受けたが，これらを受け入れず，07年10月1日にはイタリア取引所を株式交換
によって買収し，ロンドン証券取引所グループ（LSEG）を形成するに至って
いる。

106

第 6 章　証券取引所

2018年の財務情報（100万ポンド）	
Total income	2,135.0
Adjusted operating profit	931.0
Operating profit	751.0
Adjusted profit before tax	865.0
Profit before tax	685.0
Basic earnings per share	138.3
Adjusted basic earnings per share	173.8

グループ総収入セグメント内訳

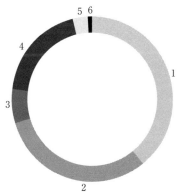

12 months to
31 Dec 2018
£ m

1. Information Services	841
2. Post Trade Services LCH	662
3. Post Trade Services CC&G and Monte Titoli	145
4. Capital Markets	407
5. Technology Services	65
6. Other	15
	2,135

〔出所〕　LSEG, Annual Report, 31 December 2018

107

第 6 章　証券取引所

４．ユーロネクスト　　1999年のロンドン証券取引所とドイツ取引所の合併合意と撤回を受け，2000年9月22日にフランスのパリ証券取引所，オランダのアムステルダム証券取引所，ベルギーのブリュッセル証券取引所がオランダに新設された持ち株会社のもとで統合し，ユーロネクストは誕生した。そして，01年にはロンドン証券取引所とドイツ取引所を抑えてロンドン国際金融先物・オプション取引所（LIFFE）を買収し，02年にはポルトガルのリスボン証券取引所を加え，5つの国の取引所を要する取引所グループとして英独取引所の対抗勢力となった。

06年にはドイツ取引所から買収提案を受けたが，ドイツ取引所の傘下に入ることを拒否し，米国のニューヨーク証券取引所グループと持ち株会社のもとで経営統合することで合意して，07年4月4日にNYSEユーロネクストという大西洋をまたいだ新たな取引所グループを形成することになった。

11年2月にはNYSEユーロネクストをドイツ取引所が買収することで合意がおこなわれたが，ドイツ取引所傘下のデリバティブ取引所EUREXとNYSEユーロネクスト傘下のデリバティブ取引所LIFFEのグループ会社化は競争を阻害するという欧州連合（EU）の判断により，12年2月に買収合意は撤回された。しかし，12年12月には旧ロンドン石油取引所を傘下に持つ米国のインターコンチネンタル取引所（ICE）がNYSEユーロネクストを買収することで合意し，13年11月13日にNYSEユーロネクストはICEの子会社となり，LIFFEを除くヨーロッパの取引所グループは14年6月20日に再びユーロネクストという名称で独立した公開会社となった。そして，18年にはアイルランド証券取引所を買収し，19年にはノルウェーのオスロ証券取引所の買収にも合意を得ている。

欧州のデリバティブ市場では80年代はLIFFEの取引が活発であったが，一時はパリ国際金融先物取引所（MATIF）がLIFFEを上回ったこともあった。そして，88年にLIFFEがドイツ長期国債（BUND）先物を上場してからLIFFEが他の取引所を圧倒することになったが，97年後半からBUND先物はLIFFEからドイツ先物取引所（DTB）へと流出し，98年にDTBとスイス金融先物オプション取引所（SOFFEX）が合併してできたユーレックスがLIFFEを上回ることになった。13年のICEによる買収の後，LIFFEでの取引はICE Futures Europeに移管され，ユーロネクストでは4カ国の各国株価指数と個別株オプションを除く取引はほとんどなくなってしまった。

108

第6章　証券取引所

2018年の財務情報（1000ユーロ）	
Revenues	615,032.9
Costs	282,256.3
EBITDA	332,776.6
EBIT	309,376.4
Net Income	215,968.2

収入内訳 2018

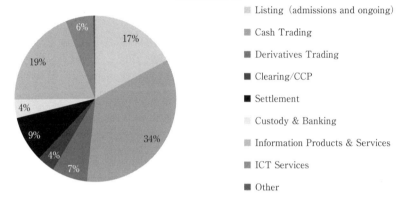

- Listing（admissions and ongoing）
- Cash Trading
- Derivatives Trading
- Clearing/CCP
- Settlement
- Custody & Banking
- Information Products & Services
- ICT Services
- Other

支出内訳 2018

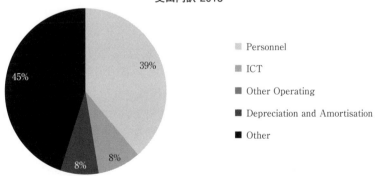

- Personnel
- ICT
- Other Operating
- Depreciation and Amortisation
- Other

〔出所〕FESE, EUROPEAN EXCHANGE REPORT 2018

第 6 章　証券取引所

5．ドイツ取引所　　1990年 7 月にドイツ最大のフランクフルト証券取引所
は取引所の運営会社としてフランクフルト証券取引所 AG を設立し，株式会社
に組織変更するとともにドイツ統一取引所構想を発表した。93年 1 月 1 日には
フランクフルト証券取引所 AG を母体としてドイツ取引所 AG が誕生し，フラ
ンクフルト証券取引所，銀行間取引システム（IBIS），清算機関 DKV，シス
テム会社 DWZ の運営を始めることになり，94年からはドイツ先物取引所
（DTB）も運営することになった。

　2000年 5 月にはロンドン証券取引所とドイツ取引所は対等合併することを発
表したが，同年 8 月にストックホルム証券取引所を傘下に持つスウェーデンの
ＯＭグループがロンドン証券取引所に対して敵対的買収を仕掛け，ロンドン証
券取引所は同年 9 月にドイツ取引所との合併計画を撤回した。04年12月，ロン
ドン証券取引所は 1 株 5 ポンド30ペンス（総額13億5000万ポンド）のドイツ取
引所による買収提案を拒否したことを公表し，ユーロネクストからもロンドン
証券取引所に対する買収提案が示されたが，05年 3 月にドイツ取引所が主要株
主の反対を理由にロンドン証券取引所に対する買収提案を取り下げ，設立以来
のザイフェルト最高経営責任者が辞任するという事態に至った。

　06年 5 月にドイツ取引所がユーロネクストに対する合併提案をおこなった
が，NYSE グループもユーロネクストに対する合併提案をおこない，同年 6
月に NYSE グループとユーロネクストの経営統合合意が経営陣から発表され，
07年 4 月に NYSE ユーロネクストが誕生した。ところが，11年 2 月，ドイツ
取引所と NYSE ユーロネクストは統合後の持ち株比率が60％対40％の比率で
経営統合することに合意した。しかし，12年 2 月にドイツ取引所傘下のデリバ
ティブ取引所 EUREX と NYSE ユーロネクスト傘下のデリバティブ取引所
LIFFE のグループ会社化は競争を阻害する恐れがあり，合併を承認しないと
いう EU の決定を受け，ドイツ取引所と NYSE ユーロネクストは合併計画の
撤回を表明した。さらに16年にはロンドン証券取引所とイタリア取引所等を傘
下に持つ LSEG とドイツ取引所が経営統合で合意したが，17年にドイツ取引
所傘下のデリバティブ清算機関 EUREX Clearing と LSEG 傘下のデリバティ
ブ清算機関 LCH のグループ会社化は競争を阻害する恐れがあるという EU の
判断を受け，イタリア取引所傘下のデリバティブ清算機関の売却を受け入れら
れないという LSEG の判断により，英独取引所の経営統合も実現しなかった。

110

第6章　証券取引所

2018年の財務情報（100万ユーロ）	
Revenues	2,770.4
Costs	1,285.9
EBITDA	1,678.6
EBIT	1,478.7
Net Income	1,002.7

収入内訳 2018

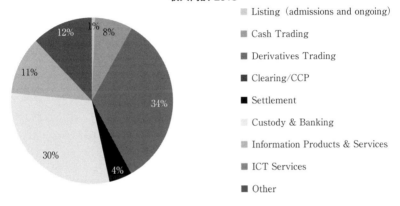

- Listing（admissions and ongoing）
- Cash Trading
- Derivatives Trading
- Clearing/CCP
- Settlement
- Custody & Banking
- Information Products & Services
- ICT Services
- Other

支出内訳 2018

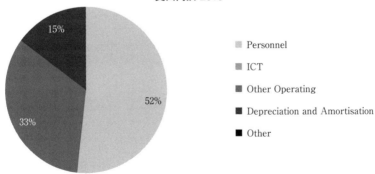

- Personnel
- ICT
- Other Operating
- Depreciation and Amortisation
- Other

〔出所〕　FESE, EUROPEAN EXCHANGE REPORT 2018

111

第6章　証券取引所

6．ナスダック・ノルディック　スウェーデンの持ち株会社 OMX の前身
はスウェーデンのシステム開発会社である OM グループであり，OM グルー
プはスウェーデンで個別株オプション取引が導入された際に電子オプション取
引所のシステムを開発すると同時に運営もおこなう形で証券取引業務に参入し
た。そして，1998年にストックホルム証券取引所を傘下に収め，証券取引所と
デリバティブ取引所を持つ北欧最大の取引所運営会社となった。

　ストックホルム証券取引所は97年にデンマークのコペンハーゲン証券取引所
との間でノルディック取引所（NOREX）構想に合意し，北欧証券取引所の統
合を目指し，98年の英独主導のヨーロッパ統合株式市場を目指す協議からは自
ら離脱した。ところが，2000年に英独取引所の合併合意がおこなわれた後，
OM グループは株式交換によるロンドン証券取引所の買収提案をおこない，株
式公開買い付けに踏み切ったことをきっかけに英独取引所合併計画は撤回され
ることになった。その後，03年に OM グループはフィンランドのヘルシンキ
取引所やバルト3国の証券取引所を傘下に持つ HEX と合併し，OMX（当初
は OMHEX）と名を改めた。その後，コペンハーゲン取引所とアイスランド
取引所，アルメニア証券取引所も傘下に収めた。

　OMX は北欧で証券取引所の統合を着々と進めてきたが，傘下の7つの証券
取引所を合わせてもスイス取引所よりも売買代金は少なく，欧州の証券市場統
合の中では影が薄い。07年5月25日，総額251億クローナ（37億ドル）でナス
ダックによる OMX の買収合意が公表され，08年にナスダック OMX グループ
という名称で経営統合がおこなわれた。そして，15年には世界的に認知されたブ
ランド（NASDAQ）を反映するため，Nasdaq,Inc. に社名変更し，欧州の取引
所部門はナスダック・ノルディックと呼ばれるようになっている。

　もともと OM グループはシステム開発会社であり，いち早く取引所の電子
システムの開発に成功し，世界中の取引所に取引システムや監視システムを販
売してきたが，ナスダックというブランド名を得たことでシステム販売交渉は
システム開発には無縁であったナスダックが受け持ち，世界で最も多く，取引
所に取引システムを販売する会社としても地位を確固としたものとしている。

112

第6章　証券取引所

2018年の財務情報（1000ユーロ）	
Revenues	325,000.0
Costs	154,000.0
EBITDA	171,000.0
EBIT	138,000.0
Net Income	107,000.0

収入内訳 2018

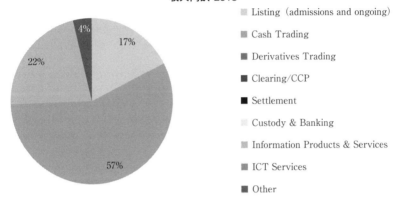

- Listing (admissions and ongoing)
- Cash Trading
- Derivatives Trading
- Clearing/CCP
- Settlement
- Custody & Banking
- Information Products & Services
- ICT Services
- Other

支出内訳 2018

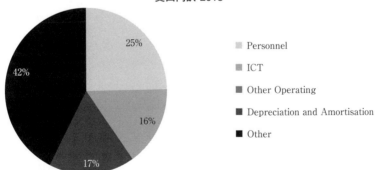

- Personnel
- ICT
- Other Operating
- Depreciation and Amortisation
- Other

〔出所〕　FESE, EUROPEAN EXCHANGE REPORT 2018

113

第 6 章　証券取引所

7．SIX スイス取引所　　スイス取引所は1985年にジュネーブ証券取引所
(1850年設立)，バーゼル証券取引所（1866年設立)，チューリッヒ証券取引所
(1973年設立）が合併し，世界で初めて取引フロアを持たずに取引・クリアリ
ング・セトルメントを自動化した取引所として誕生した（のちに1989年に開設
された電子先物・オプション取引所 SOFFEX も傘下に収めた)。1998年にド
イツ取引所と対等出資でデリバティブ取引所 EUREX を設立したが，12年に
はドイツ取引所に売却しており，買収や経営統合を繰り返す欧州の証券取引所
の中ではスペイン取引所と並んで今も独立した形で運営されている。

　ただし，02年にはイギリスで95年に設立された電子証券取引所トレードポイ
ントを買収し，virt-X（のちには SWX ヨーロッパ）と改名してイギリス株を
中心とした外国株取引の取り込みをはかったこともあった。2000年3月のパ
リ，アムステルダム，ブリュッセルの三取引所統合計画（ユーロネクスト)，
同年5月の英独取引所合併計画の発表によってスイス取引所は欧州株式市場統
合に対する戦略を求められ，それまでイギリス株を対象として苦戦してきたト
レードポイントへの出資，主力銘柄と取引システムの移管によって新たな欧州
統合株式市場への道のりを歩み出すことになった。トレードポイントも既存の
取引所に対抗して流動性を獲得することの難しさを痛感しており，スイス取引
所から主力銘柄の取引を移管されることで，スイス株を取引するためには
virt-X にアクセスせざるを得ないという形でアクセスを高め，他のクロス・
ボーダー取引を取り込もうという狙いが両者の間で一致したことがこの提携の
底流にあった。

　結局，virt-X（のちの SWX ヨーロッパ）は EASDAQ（のちのナスダック・
ヨーロッパ）や JIWAY とともに外国株取引を獲得できず，閉鎖され，スイス
取引所も戦略の再検討を迫られることになった。そして，08年にスイス国内の
証券取引インフラストラクチャーをになう Telekurs グループと SIS グループ
と合併し，SIX（Swiss Infrastructure and Exchange）スイス取引所としてス
イスものに取引対象を絞って再出発することになり，今日に至っている。

114

第6章 証券取引所

2018年の財務情報（1000ユーロ）	
Revenues	181,774.4
Costs	115,404.6
EBITDA	64,907.8
EBIT	62,831.2
Net Income	n/a

収入内訳 2018

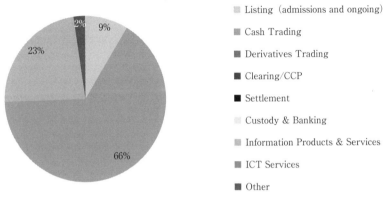

- Listing (admissions and ongoing)
- Cash Trading
- Derivatives Trading
- Clearing/CCP
- Settlement
- Custody & Banking
- Information Products & Services
- ICT Services
- Other

支出内訳 2018

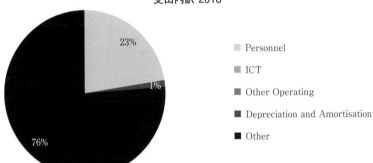

- Personnel
- ICT
- Other Operating
- Depreciation and Amortisation
- Other

〔出所〕 FESE, EUROPEAN EXCHANGE REPORT 2018

115

第7章　株式市場

1. 欧州の株式市場　欧州の証券市場を米国と比較した場合，その最大の特徴は，間接金融の優位性である。2016年の欧州における企業資金調達額は，約54兆ドル（対 GDP 比307％）であり，米国の同約57兆ドル（対 GDP 比308％）とほぼ互角である。しかし，株式発行による資金調達の対 GDP 比率をみると，欧州が73％であるのに対し，米国では約2倍にあたる147％となっている。また，欧州では，企業資金調達構造に占める銀行借入のシェアが49％であるが，株式発行による調達シェアは24％にとどまる。他方，米国では，銀行借入シェアはわずか15％であるのに対し，株式調達シェアは48％となっており，対照的な資本市場構造をみせている。

EU における市場統合の流れは，グローバリゼーションとともに欧州の株式市場にも多大な影響を与え，とくに2000年代以降には，欧州の各取引所の合併・再編を促すかたちで顕在化している。まず，2000年にフランス（パリ），オランダ（アムステルダム），ベルギー（ブリュッセル）の証券取引所が統合されユーロネクストが誕生，2年後にはポルトガル（リスボン）がこれに加わった。さらに，07年4月には，米国のニューヨーク証券取引所（NYSE）とユーロネクストが合併し，NYSE ユーロネクストが誕生した。18年には，ダブリンのアイルランド証券取引所（ISE）もユーロネクストに加わり，ユーロネクスト・ダブリンとなった。北欧ではスウェーデン（ストックホルム）とデンマーク（コペンハーゲン），フィンランド（ヘルシンキ）の取引所が03年に統合し OMX グループを形成し，さらに，OMX は08年に米ナスダックとの合併を実現し，ナスダック・ノルディックという取引所グループを形成している。

他方，11年2月には NYSE ユーロネクストとドイツ取引所の合併交渉が合意にまで漕ぎつけたが，12年2月，EU の欧州委員会は，EU 競争法に準拠してこの合併が市場の独占化につながることを理由にこれを禁じる決定を下したため最終的にとん挫した。現在，欧州の株式市場は，時価総額ベースでみると，ユーロネクストが3兆7,300億ドルで最大グループとなっており，次にロンドン証取グループ（3兆6,379億ドル）が続き，第3位がドイツ取引所，第4位がスイス取引所，第5位にナスダック・ノルディックの順で，単独の取引所，または取引所グループが併存している（18年末）。

116

第7章　株式市場

企業資本調達構造の国際比較（2016年）

		欧州		米国		アジア	
		金額(兆ドル)	(対GDP比)	金額(兆ドル)	(対GDP比)	金額(兆ドル)	(対GDP比)
企業資本調達全体		54	307%	57	308%	65	259%
うち銀行借入		27	152%	9	282%	29	116%
うち資本市場		27	155%	48	26%	36	143%
	うち株式	13	73%	27	147%	25	98%
	うち社債	14	82%	21	114%	11	45%

〔出所〕 FESE (2019), Strengthening Europe's Position in Global Capital Markets, p.8. より作成

企業資本調達における株式構成比率の国際比較（2016年）

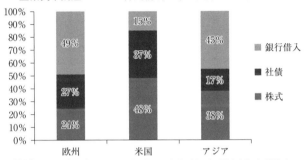

〔出所〕 FESE (2019), Strengthening Europe's Position in Global Capital Markets, p.8.

欧州の株式市場の概要

	時価総額（億ドル）		上場企業数		株式売買高（億ドル）	
	2018年末	前年比	2018年末	前年比	2018年末	前年比
ロンドン証取グループ	36,379	−18.3%	2,479	20.3%	25,415	9.9%
ユーロネクスト	37,303	−11.1%	1,208	14.3%	22,007	14.3%
ドイツ取引所	17,551	−18.8%	510	10.4%	18,150	23.7%
SIXスイス取引所	14,411	−13.9%	270	2.7%	9,646	2.6%
BMEスペイン取引所	7,236	−14.8%	3,007	−3.5%	6,473	−7.3%
ナスダック・ノルディック	13,228	−9.7%	1,019	3.6%	8,479	6.7%
モスクワ取引所	5,761	11.4%	225	−3.8%	1,665	15.8%
オスロ取引所	2,673	−1.6%	237	5.3%	1,458	24.6%
ワルシャワ証取	1,702	−19.0%	852	−4.3%	568	−9.8%
ウィーン取引所	1,168	−22.5%	n.a.	n.a.	n.a.	n.a.
ルクセンブルク取引所	494	−24.5%	162	−3.6%	1	9.3%
アテネ取引所	383	−20.6%	187	−6.5%	127	−11.2%
アイルランド証取	1,101	−21.3%	54	3.8%	331	21.6%
ブダペスト証取	289	−8.3%	42	2.4%	102	4.1%
リュブリャナ証取	72	15.0%	31	−11.4%	3	2.5%
キプロス証取	33	22.9%	102	37.8%	1	−11.6%
マルタ証取	50	2.2%	25	8.7%	1	3.0%
ニューヨーク証取（参考）	206,794	−6.3%	2,285	0.0%	193,408	33.1%
東京証券取引所等（参考）	52,968	−16.9%	3,657	1.5%	62,905	8.4%

（注）　ロンドン証取グループは，ロンドン証取とイタリア取引所の合計。ユーロネクストはパリ，アムステルダム，ブリュッセル，リスボン証取の合計。ナスダック・ノルディックはコペンハーゲン，ヘルシンキ，ストックホルム，アイスランド，タリン，リガ，ビリニュス証取の合計を指す。
ドイツ取引所は，「自由取引」セグメントを除くデータ。
〔出所〕　世界取引所連盟（WFE）資料より作成

117

第7章　株式市場

2．ドイツの株式発行市場（1）　フランクフルト証券取引所は，電子取引プラットフォーム"クセトラ"（Xetra）を有し，ドイツ最大の証券取引所である。そのほかに，シュトゥットガルト，ミュンヘン，ハンブルク，ベルリン，デュッセルドルフにも小規模な証券取引所がある。証券取引所の運営委託および監督は，連邦州の所掌事項であり，株式会社ドイツ取引所（die Deutsche Börse AG）が，ヘッセン州からフランクフルト証券取引所の運営を委託されている。

　フランクフルト証券取引所は，大別すると，2つの市場（①EU規制市場と，②オープンマーケット）により構成されており，それぞれの市場は，さらにその透明性基準等により，各々2つのセグメントをもっている。

　第1の市場は，規制市場（Regulierter Market）である。規制市場は，ドイツの公法（有価証券取引法：WpHG）が根拠法となり，上場認可基準や透明性基準について，EU法に基づく規制によってコントロールされる市場であるため，EU規制市場とも呼ばれる。すなわち，上場認可のための条件やその後の運営義務，また取引の仕組み自体が公法上規制される市場である。EU規制市場の上場基準については，当該企業が最低3年間活動していること，株式資本のうち最低25%を公開取引すること，過去3年分の財務諸表を含む目論見書を提出する等の義務がある。また，上場認可後も，年次決算報告書や，中間報告書の公開が求められる。この規制市場は，2007年11月1日に，日本での一部・二部に相当するかつての公定市場（Amtlicher Markt）と規制市場（Geregelter Markt）という2つの市場セグメントが廃止され，EUの規制に従う1つの市場セグメントに再編されたものである。

　この規制市場は，次の2つの透明性基準に基づくセグメントに分かれる。

ⅰ）ジェネラル・スタンダード：EU指令が規制市場に求める最低限の基準を遵守することが求められる。監査付きの半期報告および年次報告が義務付けられている。主に国内投資家を想定しており，上場コストを低く抑えることができる。

ⅱ）プライム・スタンダード：国際投資家も想定し，上記のジェネラルスタンダオードよりも，さらに高い透明性レベルを要求される（例えば，四半期報告，財務カレンダー作成，IFRS会計基準に準拠した会計監査，財務カンファレンス開催の義務付けなどがある）。

118

第7章　株式市場

ドイツ取引所における株式上場基準

	規制市場（Regulated Market）	オープン・マーケット（エントリー・スタンダード）
最低発行額等	流動株式比率25％以上，もしくは1万株以上。	流動株式比率10％以上
時価総額	125万ユーロ以上	75万ユーロ以上
過去の財務報告書の提出	過去3年分の監査済み財務報告書	過去2年分の財務報告書
仲介業者	義務あり，審査当局による認可	ドイツ取引所によって認可されたスポンサーの仲介を必要とする。
目論見書	当局による承認済み目論見書	新株公開の際には目論見書が要求される
上場後の提出書類・報告義務	監査済み年次報告書および中間報告書。	年次報告書
大口投資家による保有状況の報告	単一主体による株式保有が，5％，10％，20％，33％，50％，65％を超過した場合には保有状況を開示する義務あり。	N.A
株価に重大な影響を与える情報	ウェブでの公表と取引所への通知	より少ない報告義務

〔出所〕　ドイツ取引所資料および Academic EurIPO Fact Book 2015より作成

ドイツ国内発行主体による株式発行額の推移

	上場企業		非上場企業		全体
	株式発行額	平均発行価格	株式発行額	平均発行価格	株式発行額
2005年	10,795	802.0	2,973	202.2	13,766
2006年	5,452	464.2	3,607	231.2	9,061
2007年	7,112	535.1	2,941	231.3	10,053
2008年	8,288	436.4	3,038	177.4	11,326
2009年	16,506	518.4	7,455	120.3	23,962
2010年	18,645	691.6	1,407	146.9	20,049
2011年	19,810	483.8	1,901	130.9	21,713
2012年	2,779	272.5	2,339	113.2	5,120
2013年	7,790	315.1	2,316	116.7	10,106
2014年	15,228	535.9	3,547	121.8	18,778
2015年	4,697	308.6	2,975	120.0	7,668
2016年	1,601	397.9	2,809	118.0	4,409
2017年	14,330	678.6	1,241	147.9	15,570
2018年	14,126	1073.6	2,067	122.6	16,188

（注）　株式発行額は額面価値ではなく，市場価格による時価総額（金額単位は，100万ユーロ）。また，上場株式は
　　　　EU 規制市場または以前のノイヤー・マルクト上場株式をさす。
〔出所〕　Deutsche Bundesbank (2019), Kapitalmarkt Statistik Juli 2019

119

第7章　株式市場

3．ドイツの株式発行市場（2）　　第2の市場は，オープン・マーケット（Open Market）である。これは，かつての自由取引（Freiverkehr）が2005年10月にこの名称に変更されたものである。同市場は公法上における組織化された市場ではなく，ドイツ取引所自身によって組織・規制される私法上の取引市場である。同市場では株式のほかに債券，ファンド，オプションなども取引されている。同市場には，エントリー・スタンダードと呼ばれる透明性基準が設けられ，上場予備軍の企業に対する受け皿となった。

フランクフルト証券取引所は，08年に自由取引市場において第1クォーテーション・ボード（自由取引のみで上場される銘柄を取り扱う）と第2クォーテーション・ボード（他の証券取引所においても売買される銘柄を取り扱う）を創設，しかし，第1の方は12年に廃止され，第2の方を単にクォーテーション・ボードと名称変更した。クォーテーション・ボードとは，私法上で規制されるフランクフルト証券取引所の市場セグメントである。

さらに，エントリー・スタンダードは，17年3月に「スケール」（SCALE）へ名称変更されている。同市場は，これらの市場と同様に，取引コストを低く抑え，上場プロセスをできるだけ簡素化・迅速化することによって，主に中小企業向けの市場として整備されている。ひとたび上場されれば，当該企業は最小限の報告義務などを負うだけで済ませることができ，新興企業にとって，資本市場へのアクセスをより容易にすることができる市場である。

このように，ドイツの株式発行市場には2つの市場セグメントがあり，それぞれの市場セグメントには，さらに2つの透明性レベルによるサブセクションが設けられていて，株式上場を検討する企業は，上記の合計4つの区分のなかから，1つの市場を選択して上場することができる構造となっている。

その際，公開価格決定方法については，i）ブックビルディング方式，ii）入札方式の2つがあるが，今日では，ブックビルディング方式を採用する企業が一般的である。

ブックビルディング方式では，まず，機関投資家向けのプレマーケティングが行われ，約2，3週間前には目論見書が公表される。その後，ブックビルディング期間を前に公開価格の仮条件が発表され，約10日間のブックビルディングを経て需要申告が行われると，それに基づき公開価格が決定される。

120

第 7 章　株式市場

フランクフルト証券取引所における IPO 企業数の推移

	EU 規制市場		オープン・マーケット		
	Prime Standard	General Standard	Basic Board	Scale	計
2011年	3	6	0	2	11
2012年	3	1		1	5
2013年	6	0	0	0	6
2014年	6	5	1	1	13
2015年	12	1	0	0	13
2016年	4	1	0	1	6
2017年	7	0	0	4	11
2018年	16	0	0	1	17

〔出所〕　ドイツ取引所資料より作成

フランクフルト証券取引所における上場企業数の推移

	EU 規制市場（RM）				旧オープンマーケット（OM）				合計	
	PS		GS		ES		（ES 以外）			
	国内	海外	国内	海外	国内	海外	国内	海外	国内	海外
2007年	365	39	293	57	103	9	284	8,591	1,045	8,696
2008年	362	36	276	43	104	11	312	9,113	1,054	9,203
2009年	327	32	278	38	103	13	317	9,232	1,025	9,315
2010年	313	31	268	32	119	13	358	10,095	1,058	10,171
2011年	316	29	240	31	118	16	325	9,572	999	9,648
2012年	306	26	218	30	156	28	272	9,331	952	9,415
2013年	292	24	192	29	161	28	108	9,170	753	9,251
2014年	285	24	168	27	150	25	103	9,713	706	9,789
2015年	283	27	139	18	139	19	101	9,710	662	9,774
2016年	276	28	139	19	124	15	99	9,679	638	9,741
2017年	276	30	131	16	46	2	92	9,944	545	9,992

（注）　PS はプライム・スタンダード，GS はゼネラル・スタンダード，ES はエントリー・スタンダードの略であ
り，それぞれのセグメントにおける透明性要件を示す。
〔出所〕　ドイツ取引所資料より著者作成

ドイツの株式市場における IPO 株の上場後株価パフォーマンス

（2014年上場銘柄）	1 か月後	3 か月後	5 か月後
平均値ベース	−4.8%	1.6%	4.5%
中央値ベース	−4.8%	10.6%	0.3%

IPO 株 vs 株価指数	2010年	2011年	2012年	2013年	2014年
ドイツ取引所 IPO 株	−3.8%	−27.5%	−23.6%	8.6%	0.3%
DAX30（年変化）	16.1%	−14.7%	29.1%	25.5%	2.7%

（注）　IPO 株のパフォーマンスは，公開価格決定から 5 か月後の収益率を示す。
〔出所〕　Academic EurIPO Fact Book 2015

121

第7章　株式市場

4．ドイツの株式流通市場　　ドイツの株式市場は，上場企業時価総額（ドルベース）において，NYSE，東京，ユーロネクスト，ロンドンに次いで，世界で第5位の市場規模を有する（2018年末時点）。

ドイツ取引所上場株式の時価総額は，18年で，1兆6,341億ユーロである。これを世界的な金融危機直後の09年と比較すると約1.8倍となっており，ドイツの経済成長に応じて順調な拡大基調をみせている。また，株式の発行体別に時価総額をみると，非金融民間企業の発行によるものが全体の約87％を占めている。

投資家は，①完全電子化プラットフォームであるクセトラ（Xetra），②フランクフルト証券取引所（die Börse Frankfurt），③トレードゲート（Tradegate），の3つのプラットフォームの中から，どれかを選んで注文を出す。

なかでも，ドイツ取引所における株式取引の90％以上がクセトラ経由によって行われている。金融危機直前の07年には，クセトラ経由の売買高は，2兆2,874億ユーロまで急拡大したが，危機直後の09年には9,245億ユーロにまで半減した。しかし，その後は回復基調をみせており，18年の売買高は，1兆4,150億ユーロである。これを09年時点と比較すると，この9年間で約1.5倍の増加となっている。

クセトラ以外のフランクフルト証券取引所取引では，流動性の小さい株式が取引されるほか，ほとんどの債券取引がここで行われており，ファンド，オプション取引も行われている。ここでは，株式1万銘柄以上が上場されているほか，1,600のETF，また各種の確定利付債券，ファンドブリーフなどが取引されている。

また，10年からは，別の運営会社によるトレードゲート（Tradegate）と呼ばれる個人投資家向けのオンライン取引システムがEU規制市場として運営されており，その株式売買高は，18年にはドイツ取引所全体の約6.3％を占めている。ドイツ取引所は，このプラットフォームを運営するトレードゲート取引有限会社の75％プラス1株の資本を所有しその傘下に収めている。トレードゲートでは午前8時から午後10時まで証券取引できるのが利点である。

122

第7章　株式市場

ドイツ取引所上場株式の時価総額の推移

	時価総額	(発行体別内訳) 銀行	保険会社	その他金融機関	非金融民間企業
2002年	647,492	58,035	49,675	9,412	530,370
2003年	851,001	80,789	84,476	6,968	678,768
2004年	887,217	86,462	82,887	7,246	710,622
2005年	1,058,532	111,519	108,669	10,702	827,642
2006年	1,279,638	127,815	128,922	21,971	1,000,930
2007年	1,481,930	130,070	121,258	48,064	1,182,538
2008年	830,622	33,128	71,919	25,517	700,058
2009年	927,256	52,447	72,524	24,826	777,459
2010年	1,091,220	57,466	74,562	16,826	942,366
2011年	924,214	46,349	59,600	14,933	803,332
2012年	1,150,188	53,235	84,872	17,002	995,079
2013年	1,432,658	65,037	103,681	21,279	1,242,661
2014年	1,478,063	63,676	102,711	21,765	1,289,911
2015年	1,614,442	53,178	120,534	58,058	1,382,672
2016年	1,676,397	42,311	114,452	51,905	1,467,729
2017年	1,933,733	58,106	127,511	66,301	1,681,815
2018年	1,634,155	28,788	118,837	62,398	1,424,132

（注）　時価総額は，ドイツ取引所すべての株式市場セグメントを含む。時価総額の単位は100万ユーロ。また，
　　　2015年から欧州国民経済計算システム（ESVG）導入による計算変更がある。
〔出所〕　Deutsche Bundesbank (2019), Kapitalmarktstatistik Juni 2019より作成

ドイツ取引所上場株式の売買状況の推移

	Xetra（電子取引システム） 売買株式数	売買高	フランクフルト証券取引所 売買株式数	売買高	Tradegate 売買株式数	売買高
2009年	50,190,685,936	924,573	14,820,508,551	25,122	－	－
2010年	48,373,203,752	1,072,522	19,009,906,644	29,894	3,476,403,516	16,038
2011年	58,993,407,404	1,200,201	17,881,303,478	30,699	6,521,367,056	29,678
2012年	50,565,961,624	931,200	11,034,652,318	22,794	6,363,631,319	31,497
2013年	39,784,774,922	935,036	7,163,140,827	25,037	5,761,181,332	41,238
2014年	34,266,355,719	1,039,915	5,997,344,053	23,718	5,833,431,639	46,327
2015年	37,170,896,401	1,310,433	6,063,270,640	25,475	7,551,361,423	68,394
2016年	37,172,574,947	1,096,085	4,362,270,789	20,474	7,751,574,020	63,820
2017年	39,205,519,186	1,189,750	6,992,016,726	24,781	13,081,429,353	82,619
2018年	48,009,803,078	1,415,096	5,472,963,207	19,998	17,686,464,117	96,123

（注）　売買高の単位は100万ユーロ。
〔出所〕　ドイツ取引所資料より作成

123

第7章　株式市場

5．ドイツの株式指数　　DAX 株価指数は，世界で最も重要な株価指数の
１つである。DAX にはドイツ国内の大企業30社の銘柄が採用されており，
1988年以来，この指数がドイツ経済および株式市場の動向を反映するバロメー
ターとして，また DAX 先物・オプションをはじめ各種の金融商品のベーシッ
ク・バリューとしても用いられており，その地位を確立している。DAX に採
用される30銘柄は，ドイツ国内上場企業の時価総額全体の約80％を占めている。

　88年７月１日に初めて公開された DAX 指数は，1163.52ポイントを付けた。
その後，過去最低値は，88年８月29日の1152.38ポイントであった。18年の１
月23日には，最高値となる13559.60ポイントを記録しており，DAX 指数は運
用開始後の30年間で，実に約10倍以上も上昇していることは注目されよう。ま
た，DAX 構成銘柄の時価総額合計をみると，18年６月時点では，１兆1,537億
ユーロを記録している。

　DAX 指数を構成する銘柄は，ドイツを代表する国際的大企業である。19年
６月時点の時価総額ベースでみると，上位５社は，SAP（ソフトウェア），
Linde　PLC（化学），アリアンツ（金融・保険），ジーメンス（電機），ドイ
ツ・テレコム（通信）である。また，ダイムラー，BMW，フォルクスワーゲ
ンといった大手自動車会社も上位に組み入れられている。なお，ドイツ取引所
は，01年から自らも株式会社として上場し，DAX 指数銘柄としても組み込ま
れている。

　DAX 指数のほかにも，各種の株価指数が用意されている。MDAX は，
DAX に次ぐ，EU 規制市場でプライム・スタンダードの透明性基準を採用す
る中堅規模の50銘柄を対象とした指数である。さらに，それに次ぐ規模の30社
により構成された SDAX や，ハイテク銘柄30社を集めた TechDAX という指
数がある。

　なお，ドイツ取引所の指数は，すべて STOXX Ltd. によって市場に発信さ
れている。そのスタンダード指数として，EURO STOXX 100がある。また，
スマート・ベータ指数というカテゴリーに入る指数も導入されているが，これ
は従来の自由変動する資本関係データによるのではなく，オルタナティブとし
ての別のウェイト方法による指数である。例えば，STOXX グローバル ESG
リーダーズ指数は，いくつかの持続性基準による ESG 評価によってウェイト
づけられ算出されている。STOXX 株式会社は，15年８月にドイツ取引所グ
ループによって完全に合併され，その傘下に入っている。

124

第7章 株式市場

DAX構成銘柄の時価総額と組入れ比率（2019年6月29日）

	DAX構成銘柄	時価総額	時価総額比率(%)	発行済株式数
1	SAP（ソフトウェア）	148,372	12.86	1228.5
2	Linde PLC（化学）	98,807	8.56	558.2
3	Allianz（金融・保険）	91,476	7.93	432.3
4	Siemens（電機）	89,453	7.75	850.0
5	Deutsche Telekom（通信）	72,481	6.28	4761.5
6	BASF（化学）	58,872	5.1	918.5
7	Adidas（スポーツ用品）	56,794	4.92	209.2
8	Daimler（自動車）	52,549	4.55	1070.0
9	Bayer（医薬品）	47,968	4.16	782.0
10	BMW（自動車）	42,766	3.71	657.6
11	Deutsche Post（郵便・物流）	35,737	3.1	12136.5
12	Munchener Ruck（保険）	34,415	2.98	155.0
13	Volkswagen（自動車）	30,648	2.66	206.2
14	Beiersdorf（化粧品）	26,618	2.31	252.0
15	Fresenius（ヘルスケア）	26,515	2.3	554.4
16	Continental（タイヤ）	25,718	2.23	200.0
17	Deutsche Borse（金融）	23,679	2.05	190.0
18	Vonovia（不動産）	21,512	1.86	511.1
19	Fresenius Medical（医療機器）	21,319	1.85	309.0
20	E.ON（エネルギー）	21,045	1.82	2201.1
21	Wirecard（ソフトウェア）	18,163	1.57	123.5
22	Infineon（半導体）	17,693	1.53	1135.4
23	Henkel（化学）	15,374	1.33	178.2
24	Heidelberg Cement（セメント）	14,150	1.23	198.4
25	Deutsche Bank（金融）	13,901	1.2	2066.8
26	RWE（エネルギー）	12,473	1.08	575.8
27	Merck KGaA（医療品）	11,903	1.03	129.2
28	Covestro（化学）	8,207	0.71	183.0
29	ThyssenKrupp（鉄鋼）	7,949	0.69	622.5
30	Lufthansa（運輸）	7,168	0.62	475.2
	DAX銘柄の時価総額合計	1,153,725	—	—

（注）　時価総額の単位は，100万ユーロ，発行済株式数の単位は，100万株。
〔出所〕　ドイツ取引所資料より作成

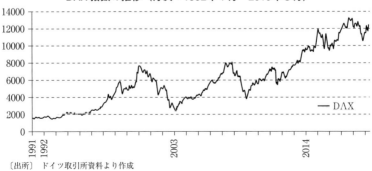

DAX指数の推移（月次：1992年1月〜2019年6月）

〔出所〕　ドイツ取引所資料より作成

第7章　株式市場

6．イギリスの株式市場　イギリスのロンドン証券取引所（LSE）は名実ともに欧州の証券取引の中心である。LSE は2007年にイタリア証券取引所を買収し，LSE グループを形成している。かつてはドイツのフランクフルト証券取引所との合併が模索されたが，欧州連合（EU）が承認しなかったために17年3月で交渉は打ち切られた。また北大西洋にある海外領土であるバミューダにも，首都ハミルトンに証券取引所（バミューダ証券取引所）が存在する。

LSE の主要株価指数である FTSE100指数（基準は83年12月30日 =1,000）の上位構成銘柄には，金融大手の HSBC（構成比率は7.2%），石油ガス大手のロイヤルダッチシェル（ロイヤルダッチに由来する A 株が6.1%，シェルに由来する B 株が5.1%）や BP（同5.9%），飲料大手のディアジオ（同4.4%）などの名前が並ぶ。もっとも全体としては，イギリスの企業というよりも，むしろ世界に展開する多国籍企業が多く名を連ねている。その他にも，対象を中型株としたものに FTSE250指数，100指数と合体した350指数，また小型株（SmallCap）指数，全株（All-Share）指数がある。

ロンドン証券取引所は世界的に展開する大企業が二元上場（2つの上場会社が異なる株主集団を持ち，所有権を共有する形態）を果たしていることでも特徴的である。例えば鉱業最大手の BHP ビリトン（オーストリアとイギリス）やリオティント（同）などがその端的なケースである。

近年のイギリス株は，08年秋に生じた世界金融危機の影響を受けて暴落した後，イングランド銀行（BOE）による大規模金融緩和やイギリスそして世界の景気の緩やかな拡大を受けて着実に上昇した。その後16年6月に EU からの離脱の是非を問う国民投票が実施され，予想に反して離脱派が勝利してポンドが暴落すると，イギリス株は急騰した。LSE に上場している多国籍企業の株価がポンド安によって割安になったことがそのドライバーになった。

しかしながら，EU 離脱を巡る交渉が難航し，国内の政治も不安定になると，イギリス株は下落基調となった。18年後半からは米中通商摩擦が激化し，世界景気の減速が進んだため，多国籍企業が数多く上場しているロンドン市場の株価も軟調に推移した。

126

第7章 株式市場

イギリスの株式市場の概要

	時価総額			株価指数		
	イギリス大企業	海外企業	新興企業	FTSE100	FTSE250	SmallCap
	対GDP比	10億ポンド	10億ポンド	10億ポンド	1983年12月30日＝1,000		
2008年	81.5	1,288.1	1,609.1	37.7	4,434.2	6,360.9	1,854.2
2009年	112.6	1,731.2	1,795.8	56.6	5,412.9	9,306.9	2,776.9
2010年	123.0	1,952.5	2,002.7	79.4	5,899.9	11,558.8	3,228.6
2011年	110.9	1,824.1	1,778.6	62.2	5,572.3	10,102.9	2,748.8
2012年	116.4	1,972.6	1,805.6	61.7	5,897.8	12,375.0	3,419.1
2013年	131.0	2,307.2	1,867.3	75.9	6,749.1	15,935.4	4,431.1
2014年	120.3	2,218.6	1,746.5	71.4	6,566.1	16,085.4	4,365.9
2015年	115.2	2,183.7	1,692.5	73.1	6,242.3	17,429.8	4,634.7
2016年	120.1	2,366.3	2,131.2	80.8	7,142.8	18,077.3	5,143.2
2017年	128.1	2,625.0	1,788.3	106.9	7,687.8	20,726.3	5,911.9
2018年	107.7	2,279.8	1,409.9	91.3	6,728.1	17,502.0	5,177.2

〔出所〕 London Stock Exchange Group

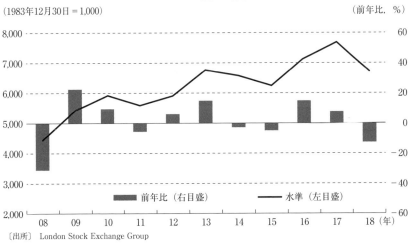

FTSE100指数の推移

〔出所〕 London Stock Exchange Group

FTSE指数の業種別構成比率

	FTSE100指数			FTSE全株指数		
	企業数	時価総額	構成比率	企業数	時価総額	構成比率
石油ガス	3	309,260	17.17	15	319,149	14.32
銀行	5	223,826	12.43	10	229,942	10.31
生活雑貨	9	201,876	11.21	24	214,972	9.64
工業製品・サービス	14	128,391	7.13	88	214,749	9.63
金融サービス	6	49,662	2.76	224	189,454	8.5
ヘルスケア	5	169,500	9.41	19	184,751	8.29
鉱業	8	147,799	8.21	19	154,485	6.93
保険	9	99,579	5.53	15	106,028	4.76
合計	101	1,800,743	100	632	2,229,233	100

(注) 2019年5月31日時点
〔出所〕 FTSE Russel Factsheet

第7章　株式市場

7．フランスの株式市場　フランスの株式取引は，主に同国最大の金融商品取引所ユーロネクスト・パリ証券取引所で行われている。旧パリ証券取引所が2000年9月にアムステルダム証券取引所とブリュッセル証券取引所との間で経営統合を実現し，以降，ユーロネクストが3取引所の経営を一体的に行っている。

主要指数はCAC40（Cotation Assistée en Continu quarante 40）と呼ばれ，同取引所に上場されている株式銘柄のうち，時価総額上位40銘柄を選出して構成される時価総額加重平均型株価指数である。87年12月31日の価格を基準値1,000として算出され，先物取引の対象にもなっている。上位構成銘柄には石油ガスのトタル（構成比率は10.5％）をはじめ，日常品のモエヘネシー・ルイヴィトンことLVMH（同7.6％）や製薬のサノフィ（同7.4％），航空機のエアバス（同5.7％），日常品のロレアル（同5.1％）といった錚々たる企業が名を重ねている。

近年のCAC40指数の動きを見ると，08年秋に生じた世界金融危機を受けて同年の年初来騰落率は実に−42.7％を記録し，翌09年は＋22.3％と反発したが，GIIPS諸国の重債務問題の影響などから12年頃まで軟調に推移した。その後は上記の重債務問題が落ち着いたことや，17年5月の大統領選挙で自由化推進論者のマクロン氏が勝利したことなどが投資家に好感され，CAC40指数も5,000ポイントの大台に乗った。ただ18年にかけては，内外景気の減速や米中通商摩擦への懸念から株価は下落した。

CAC40指数以外には，同指数採用銘柄に次ぐ20銘柄からなるCACネクスト20，中型株のCACミディ60，小型株のCACスモール，CAC全株指数がある。さらにCAC40企業とその他80の上場企業（CACネクスト20の構成銘柄に60の企業を追加したもの）の株価を平均したSBF120指数という株式指数も，フランスを代表する株式指数である。

なお新興企業向け市場として設立されたアルターネクスト（Alternext）はユーロネクスト・グロース（Euronext Growth）に，また中小企業の店頭公開市場であるマルシェ・リブレ（Marché libre）はユーロネクスト・アクセス（Euronext Access）に，17年6月，それぞれ改組された。

128

第7章　株式市場

CAC40指数の上位構成銘柄

	企業名	業種	構成比率（％）
1．	トタル	石油ガス	10.5
2．	モエヘネシー・ルイヴィトン（LVMH）	日常品	7.6
3．	サノフィ	製薬	7.4
4．	エアバス	航空機	5.7
5．	ロレアル	日常品	5.1
6．	エア・リキード	産業用ガス	4.1
7．	BNP パリバ	銀行	4.0
8．	ダノン	飲食品	3.7
9．	アクサ	保険	3.6
10．	ヴァンシ	建設	3.5

（注）　2019年3月末時点
〔出所〕　Euronext Paris Factsheet

CAC40指数の推移

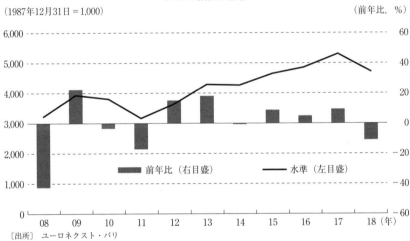

（1987年12月31日＝1,000）　　　　　　　　　　（前年比，％）

〔出所〕　ユーロネクスト・パリ

フランスの株式の時価総額の推移

	上場企業時価総額		CAC40	CAC Next	CAC Midi60	CAC Small
	対GDP比	10億ユーロ	10億ユーロ	10億ユーロ	10億ユーロ	10億ユーロ
2008年	53.0	1,056.7	589.5	48.5	48.0	4.8
2009年	70.1	1,356.5	716.4	55.8	58.5	6.7
2010年	71.4	1,424.8	695.7	65.2	75.6	6.8
2011年	58.2	1,197.0	582.8	56.1	51.1	11.0
2012年	65.7	1,371.5	697.2	71.1	62.9	13.1
2013年	78.9	1,669.9	844.2	87.4	83.8	15.4
2014年	80.2	1,723.8	860.0	92.4	100.8	20.5
2015年	86.9	1,911.2	963.6	111.3	113.8	26.8
2016年	91.7	2,049.2	1,063.5	115.1	127.0	25.2
2017年	100.0	2,294.8	1,159.1	132.8	156.0	30.2
2018年	87.8	2,067.1	1,048.9	110.7	115.1	21.2

〔出所〕　ユーロネクスト・パリ

第7章　株式市場

8．イタリアの株式市場　イタリアの株式取引は，主にミラノにある同国最大の取引所であるイタリア証券取引所で行われる。イタリア証券取引所は2007年10月にロンドン証券取引所（LSE）グループに買収され，以降は同グループの子会社となっている。

イタリア証券取引所が発表する代表的な株価指数としては，国内の時価総額の8割を占める大型株40銘柄で構成される時価総額加重平均型株価指数，FTSE MIB 指数（旧 S&P MIB 指数）がある。基準日は92年12月31日であり，基準値は10,000である。上位構成銘柄には電力最大手のエネル（構成比率は13.4％）をはじめ，石油ガスの名門エニー（同11.9％），インテーザ・サンパオロ（同9.9％），ウニクレディット（同7.7％），ゼネラリ（同6.5％）といったエネルギー企業や金融業が並び，フェラーリやフィアット，CNH インダストリアルといった工業株がそれらに次いでいる。

また FTSE MIB 指数の他にも，大型株・中型株・小型株の計224銘柄で構成される FTSE Italia All-Share（イタリア全株指数）などがある。なおイタリア証券取引所には，上位市場として MTA（Mercato Telematico Azionario）が存在し，また優良な中小企業の株式で構成される Star，新興の中小企業向けの公開市場 AIM イタリアといった下位市場も存在する。

近年の FTSE MIB 指数の動きを確認すると，08年秋に生じた世界金融危機や，10年に入って本格化したギリシャ発の重債務危機の波を受けて，11年にかけて下落が続いた。その後は重債務危機への対応が進んだことや，民主党政権下で労働市場を中心に構造改革が進んだことなどを受けて緩やかに持ち直したが，18年3月の総選挙でポピュリスト政党である5つ星運動（M5S）が大勝し，構造改革の後退が懸念されると，世界景気の減速もあって FTSE MIB 指数は再び下落が進んだ。

足元の FTSE MIB 指数の水準は90年代後半の上場ブーム時に比べると低く，株取引の低調さが目立っている。例えば2000年時点の時価総額は818.4億ユーロ（対 GDP 比66.0％）であったが，直近18年は542.4億ユーロ（同30.9％）にとどまっている。景気循環や外的要因の影響を受け易い大型株（MTA）の時価総額は一進一退が続いているが，新興の中小株（AIM）の時価総額は着実に増加している。

130

第7章　株式市場

FTSE MIB 指数の上位構成銘柄

企業名	業種	構成比率（％）
1．エネル	電力	13.4
2．エニー	石油ガス	11.9
3．インテーザ・サンパオロ	銀行	9.9
4．ウニクレディット	銀行	7.7
5．ゼネラリ	保険	6.5
6．フェラーリ	自動車	4.5
7．フィアット	自動車	4.4
8．アトランティア	建設	3.7
9．スナム	ガス	3.1
10．CNH インダストリアル	商用車，建機など	3.5

（注）　2019年3月末時点
〔出所〕　FTSE Russel Publications

FTSE MIB 指数の推移

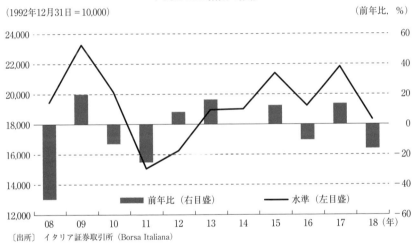

〔出所〕　イタリア証券取引所（Borsa Italiana）

イタリアの株式の時価総額の推移

	上場企業時価総額		MTA	Star	MIV	AIM
	対 GDP 比	10億ユーロ	10億ユーロ	10億ユーロ	10億ユーロ	10億ユーロ
2008年	23.0	374.7	－	11.9	－	－
2009年	29.1	457.1	422.1	16.4	0.2	0.5
2010年	26.5	425.1	424.3	16.5	0.2	0.4
2011年	20.3	332.4	331.5	11.4	0.3	0.3
2012年	22.7	365.5	364.4	13.3	0.4	0.5
2013年	27.8	446.6	445.2	21.5	0.3	1.2
2014年	29.7	482.4	480.2	22.5	0.2	2.1
2015年	34.7	573.6	570.2	30.8	0.4	2.9
2016年	31.1	525.1	521.7	32.1	0.5	2.9
2017年	37.1	640.0	633.9	41.4	0.6	5.6
2018年	30.9	542.4	535.6	33.3	0.2	6.6

（注）　MTA：大企業と中堅企業，Star：優良中堅企業，MIV：機関投資家向け，AIM：中小企業
〔出所〕　イタリア証券取引所（Borsa Italiana）

第7章　株式市場

9．スペイン・ポルトガルの株式市場　　スペインの株式取引はマドリード
証券取引所を中心に行われている。同取引所のほかにもバルセロナ，バレンシ
ア，ビルバオに取引所が存在し，証券業協会（BME）によって運営されてい
る。同国の代表的な株価指数はマドリード証券取引所に上場している大企業の
株式から構成される IBEX35指数である。上位構成銘柄にはバンコ・サンタン
デール（構成比率は15.0％）をはじめとして，アパレルのインディテックス
（同10.3％），電力のイベルドローラ（同8.4％）などが並んでいる。

　近年のIBEX35指数は，スペインが深刻な銀行の不良債権問題や政府の重債
務危機に苛まれたことから，2012年まで軟調な展開が続いた。その後スペイン
景気が輸出主導の拡大軌道に乗り，IBEX35指数も上昇に転じたが，ヨーロッ
パを含む世界の景気の減速が進んだことや，北東部カタルーニャ州の独立問題
など国内の政情不安が嫌気されたことなどを受けて，18年にかけて株価の下落
が進んだ。

　ポルトガルの株式取引は，元ポルトガル証券取引所が02年にユーロネクスト
によって買収されたことで，ユーロネクスト・リスボンにおいて行われるよう
になった。代表的な株価指数は PSI20指数であり，上位構成銘柄にはポルトガ
ル電力公社（構成比率は12.7％），ジェロニモ・マルティンス（同12.2％），ポ
ルトガル商業銀行（同12.1％）などが並んでいる。

　99年のユーロ導入はポルトガル経済にとって為替の切り上げに働いた。その
ため輸出が停滞し，経済も低成長を余儀なくされ，株式の取引も低調な状況が
続いた。そのため株式の時価総額の対 GDP 比率も08年時点で27.6％と，隣国
スペイン（70.3％）に比べるとかなり低い水準にとどまっていた。その後もポ
ルトガル景気は低迷が続き，さらに10年頃からは重債務危機が顕在化したこと
で株式の取引はさらに軟調となった。

　15年11月に成立したコスタ政権の下で景気の回復に弾みがついたポルトガル
の株価は17年頃までは上昇が続いた。その後はスペイン株と同様に，ヨーロッ
パを含めた世界景気の減速などの影響から，ポルトガルの株価もまた18年にか
けて下げが先行した。

132

第7章 株式市場

IBEX35指数の上位構成銘柄

企業名	業種	構成比率（％）
1．バンコ・サンタンデール	銀行	15.0
2．インディテックス	アパレル	10.3
3．イベルドローラ	電力	8.4
4．BBVA	銀行	7.6
5．テレフォニカ	テレコム	7.2
6．アマデウス IT グループ	自動車	7.0
7．レプソル	石油ガス	5.3
8．カイシャバンク	銀行	4.9
9．インターナショナル・エアラインズ・グループ	航空	3.2
10．フェロビアル	建設	2.8

（注）　2019年3月末時点
〔出所〕　Bolsa de Madrid

PSI20指数の上位構成銘柄

企業名	業種	構成比率（％）
1．ポルトガル電力公社	電力	12.7
2．ジェロニモ・マルティンス	小売	12.2
3．ポルトガル商業銀行	銀行	12.1
4．ガルプ・エネルジア	石油ガス	11.8
5．NOS	メディア	11.1
6．REN	電力（上流）	7.1
7．ザ・ナビゲーターカンパニー	製紙パルプ	6.7
8．EDP レノバベイス	電力	5.6
9．ソナエ	小売	5.6
10．アルトリ	製紙パルプ	3.8

（注）　2019年3月末時点
〔出所〕　Euronext Portugal PSI 20 Factsheet

スペインとポルトガルの株式の時価総額の推移

	スペイン株式市場			ポルトガル株式市場		
	IBEX35指数	時価総額		PSI20指数	時価総額	
		10億ユーロ	対 GDP 比		10億ユーロ	対 GDP 比
2008年	9,195.8	784.9	70.3	6,341.3	49.4	27.6
2009年	11,940.0	1,107.0	102.6	8,463.9	68.5	39.0
2010年	9,859.1	1,071.6	99.1	7,588.3	61.1	34.0
2011年	8,566.3	966.1	90.2	5,494.3	47.5	27.0
2012年	8,167.5	945.9	91.0	5,655.2	49.7	29.5
2013年	9,916.7	1,045.2	101.9	6,558.9	57.5	33.7
2014年	10,279.5	1,059.2	102.1	4,799.0	47.7	27.6
2015年	9,544.2	975.4	90.2	5,317.7	54.8	30.5
2016年	9,352.1	1,035.3	92.5	4,679.2	54.3	29.1
2017年	10,043.9	1,137.4	97.5	5,388.3	63.1	32.4
2018年	8,539.9	990.9	82.0	4,731.5	54.1	26.8

（注）　IBEX35指数の基準日は89年12月29日（3,000），PSI20指数は92年12月31日（3,000）
〔出所〕　Bolsas y Mercados Españoles, Euronext Lisbon

133

第7章　株式市場

10. ベネルクスの株式市場　　ベネルクス（ベルギー，オランダ，ルクセンブルク）諸国の中で最も株式市場が発達しているのはオランダである。

オランダの首都アムステルダムにある証券取引所が，2000年9月にブリュッセル証券取引所とパリ証券取引所との間で経営統合を果たした結果，ユーロネクストが設立された。それ以降，アムステルダムの証券取引所はユーロネクスト・アムステルダムと称されており，代表的な株価指数として主要25社の株式から構成される AEX 指数（基準日1983年1月3日＝45.38）がある。

オランダの AEX 指数の上位構成銘柄には，ロイヤルダッチシェル（構成比率は14.9％）やユニリーバ（同13.9％），ASML ホールディング（同13.1％）など，欧州を代表する多国籍企業が並んでいる。ベルギーの BEL20指数の場合は，上位に飲食品大手のアンハイザー・ブッシュ・インベブ（同14.1％）をはじめとして，銀行の KBC（同12.0％）と ING グループ（同11.8％）などが並ぶ。

同様に，ベルギーの首都ブリュッセルの証券取引所はユーロネクスト・ブリュッセルと呼ばれる。主要指数はベルギーの主要20社の株式から構成される BEL20指数である。ルクセンブルクのルクセンブルク証券取引所は，事実上のタックスヘイブンとして機能する同国の特性が反映されており，主要な株価指数である LuXX 指数にはヨーロッパ最大のメディアグループである RTL や世界最大の鉄鋼メーカーであるアルセロール・ミッタルなどの株式が組み込まれている。

ベネルクス3ヵ国の株価動向は，上場している大企業の多くが多国籍企業であることから，各国の政治経済情勢よりも欧州全体の経済・金融環境の影響を受け易い。そのため，ベネルクス3ヵ国の株式市場の主要指数や時価総額の動きはいずれも連動している。またベネルクス3ヵ国は48年の関税同盟結成以前から密接な協調関係にあり，それを反映した株式取引や政策協調も行われている。08年秋の世界金融危機の発生を受けて，当時欧州を代表する金融グループであったフォルティス（現アジアス及び ABN アムロ銀行）が経営破綻状態になった際，同社に対してベネルクス3ヵ国の政府が公的資金を注入し，共同で国有化したことは，その端的な事例である。

134

第 7 章　株式市場

AEX 指数の上位構成銘柄

企業名	業種	構成比率（％）
1．ロイヤルダッチシェル	石油ガス	14.9
2．ユニリーバ	生活品	13.9
3．ASML ホールディング	半導体	13.1
4．ING グループ	銀行	7.7
5．レレックス	メディア	7.2
6．フィリップス	ヘルスケア・医療	6.2
7．アホールド・デレーズ	小売	5.2
8．ハイネケン	飲食品	4.0
9．ユニボール・ロダムコ	不動産投資	3.7
10．ヴォルタース・クルーワー	メディア	3.1

（注）　2019年 3 月末時点
〔出所〕　Euronext Amsterdam Factsheet

BEL20指数の上位構成銘柄

企業名	業種	構成比率（％）
1．アンハイザー・ブッシュ・インベブ	飲食品	14.1
2．KBC	銀行	12.0
3．ING グループ	銀行	11.8
4．ユーシービーグループ	ヘルスケア	8.5
5．アジアス	保険	7.3
6．ユミコア	非鉄金属	7.3
7．グループ・ブリュッセル・ランバート	金融	6.1
8．ソルベー	化学・製薬	5.8
9．ガラパゴス	化学・製薬	4.0
10．アージェンクス	化学・製薬	3.6

（注）　2019年 3 月末時点
〔出所〕　Euronext Brussels Factsheet

ベネルクス諸国の株式市場の時価総額の推移

	オランダ株式市場			ベルギー株式市場			ルクセンブルク市場
	IBEX35指数	時価総額		PSI20指数	時価総額		LuxX 指数
		10億ユーロ	対 GDP 比		10億ユーロ	対 GDP 比	
2008年	245.9	279.0	43.1	1,908.6	120.0	33.9	980.9
2009年	335.3	389.8	62.4	2,511.6	181.1	51.9	1,371.5
2010年	354.6	492.8	77.1	2,578.6	200.3	54.9	1,542.1
2011年	312.5	458.0	70.4	2,083.4	176.6	46.6	1,135.1
2012年	342.7	493.6	75.6	2,475.8	227.2	58.6	1,248.0
2013年	401.8	593.5	89.9	2,923.8	271.6	69.2	1,448.9
2014年	424.5	650.0	96.8	3,285.3	312.8	78.2	1,520.4
2015年	441.8	666.7	96.6	3,700.3	379.4	92.3	1,390.7
2016年	483.2	811.7	114.6	3,606.4	358.9	84.5	1,669.1
2017年	544.6	918.3	124.6	3,977.9	365.4	83.2	1,638.4
2018年	487.9	838.5	108.4	3,243.6	280.5	62.3	1,316.9

（注）　AEX 指数の基準日は1983年 1 月 3 日（45.38），BEL20指数は90年12月30日（1,000），LuXX 指数は90年 1 月
　　　 4 日（1,000）
〔出所〕　Euronext Amsterdam, Euronext Brussels, Luxembourg Stock Exchange

135

第7章　株式市場

11. スイスの株式市場　　スイスの証券取引所は，1995年にそれまでチューリッヒ，バーゼル，ジュネーブの3都市に存在した3証券取引所が統合し，SWX スイス取引所に名称が変更された。加えて08年には telekurs など他の運営業者と合併し，現在の取引所（SIX スイス取引所）が成立した。

　主要な株価指数である SMI 指数（基準は88年6月30日 =1,500）の上位構成銘柄には，食品大手のネスレ（構成比率は18.0％）をはじめとして，エフ・ホフマン・ラ・ロシュ（同17.8％）やノバルティス（同17.7）といった製薬・ヘルスケア，UBS（同7.1％）やチューリッヒ保険（同4.6％），クレディスイス（同4.3％）といった金融など，スイスが伝統的に強みを持つ産業の大手企業（ほとんどが多国籍企業）が並んでいる。

　SMI 指数のほかにも，SMI のサブ指数であり中型株30銘柄で構成される中型株指数（SMIM 指数）や，小型株も含む総合指標であるパフォーマンス指数（SPI 指数），リーダー指数（SMI 構成銘柄と SMIM 上位10銘柄の計30銘柄で構成）や全株指数といった株価指数がある。

　主要指数である SMI 指数の動きを見ると，08年秋に世界金融危機が生じて以降，他の主要国と同様に SMI 指数は軟調を余儀なくされた。世界景気が停滞したことに加えて，スイスの代表的産業である金融の業績が低迷したことが相場の重荷となった。またスイスの場合，ユーロ安の受け皿として歴史的なフラン高が進んだことも，株価の上昇を妨げた。GIIPS 諸国の重債務危機が収束を受けて，12年以降，相場は上昇に転じたものの，14年頃には頭打ちとなった。その後 SMI 指数は下落に転じ，18年には終値で777.8と金融危機後の安値圏に沈んでしまった。

　一方，総合指数である SPI 指数は SMI 指数よりも底堅く推移しており，大型株に比べると中小株が検討している。またスイス全体の上場企業の株式の時価総額は，17年には1兆3,672億フランと GDP の2倍を超える規模まで増加が続いたものの，18年には減少した。

　なお近年のスイスの株式市場では，外国企業を中心に上場企業の数が趨勢的に減少している。その背景には世界的に進む大企業の非公開化の流れがある。

136

第7章 株式市場

SMI指数の上位構成銘柄

	企業名	業種	構成比率（％）
1.	ネスレ	飲食品	18.0
2.	エフ・ホフマン・ラ・ロシュ	製薬・ヘルスケア	17.8
3.	ノバルティス	製薬・ヘルスケア	17.7
4.	UBS	銀行	7.1
5.	ABB	電機・重工業	4.9
6.	リシュモン	宝飾品	4.7
7.	チューリッヒ保険	保険	4.6
8.	クレディスイス	銀行	4.3
9.	ラファージュホルシム	セメント	3.0
10.	ロンザグループ	製薬・ヘルスケア	2.7

（注） 2017年12月末時点
〔出所〕 Six Group SMI Family Factsheet

SMI指数の推移

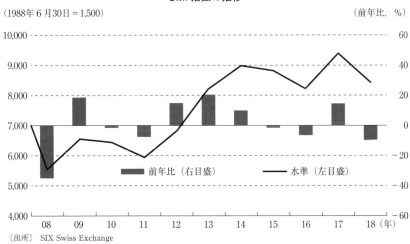

〔出所〕 SIX Swiss Exchange

スイス証券市場の時価総額

	上場企業時価総額		SMI指数	SPI指数		上場企業数	
	対GDP比	10億フラン	10億フラン	10億フラン		地場	外国
2008年	130.7	784.6	663.8	774.2	361	288	73
2009年	157.4	927.5	783.1	916.6	339	236	64
2010年	159.8	973.1	779.4	963.6	324	237	52
2011年	140.3	871.7	722.7	863.1	296	232	34
2012年	156.7	981.6	826.8	973.1	283	223	30
2013年	187.8	1,198.6	999.0	1,187.5	288	222	36
2014年	199.0	1,293.0	1,084.1	1,277.7	289	223	36
2015年	198.7	1,300.0	1,073.1	1,286.8	278	212	36
2016年	186.7	1,233.0	1,000.7	1,221.3	273	206	37
2017年	204.5	1,367.2	973.4	1,352.7	274	208	36
2018年	175.2	1,208.4	777.8	1,200.0	274	208	36

〔出所〕 SIX Swiss Exchange

第7章　株式市場

12. 北欧の株式市場　　北欧諸国のうち，アイスランドとデンマーク，フィンランド，スウェーデンの4ヵ国の証券市場（ノルディック市場）は2006年以降，ナスダックOMX（08年以前はOMX）によって一体的に運用されている。かつてはノルウェーのオスロ証券取引所もOMXに加盟していたが，09年にロンドン証券取引所グループと戦略的提携関係を結んだことでOMXから脱退した。こうしたノルディック市場の展開は，ユーロネクストと並び，欧州における証券市場統合の大きな流れの1つをなしている。

　最も取引規模が大きいのはスウェーデンのストックホルム証券取引所である。主要指数であるOMXストックホルム30指数の構成銘柄にはボルボ，エリクソン，SAABといったメーカーをはじめとして，ノルディアやSEB，スウェドバンクといった銀行などが並ぶ。デンマークのOMXコペンハーゲン20指数には飲料大手のカールスバーグ，世界最大のコンテナ輸送企業であるA.P.モラー・マースクなどが属する。さらにフィンランドのOMXヘルシンキ25指数の構成銘柄には，同国を代表する世界的な携帯端末メーカーであるノキアをはじめとして，製紙大手のストラ・エンソなどが組み込まれている。

　アイスランドの主要な株価指数であるOMXアイスランド指数は，19年6月より対象銘柄が8から10に拡大した。ただ人口35万人という極めて小さい国であるため，株式取引の規模もノルディック市場の中で最も小さい。

　またOMXグループは，バルト三国（エストニア，ラトビア，リトアニア）の証券市場（バルティック市場）も運用している。旧ソ連から独立したバルト三国では計画経済体制の下で長らく証券市場が存在せず，90年以降の市場経済化の過程で設立された。もっとも3ヵ国の人口を合計しても6百万人程度であるので，対GDP比で見た時価総額の規模も小さいなど，各市場の取引規模はノルディック市場や他の欧州の証券市場には及ばない。

　いずれの国の株価も，08年秋の世界金融危機を受けて時価総額が下がった。その後ノルディック市場を中心に株価は回復し，時価総額も増加した。他方でバルティック市場を見ると，エストニアは株価も時価総額も比較的堅調に推移した一方で，残る2ヵ国については，株価は回復したものの，時価総額は低迷が続いた。

138

第7章　株式市場

ノルディック市場の概要

	デンマーク		フィンランド		スウェーデン	
	コペンハーゲン25指数	時価総額対GDP比	ヘルシンキ25指数	時価総額対GDP比	ストックホルム30指数	時価総額対GDP比
2008年	247.7	40.4	1,515.7	59.7	662.3	66.0
2009年	336.7	56.6	2,032.6	77.8	951.7	103.7
2010年	457.6	73.1	2,628.5	89.2	1,155.6	120.0
2011年	389.9	57.3	1,942.1	59.5	987.9	95.5
2012年	496.2	68.7	2,210.0	63.6	1,104.7	106.2
2013年	615.5	85.4	2,835.2	79.8	1,333.0	127.9
2014年	744.4	97.5	2,988.1	81.7	1,464.6	135.1
2015年	1,014.2	121.5	3,359.4	89.1	1,446.8	137.3
2016年	884.0	113.0	3,680.1	96.7	1,517.2	140.0
2017年	1,024.2	124.4	3,918.0	99.6	1,576.9	145.2
2018年	891.6	105.7	3,685.2	101.1	1,408.7	124.1

（注）　コペンハーゲン20指数の基準日は89年7月3日（100），ヘルシンキ25指数は88年5月4日（500），ストックホルム30指数は86年9月30日（125）
〔出所〕　Nasdaq OMX

コペンハーゲン指数とストックホルム指数の上位構成銘柄

順位	コペンハーゲン25指数（デンマーク）		ストックホルム30指数（スウェーデン）	
1	ノボノルディスク	製薬	エリクソン	電機
2	ヴェスタス	発電	ボルボ	自動車
3	DSV	物流	H&Mヘネス＆マウリッツ	服飾
4	コロプラスト	医療器具	アッサアブロイ	防犯
5	カールスバーグ	飲料	アトラスコプコ	産業用機械

〔出所〕　Nasdaq OMX Factsheet

バルティック市場の概要

	エストニア		ラトビア		リトアニア	
	タリン指数	時価総額対GDP比	リガ指数	時価総額対GDP比	ビリュニス指数	時価総額対GDP比
2008年	274.8	8.5	271.3	4.8	179.3	8.0
2009年	404.6	13.1	278.9	7.0	261.8	12.0
2010年	698.4	11.4	393.5	5.2	409.7	15.1
2011年	531.2	7.4	371.2	4.1	298.8	10.0
2012年	734.2	9.9	395.9	3.8	355.1	9.0
2013年	817.7	9.9	460.1	4.2	421.6	8.3
2014年	755.1	8.3	408.0	3.6	452.4	9.1
2015年	899.0	9.1	594.4	5.2	486.0	9.0
2016年	1,075.5	10.5	733.8	3.2	558.5	9.0
2017年	1,242.1	10.9	996.1	4.6	653.3	8.9
2018年	1,162.9	10.0	929.0	2.5	616.9	7.4

（注）　タリン指数の基準日は69年6月3日（100），リガ指数とビリュニス指数は99年12月31日（100）
〔出所〕　Nasdaq OMX

139

第7章　株式市場

13．ロシア・中東欧の株式市場　　中東欧諸国の証券取引所は，第二次世界大戦後に各国が当時のソ連を中心とする東側陣営に取り込まれ，計画経済を導入する過程で閉鎖された。その後，1989年のいわゆる「東欧革命」を受けて中東欧諸国の体制が自由化され，市場経済化が進む過程で再開された。

　代表的な中東欧の証券取引所はウィーン証券取引所である。同証取はかつて，CEE証券取引所グループ（CEESEG）と呼ばれる証取連合を，ブダペスト，リュブリャナ，プラハの各証取と組織していた。ただ15年末にはブダペスト証券取引所をハンガリー国立銀行に，リュブリャナ証券取引所を隣国クロアチアのザグレブ証券取引所に売却したことで，現在CEESEGはウィーンとプラハの証取の連合に過ぎなくなった。なおEUに加盟したバルト三国を含む中東欧諸国には，首都を中心にいずれの国にも証券取引所が存在する。

　中東欧諸国の大企業は旧国営企業にルーツを持つものが多い。さらに，そうした大企業の場合，民営化の過程で株式の一部が公開された一方で，西側企業や戦略的投資家による買収を受けたケースも製造業を中心に数多い。買収された企業による資金調達は主に買収した企業による資金移転となる。こうした背景のため，中東欧諸国の株式市場は西欧や北欧諸国の株式市場に比べると発展が遅れている。

　中東欧の大国であるポーランドでは，株式市場が比較的発展している。主要指数であるWIG20指数の上位構成銘柄には，石油ガスのPKNオーレン，銀行のPKOバンク・ポルスキ，鉱物のKGHMといった，中東欧を代表する資源や金融系の企業が名を連ねている。

　ロシアの株式市場に関しては，MICEX指数（ルーブル建て）とRTS指数（米ドル建て）という2つの主要指数がある。上位構成銘柄には石油ガス（ルクオイルやガスプロム，ロスネフチ），金属・鉱業（ノリリスク・ニッケルやアルロサ）などが並び，資源依存度が高いロシアの経済構造が良く反映されている。近年は原油価格の低迷が続いており，それに伴い通貨ルーブルも軟調であるため，米ドル建てのRTS指数は不調である。一方で，ルーブル建てのMICEX指数は，ルーブルの下落がドライバーとなって堅調に推移している。

140

第 7 章 株式市場

中東欧の主な株式市場の概要

	オーストリア		チェコ		ハンガリー		ポーランド	
	ATX 指数	時価総額対 GDP 比	PX50 指数	時価総額対 GDP 比	BUX 指数	時価総額対 GDP 比	WIG20指数	時価総額対 GDP 比
2008年	1,750.8	94.4	858.2	27.1	12,241.7	48.5	1,789.7	36.2
2009年	2,495.6	129.2	1,117.3	32.9	21,227.0	78.2	2,388.7	52.2
2010年	2,904.5	146.9	1,224.8	35.0	21,327.1	76.1	2,744.2	55.1
2011年	1,891.7	107.9	911.1	26.3	16,974.2	56.9	2,144.5	41.0
2012年	2,401.2	124.7	1,038.7	28.1	18,173.2	57.2	2,583.0	45.0
2013年	2,546.5	99.3	989.0	26.7	18,564.1	54.4	2,401.0	50.7
2014年	2,160.1	89.3	946.7	24.1	16,634.0	41.9	2,315.9	72.8
2015年	2,396.9	95.4	956.3	23.9	23,920.6	52.8	1,859.2	60.2
2016年	2,618.4	101.8	921.6	21.9	32,003.0	67.7	1,947.9	59.9
2017年	3,420.1	130.0	1,078.2	24.8	39,377.3	76.8	2,461.2	71.3
2018年	2,745.8	99.2	986.6	400.8	39,138.9	69.7	2,276.6	53.3

(注) ATX 指数の基準日は91年1月2日 (1,000), PX50指数は94年4月5日 (1,000), BUX 指数は91年1月2日 (1,000), WIG 指数は91年4月16日 (1,000)
〔出所〕 CEE Stock Exchange Group, Budapest Stock Exchange, Warsaw Stock Exchange

中東欧3ヶ国の主要株価指数の上位構成銘柄

順位	PX 指数 (チェコ)		BUX 指数 (ハンガリー)		WIG20指数 (ポーランド)	
1	エアステバンク	銀行	OTP 銀行	銀行	PKN オーレン	石油ガス
2	CEZ	電力	MOL	石油ガス	PKOBP	銀行
3	コメルチニー銀行	銀行	ゲデオン・リヒター	製薬	PZU	保険
4	アバスト	ソフトウェア	マジャールテレコム	通信	PEKAO	銀行
5	モネタ・マネー・バンク	銀行	OPUS グローバル	建設	SANPL	銀行

(注) PX 指数は19年4月30日, BUX 指数は19年6月7日時点, WIG 指数は18年12月30日時点
〔出所〕 CEE Stock Exchange Group, Budapest Stock Exchange, Warsaw Stock Exchange

ロシアの株式市場の概要

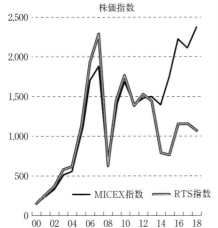

(注) MICEX 指数の基準日は97年9月22日, RTS 指数は95年9月1日 (共に100)
〔出所〕 Moscow Exchange

MICEX/RTS 指数の上位構成銘柄

	企業名	業種	構成比率 (%)
1.	ルクオイル	石油ガス	16.0
2.	ズベルバンク	金融	14.2
3.	ガスプロム	石油ガス	12.4
4.	ノリリスク・ニッケル	金属, 鉱業	6.3
5.	ノヴァテク	石油ガス	5.2
6.	ロスネフチ	石油ガス	4.9
7.	タトネフチ	石油ガス	4.4
8.	ヤンデックス	小売	3.3
9.	マグニト	小売	2.7
10.	アルロサ	鉱物	2.3

(注) Factsheet の19年3月号時点
〔出所〕 Moscow Exchange

141

第8章　公社債市場

1．概要　欧州における公社債市場について，まずユーロ圏諸国を中心に見ていくことにする。右上の図表は，ユーロ圏における居住者による短期公社債残高を示している。銀行による債券発行残高が多く，5,410億ユーロとなっている。ついで，中央政府による債券発行残高が4,350億ユーロとなっている。

右中の図表は，同じくユーロ圏居住者による長期公社債残高であり，中央政府による債券残高（国債残高）が最も多く，2016年における6兆6,840億ユーロから，19年には7兆680億ユーロに増加している。次項でも見るように，ドイツでは財政黒字が続いて，国債発行も増加していないが，フランス，スペイン，イタリアでは財政支出拡大傾向が続き，財政赤字となっている。このため，国債残高も増加している。政治におけるポピュリズムの支持拡大で，財政支出が拡大するバイアスが働いていると見られる。

右中の図表に示されるように，国債に次いで，銀行債の発行残高が高く，19年には3兆7,110億ユーロである。詳細は銀行債の項目で説明するが，まず欧州の銀行は，日本の銀行に比べて，資金調達において債券発行の比重が高く，相対的に預金の比重が低い。これは，リーマン・ショックのような市場の混乱（市場金利の上昇等）が発生した場合，欧州の銀行は影響を受けやすいことを意味している。

また，銀行以外の金融機関（非銀行金融機関）による債券発行残高も3兆2,070億ユーロと，銀行債に準じている。銀行と非銀行金融機関による債券（金融債）発行残高を合計すると，6兆9,180億ユーロであり，中央政府債券（国債）残高7兆680億ユーロに匹敵している。非金融法人による債券発行（社債）は1兆2,090億ユーロ，また「その他政府」（州，市町村等）による債券発行（地方債）は6,250億ユーロとなっている。国債や金融債に比べて，相対的に少ない。

右下の図表は，ユーロ圏居住者のよる公社債残高（長期・短期合計）と株式残高を示している。額面ベースであるから，株式の比重が小さくなりがちである。銀行と非銀行法人の公社債残高合計は8兆9,120億ユーロで，金融機関と非金融法人の上場株式合計7兆4,830億ユーロを上回っている。欧州では，企業金融においても，株式よりも債券の比重が大きいと見られる。

142

第8章　公社債市場

ユーロ圏居住者による短期公社債残高

(10億ユーロ)

	銀行	非銀行金融機関	非金融法人	中央政府	その他政府
2016	518	136	59	466	62
2017	519	156	70	438	57
2018	505	155	72	424	47
2019	541	157	87	435	58

(注)　額面ベース，2019年は1月現在。
〔出所〕　ECB, *Economic Bulletin*, Issue3, 2019から作成。

ユーロ圏居住者による長期公社債残高

(10億ユーロ)

	銀行	非銀行金融機関	非金融法人	中央政府	その他政府
2016	3,695	3,233	1,126	6,684	641
2017	3,560	3,109	1,186	6,865	642
2018	3,688	3,208	1,211	7,020	626
2019	3,711	3,207	1,209	7,068	625

(注)　額面ベース，2019年は1月現在。
〔出所〕　ECB, *Economic Bulletin*, Issue3, 2019から作成。

ユーロ圏居住者による公社債・上場株式の残高

(10億ユーロ)

	公社債			上場株式	
	銀行	非銀行法人	一般政府	金融機関	非金融法人
2016	4,213	4,554	7,854	1,618	5,472
2017	4,080	4,520	8,004	1,862	6,093
2018	4,193	4,646	8,117	1,564	5,463
2019	4,253	4,659	8,187	1,672	5,811

(注)　額面ベース，2019年は1月現在。
〔出所〕　ECB, *Economic Bulletin*, Issue3, 2019から作成。

143

第8章　公社債市場

2．財政と公債　ここでは，政府の財政と公債（国債，地方債）について見ていく。右上の図表は，欧州主要国の財政収支対 GDP 比率を示している。ドイツでは，2013年に−0.1％であったが，14年に0.6％と黒字に転換し，18年には1.7％と黒字を拡大させている。ドイツではメルケル政権によっても財政黒字が指向され，財政支出は抑制されてきた。他方で，フランスでは同時期に，−4.1％から−2.5％へと財政赤字は縮小してきた。フランスの指標は改善してきたが，18年現在でも−2.5％と財政赤字が大きい。イタリアにおいても，財政収支は−2.9％から−2.1％に改善されてきたが，フランス，スペインについで財政赤字が大きい。

右中の図表は，日米を含み，主要国の財政持続性指標である。まず債務残高の対 GDP 比率であるが，欧州ではイタリアが最高水準で133.4％となっている。ついでフランスが99.2％，スペインが96％と続いている。イタリアの財政プライマリー・バランス（利払いを除く収支）は黒字であり，過去の債務残高が大きいため，利払い等で財政赤字となってきた。他方で，ドイツの債務残高比率は56.9％と，マーストリヒト基準60％を下回っている。ドイツは財政黒字だけではなく，貿易収支や経常収支も黒字であり，ユーロ圏内部だけでなく，米国からも批判されやすい。

次いで，政府証券平均残存期間を見ると，主要国のなかで，イギリスがずば抜けて，高いことがわかる。イギリスの政府証券平均残存期間は15年であり，日米を含み，かなり長期である。イギリスでは，歴史的に年金基金や生命保険が発達してきたため，長期性資金を有する国債投資家が存在している。

非居住者による保有比率を見ると，欧州では日米に比べて高い。ドイツでは52.2％，フランスでは53.8％，スペインでは49.7％となっている。ユーロ圏内であっても，自国以外の投資家による保有は非居住者とされている。

ユーロ危機は沈静化したが，イタリア国債利回りは3％台であり，ドイツ国債利回りとのスプレッドは3ポイント程度ある。イタリア財政の赤字が懸念される局面では，市場が不安定化することもある。

右下の図表は，絶対額で GDP と政府債務額を見ている。政府債務の絶対額はイタリアとフランスが2兆3,000億ユーロを超えて，ドイツを超えている。

144

第8章 公社債市場

欧州諸国の財政収支対 GDP 比率

(%)

	2013	2014	2015	2016	2017	2018
ドイツ	-0.1	0.6	0.8	0.9	1	1.7
フランス	-4.1	-3.9	-3.6	-3.5	-2.8	-2.5
イタリア	-2.9	-3	-2.6	-2.5	-2.4	-2.1
スペイン	-7	-6	-5.3	-4.5	-3.1	-2.5
イギリス	-5.3	-5.3	-4.2	-2.9	-1.9	-1.5

〔出所〕 Eurostat から作成。

主要国の財政持続性指標

(%, 年)

	イタリア	ドイツ	フランス	スペイン	オランダ	イギリス	日本	米国
債務残高対 GDP 比	133.4	56.9	99.2	96	52	85.7	237.5	106.7
政府証券平均残存期間	6.7	5.9	7.5	7.4	7.2	15	8	5.7
公債・非居住者保有比率	30.5	52.2	53.8	49.7	42.1	32.5	10.6	30.3
長期国債利回り	3.28	0.3	0.76	1.54	0.5	1.42	-	-

(注) 1. ギリシャの債務残高対 GDP 比は174.2%, 長期国債利回りは4.36%。
2. 長期国債利回りは2018年第四四半期で, Eurostat による。

〔出所〕 Banca D'Italia, *Financial Stability Report* 等から作成。

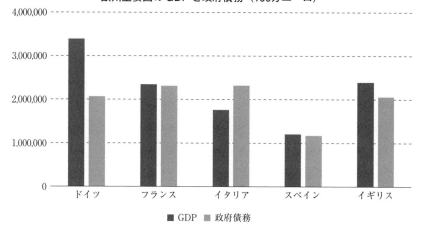

欧州主要国の GDP と政府債務 (100万ユーロ)

〔出所〕 Eurostat から作成。

145

第8章　公社債市場

3．イギリスの国債市場　　主要国の国債市場について，個別で見ていく。まず，イギリスの国債について検討する。右上の図表は，イギリスにおける中央政府国債（ポンド建て）の残高構成を示している。公的保有は除かれているが，総額1兆5,475億ポンド（2018年末現在，以下同じ）である。イギリスの国債は，財務省証券，ギルト債，物価連動国債，NS&I（National Saving & Investment）から構成されている。

　財務省証券（Treasury Bills）は満期1年未満の短期国債である。イギリスはインフレの国であり，財務省証券が過剰流動性としてインフレ要因となるリスクが認識され，現在は構成比3％（565億ポンド）となっている。ギルト国債は，イギリスにおける普通国債の名称である。超短期ギルト債は，発行年限が1～3年で，残高2,544億ポンド，構成比15％である。短期ギルト債は，発行年限が3～7年，同じく2,417億ポンド，14％である。中期ギルト債は7～15年，1,638億ポンド，9％である。長期ギルト債は15年以上，4,047億ポンド，24％である。また物価連動国債は，インフレ分を元本に上乗せする国債であるが，4,264億ポンド，25％である。また NS&I は，かつての Post Office Saving Bank の流れを組むが，1,656億ポンド，10％である。

　右中の図表は，イギリス国債の保有構造を示している。イギリスでは，最大の国債保有者は，保険会社・年金基金であり，6,116億ポンド，31.4％を保有する。イギリスで保険・年金が最大の投資家となった背景としては，第二次大戦後に福祉国家が志向され，年金等に税制優遇されたこと等がある。次いで，海外投資家による保有は5,516億ポンドで，28.3％となっている。イギリスの EU 離脱問題で，ポンドの為替レートは低下してきたが，国債の海外投資家による保有比率は，上昇してきた。第3位は，イングランド銀行（Asset Purchase Facility）であり，4,641億ポンド，28.3％を保有する。イギリスでも量的緩和政策が実施されてきたが，イングランド銀行とは別法人の APF が購入してきた。

　右下の図表は，イギリス国債の流通市場における売買代金を示している。伝統的に，イギリスでは，国債取引も取引所取引とされてきた。実態としては，従来からも MM 制であったが，今日では名実ともに MM 制で取引され，業者間市場となって，イギリス国債取引金額は増加している。

146

第8章　公社債市場

中央政府国債（ポンド建て）残高構成（2018年末現在）

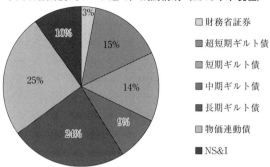

〔出所〕　HM Treasury, *Debt Management Report 2019-2020*, March 2019から作成。

イギリス国債の保有構造

（100万ユーロ，％）

	2018Q1	2018Q2	2018Q3	2018Q4	2018Q4（％）
保険会社・年金基金	609,021	606,573	601,510	611,621	31.4
海外	535,995	535,681	524,787	551,557	28.3
イングランド銀行（APF）	462,586	469,518	458,631	464,092	23.8
その他金融機関	161,055	171,357	158,515	176,414	9.1
銀行	152,786	155,277	147,082	136,548	7
家計	7,951	8,145	7,957	7,715	0.4
地方政府・公社	726	717	819	731	0
合計	1,930,120	1,947,268	1,899,301	1,948,678	100

〔出所〕　Debt Management Office, *Quarterly Review*, January-March 2019から作成。

イギリス国債の流通市場における売買代金

（10億ポンド）

年度	短期国債	中期国債	長期国債	物価連動国債	合計
2010	1,691	2,073	991	485	5,240
2011	2,280	2,753	1,541	689	7,263
2012	2,308	2,659	1,488	757	7,213
2013	2,391	2,555	1,356	690	6,992
2014	2,145	2,506	1,646	898	7,196
2015	1,805	2,313	1,615	880	6,613
2016	1,717	2,670	1,822	1,078	7,288
2017	2,201	2,817	1,773	1,493	8,284

〔出所〕　Debt Management Office, *Annual Review*, 2017-18から作成。

第8章　公社債市場

4．ドイツの国債市場　　ドイツでは財政黒字が続いており，新規に資金調達のために発行される国債は近年ゼロとなっている。他方で，欧州中央銀行（ECB）による国債買取プログラム（PSPP）が実施されており，しかも ECB への出資比率に応じて購入してきた。したがって，ECB により，ドイツ国債が中心となって買い取られてきた。結果として，ドイツ国債の流通残高は不足しがちで，流通利回りも低下しがちとなってきた。

右上の図表は，ドイツ国債の残高構成を示している。財務省証券（略称はBubills，正式名称は Unverzinsliche Schatzanweisungen）は年限1年未満の割引債であるが，131億ユーロ，残高構成比1％（2019年3月現在，以下同じ）である。短期国債（同じく Schatz, Bundesschatzanweisungen）は年限2年で，944億ユーロ，8％である。中期国債（同じく Bobles, Bundesobligation）は年限5年で，1,878億ユーロ，15％である。長期国債（同じく Bund, Bundesanleihen）は年限10年で，5,752億ユーロ，48％である。超長期国債（同じく Bund, Bundesanleihen）は年限30年で，2,321億ユーロで，19％である。その他には，物価連動国債（ILB, Inflationsindexierte Anleihe）等が含まれるが，1,041億ユーロ，9％となっている。

右中の図表は，ドイツ公債（地方債を含む）の保有構造である。最大の公債投資家は海外投資家で9,848億ユーロで，47.7％を保有している。次いで，国内銀行による保有が，4,935億ユーロで，23.9％となっている。ただし，このデータの場合，地方債が含まれる。近年，ドイツ連邦銀行による国債保有が増加しており，3,647億ユーロ，17.7％に達している。もともと，ドイツでは中央銀行による国債保有には慎重であったが，ECB による量的緩和と国債購入により増加してきた。14年にはドイツ連邦銀行による保有額は128億ユーロであったが，18年には3,647億ユーロと28倍以上に急増した。

右下の図表はドイツ国債の流通市場における売買代金と流通利回り（残存期間9〜10年）を示している。ドイツでは，国債は形式的にドイツ取引所に上場されているが，取引所取引はごく一部である。実質的には，大手銀行など業者間売買（店頭）で国債は取引されており，図表は業者間売買を示す。14年には4兆8,690億ユーロであったが，18年には4兆6,940億ユーロと減少した。

148

第8章 公社債市場

ドイツ連邦国債残高構成

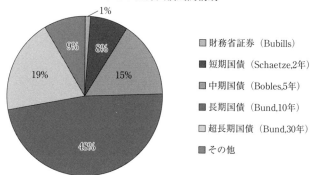

〔出所〕 Deutsche Bundesbank, *Kapitalmarktstatistik*, April 2019から作成。

ドイツ公債の保有構造

(100万ユーロ)

	2014	2015	2016	2017	2018
独連邦銀行	12,774	85,952	205,391	319,159	364,731
国内銀行	630,752	617,681	594,765	547,973	493,533
非銀行金融機関	190,130	186,661	179,755	175,617	181,077
その他国内	44,949	45,028	41,737	38,678	39,043
海外	1,333,675	1,246,650	1,144,243	1,033,970	984,788
合計	2,212,280	2,181,972	2,165,891	2,115,397	2,063,172

〔出所〕 Deutsche Bundesbank, *Monthly Report 2019 April* から作成。

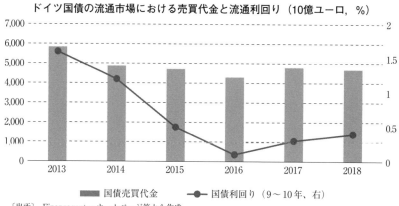

〔出所〕 Finanzagentur ホームページ等から作成。

149

第8章　公社債市場

5．イタリアの国債市場　　イタリアの財政は赤字が続き，債務残高の増加傾向も続いている。債務残高の金額はヨーロッパで最大であり，財政支出の増加や銀行の経営不安等が懸念されると，イタリア国債の流通利回りが上昇し，ドイツ国債とのスプレッド（利回り格差）が拡大する。

右上の図表は，イタリア国債の残高構成である。財務省証券（BOT, Treasury Bills）は発行年限1年未満で，割引発行され，残高1,167億ユーロ（2019年4月現在，以下同じ），構成比5.8％である。ゼロクーポン国債（CTZ, Zero Coupon Treasury Bonds）は，発行年限が1年で，表面利率はゼロで，割引発行され，残高601億ユーロ，構成比は3％である。財務省証書（CCT／CCTeu, Treasury Certificates）は発行年限は5年または7年で，半年ごとに表面利率が入札で変動する，あるいは6か月ユーロ短期金利（Euribor）に利回りが連動する。財務省証書の残高は1,345億ユーロ，構成比は6.7％である。中長期国債（BTP, Treasury Bonds）の発行年限は3～50年と幅広く，半年ごとに固定された表面利率で割引発行される。中長期国債の残高は1兆4,257億ユーロ，構成比は71％となっている。物価連動国債には二種類あり，ユーロ圏の物価に連動するBTPs€i(indexed)は残高1,584億ユーロ，構成比7.9％である。またイタリアの物価に連動するBTP Italia(indexed)は残高725億ユーロで，構成比3.6％である。この他に，外債が388億ユーロ，1.9％ある。

右中の図表は，イタリア公債（一般政府，地方債含むが，証券形態）の保有構造である。最大の保有者は非居住者（海外投資家）であり，6,455億ユーロ，32.2％を保有している。次いで，国内非金融機関であり，4,608億ユーロ，23％を保有している。また国内銀行も4,030億ユーロ，20.1％を保有している。イタリア中央銀行の保有も，ECBの国債買取りのため，4,002億ユーロ，20％まで上昇している。

右下の図表は，イタリア国債の流通市場における売買代金と売買回転率を示す。イタリア国債の流通市場は，MOTとMTSからなる。MOTとは，イタリア取引所（Borsa Italiana）によって運営される，電子取引システムである。他方，MTSとは，国債のホールセール市場であり，現金取引（スポット取引），レポ取引，ストリップス（クーポン分離）取引から構成されている。

第 8 章　公社債市場

イタリア国債の残高構成

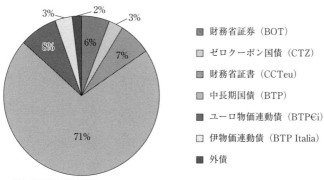

(注)　2019年4月末現在。
〔出所〕　Dipartimento del Tesoro（イタリア財務省）ホームページから作成。

イタリア公債の保有構造

(100万ユーロ，%)

	2017	2018	2019	2019（%）
イタリア中央銀行	363,272	396,872	400,228	19.97
国内銀行	333,522	384,082	403,031	20.11
国内非銀行金融機関	428,949	445,938	460,792	22.99
その他居住者	106,596	106,646	94,812	4.73
非居住者	681,010	629,882	645,537	32.21
計	1,913,349	1,963,420	2,004,400	100

(注)　一般政府，証券形態ベース。2019年は2月現在。
〔出所〕　Banca D'Italia, *The Public Finance: Borrowing Requirement and Debt* から作成。

イタリア国債の流通市場における売買代金と回転率（100万ユーロ，%）

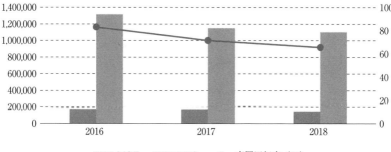

〔出所〕　Banca D'Italia, *The Financial Market*, 15 May 2019から作成。

151

第8章　公社債市場

6．銀行債（1）—カバードボンド—　　以下では，銀行債について説明する。すでに明らかにしたように，欧州では銀行など金融機関による債券発行が高い比率を占めている。

右上の図表は，ユーロ圏における銀行の資金調達構成を示している。銀行の資金調達において，企業や家計による預金は12兆20億ユーロで，構成比43.7％となっている。これに対し，債券による調達は2兆2,030億ユーロで，構成比8％となっている。またレポ取引による調達も2,700億ユーロで，1％前後となる。

欧州における銀行の債券発行で，主要な債券がカバードボンドであり，債券発行全体の過半近いと見られる。カバードボンドとは，銀行の貸出債権を担保に発行される債券である。資産担保証券など証券化では，貸出債権がSPV（特定目的会社）に売却され，銀行のバランスシートから除去される（オフバランス）。しかし，カバードボンドでは，貸出債権がオンバランスのまま（銀行の債権のまま），貸出債権を担保として債券が発行される。

右中の図表は，カバードボンドの残高推移（イギリス，カナダ等を含む）を示している。欧州では，州政府や市町村などに銀行が貸出することが多かった。最近では，証券形態の地方債が増加しているが，歴史的には地方政府が銀行借入することが多かった。公的部門でのカバードボンドは，2012年に5,440億ユーロあり，17年には3,126億ユーロに減少している。地方政府向けの銀行貸出が減少するに伴い，公的部門向け貸出債権を担保としたカバードボンドも減少してきたと見られる。カバードボンドは，住宅モーゲージ（住宅ローン貸出債権）を担保とするものが，2兆ユーロに達し，カバードボンドのほとんどを占めている。ヨーロッパの銀行貸出において，住宅ローンの比重は高く，またECBによる金融緩和で住宅需要は高まっている。船舶向けのカバードボンド残高は136億ユーロ（12年）から減少し，74億ユーロ（17年）となった。ドイツ北部などでは，船舶や海運業向けの銀行貸出が多く，不良債権化してきた。

右下の図表は欧州の国別（担保所在地）カバードボンド残高を示す。デンマークが最も多く，ドイツ，フランス，スペインが続いている。ユーロ危機前のスペイン別荘ブームで，住宅モーゲージが増加し，スペインでカバードボンドが増加する一因になったと見られる。

152

第8章　公社債市場

ユーロ圏銀行の資金調達構造（10億ユーロ）

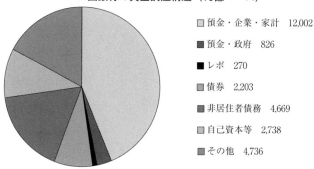

- 預金・企業・家計　12,002
- 預金・政府　826
- レポ　270
- 債券　2,203
- 非居住者債務　4,669
- 自己資本等　2,738
- その他　4,736

〔出所〕Deutsche Bundesbank, *Monthly Report* April 2019から作成。

カバードボンドの残高推移

(100万ユーロ)

貸出債権	2012	2013	2014	2015	2016	2017
公的部門	543,977	464,761	408,617	371,530	335,525	312,556
住宅モーゲージ	2,254,388	2,131,211	2,088,468	2,116,116	2,146,478	2,139,770
船舶	13,571	11,306	9,824	10,379	8,295	7,367
その他	506	506	1,006	1,006	1,006	505
合計	2,812,442	2,607,784	2,507,915	2,499,031	2,491,304	2,460,198

(注)　イギリスの他，カナダ等も含む。2017年現在。
〔出所〕ECBC, *European Covered Bond Fact Book 2018*から作成。

欧州諸国でのカバードボンド残高（100万ユーロ）

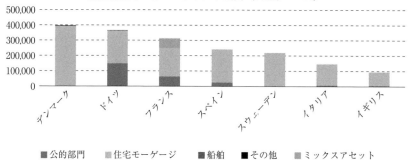

(注)　2017年現在。
〔出所〕ECBC, *European Covered Bond Fact Book 2018*から作成。

153

第8章　公社債市場

7．銀行債（2）―優先債（シニア），劣後債，証券化―　　ここでは，銀行債に関連して，優先債，劣後債，証券化について説明する。欧州の銀行債の過半はカバードボンドと見られるが，残りの多くは優先債，劣後債として発行されている。優先債とは弁済順位で優先される債券で，劣後債とは弁済順位で劣る債券である。劣後債は自己資本に準じることもあり，通常は利回りが高い。日本と異なり，欧州では，銀行の資金調達において債券の比重が高いうえ，銀行の破綻もしばしば発生している。このため，銀行債の優先（シニア）・劣後（ジュニアまたは subordinated）構造は重要な意味を有している。2013年にギリシャ危機がキプロスに伝播し，EU によるキプロス救済策が検討されたが，救済の条件として，優先債や劣後債の債権放棄が含まれていた。

　右上の図表は EU における銀行による優先債・劣後債発行額を示している。優先債は09年に2,100億ユーロ発行され，18年には970億ユーロまで減少している。劣後債は08年に400億ユーロ発行され，18年には240億ユーロとなっている。優先債は減少傾向にあるが，劣後債は200〜300億ユーロの発行額が続いている。バーゼルⅢ（BIS 自己資本比率規制）において，広義の自己資本に一部の劣後債が含まれることも影響していよう。

　右中の図表はイタリアにおける銀行債の保有者と満期構成を示している。イタリアにおける銀行債残高合計は3,026億ユーロであるが，家計による保有額が765億ユーロと最大であることが注目される。ついで発行体のグループ銀行による保有が399億ユーロと，これに次いでいる。また満期構成を見ると，3〜4年（22〜23年満期）が844億ユーロ，5〜9年（24〜28年満期）が844億ユーロと多くなっている。劣後債については，合計で355億ユーロで，全体の約12％となっている。

　銀行は貸出債権を売却して，証券化し，資金を調達することも可能である。右下の図表は欧州主要国における証券化残高を示す。最大の残高を有するのは，イギリスであり，合計3,214億ユーロある。内訳を見ると，RMBS（住宅モーゲージ担保証券）が中心になっている。イギリスではカバードボンドは少なく，証券化が多くなっている。ついでオランダが1,700億ユーロ，スペインが1,530億ユーロとなっている。

154

第8章　公社債市場

EUにおける銀行による優先債・劣後債発行額（10億ユーロ）

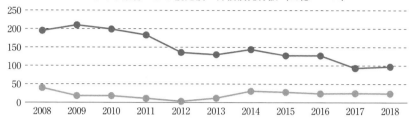

（注）　1年未満の短期債、証券化を除く。EU28か国でイギリス含む。
〔出所〕　ESRB, *ESRB Risk Dashboard*, 7 March 2019から作成。

イタリアにおける銀行債の保有者と満期構成（2019年3月現在）

（100万ユーロ）

	満期					合計
	2019年	2020〜21年	2022〜23年	2024〜28年	2028年〜	
家計	14,015	24,454	18,698	18,955	392	76,515
（うち劣後債）	1,249	3,289	2,278	4,843	252	11,911
発行体グループの銀行	4,009	10,109	10,286	12,142	3,332	39,877
（うち劣後債）	5	389	93	728	10	1,225
その他国内銀行	1,338	5,951	5,256	5,260	387	18,191
（うち劣後債）	40	136	140	607	98	1,021
その他投資家	16,798	42,001	50,175	48,024	10,985	16,984
（うち劣後債）	1,249	2,785	3,375	10,659	3,235	21,303
合計	36,160	82,515	84,415	84,381	15,096	302,567
（うち劣後債）	2,542	6,599	5,886	16,838	3,595	35,460

（注）　額面ベース。
〔出所〕　Banca D'Italia, *Financial Stability Report*, No.1 2019から作成。

欧州主要国の証券化残高（10億ユーロ）

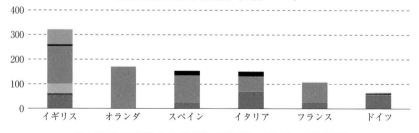

（注）　2018年末現在。国別区分は担保所在地による。
〔出所〕　AFME, *Securitisation Data Report*, Q4 2018から作成。

155

第8章　公社債市場

8．債券レポと債券先物　欧州の銀行によって，債券レポ取引（売り戻し条件付き債券売買取引）が活発に行われている。ドイツ連銀によると，ドイツの銀行による資金調達の5％程度（2013年現在）がレポ取引である。

右上の図表は欧州におけるレポ取引を示している。リーマン・ショック以降，レポ取引は減少する傾向にあったが，12年に11兆2,580億ユーロから18年には15兆900億ユーロに増加している。レポ取引にはレポとリバースレポから成るが，レポの比率は概ね48〜49％で推移している。

リーマン・ショック前には，ドイツの大手銀行では短期資金調達の60％をレポが占めた，と言われる。リーマン・ショック前には，レポのなかでも，双方向（bilateral）の業者間（店頭）取引が多かったが，リーマン後には仲介者が入る（triparty）取引が増加し，仲介者は取引所となっている。

右中の図表はレポ取引の担保内訳を示している。政府証券が47％と半分近くを占めている。政府証券のなかでも，ドイツ，フランス，イタリアの国債が中心になっている。政府証券に次いで，社債の比重が高く，16％となっている。さらに，政府機関債が9％，カバードボンドが8％となっている。欧州のレポ取引では，債券がレポ担保の中心になっている。中央清算機関（取引所が中心）経由でのレポ取引では，担保の証券を再担保に入れることができない。このため，中央清算機関経由でのレポ取引参加者は，安全志向が強く，ドイツ国債等の格付けが高い政府証券を担保とする傾向にある。

ドイツでは現物国債の取引は，実質的に業者間（店頭）取引が中心であるが，国債先物の取引は，Eurex取引所（ドイツ取引所の100％子会社）で取引されている。Eurexはデリバティブの電子取引システムを運営しており，世界有数のデリバティブ市場である。Eurexでは，ドイツ国債先物の他，イタリア国債先物も取引されている。右下の図表は，Eurexにおける独・伊国債先物取引金額と取引枚数を示している。13年には取引金額は66兆ユーロであったが，18年には88兆ユーロまで増加している。ドイツの現物国債売買代金は4.7兆ユーロ（18年）であったから，国債先物の取引規模は国債現物の15倍以上になっている。先物のほうが流動性が高いこと，長期金利のリスクヘッジのニーズが高まっていること，等が要因と見られる。

156

第8章　公社債市場

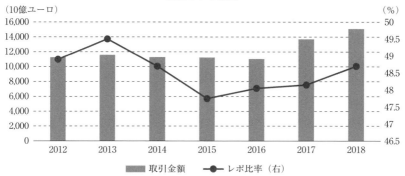

欧州のレポ取引

〔出所〕ICMA, *European Repo Market Survey*, December 2018から作成。

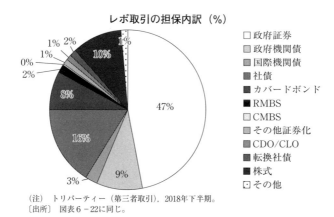

レポ取引の担保内訳（％）

（注）トリパーティー（第三者取引），2018年下半期。
〔出所〕図表6－22に同じ。

Eurexにおける独・伊国債デリバティブ取引（100万ユーロ，100万枚）

〔出所〕*Eurex Monthly Statistics* から作成。

157

第9章　デリバティブ市場

1．概観　欧州のデリバティブ市場では現物市場よりも市場統合が進んでおり，ドイツの EUREX とイギリスの ICE Futures Europe（ICE ヨーロッパ）を中心とした二極化の様相を呈している。かつては EUREX でのユーロ建てドイツ長期国債（BUND），LIFFE（現 ICE ヨーロッパ）でのユーロ建て短期金利（Euribor）が二大商品であったが，EUREX でのユーロ導入国の優良銘柄からなる株価指数（Euro STOXX 50）も第三の商品へと成長している。

　まず，欧州におけるデリバティブ取引所の歩みを振り返ってみると，1978年にオランダでヨーロピアン・オプション取引所（EOE）が開設され，イギリスではロンドン証券取引所の一部門としてロンドン流通型オプション市場（LTOM）が取引を開始し，82年にはイギリスでロンドン国際金融先物取引所（LIFFE）が開設された。そして，フランスで86年にパリ国際金融先物取引所（MATIF）が開設され，87年にはパリ取引所の子会社としてパリ流通型オプション市場（MONEP）が取引を開始した。さらに，88年にはスイス金融先物・オプション取引所（SOFFEX）が開設されたが，SOFFEX は当初から取引フロアを持たない完全にコンピュータ化された取引所であり，90年に取引を開始したドイツ金融先物・オプション取引所（DTB）も SOFFEX のシステムに改良を加えたコンピュータ化された取引所であった。

　これらの取引所の中で80年代は LIFFE の取引が活発であったが，一時は MATIF が LIFFE を上回ったこともあった。そして，88年に LIFFE がドイツ長期国債（BUND）先物を上場してから LIFFE が他の取引所を圧倒することになったが，97年後半から BUND 先物は LIFFE から DTB へと流出し，98年に DTB と SOFFEX が合併してできた EUREX が LIFFE を上回ることになった。コンピュータ取引所 EUREX の躍進は既存の取引所に危機感を与え，LIFFE，MATIF，MONEP など，欧州の主要なデリバティブ取引所はすべてコンピュータ取引へと移行した。さらに，2000年のパリ取引所，アムステルダム取引所，ブリュッセル取引所の経営統合による Euronext の誕生，03年の Euronext による LIFFE 買収，14年の ICE ヨーロッパによる LIFFE の吸収合併でデリバティブ取引所をめぐる勢力地図も塗り替わることになった。

158

第9章　デリバティブ市場

上場株式／指数先物・オプション売買高 (2018)

取引所	国	Trading Days	Stock Options 契約数	Stock Options 想定元本 (百万ユーロ)	Single Stock Futures 契約数	Single Stock Futures 想定元本 (百万ユーロ)	Stock Index Options 契約数	Stock Index Options 想定元本 (百万ユーロ)	Stock Index Futures 契約数	Stock Index Futures 想定元本 (百万ユーロ)
Derivatives Market	ギリシャ	249	11,679	3.4	12,881,834	1,614.2	81,325	324.4	728,272	2,546.7
Spanish Exchanges (BME)	スペイン	254	20,237,872	15,412.0	11,175,006	5,848.0	4,183,154	39,803.0	7,906,180	622,179.0
Budapest Stock Exchange	ハンガリー	244	0	0.0	160,406	990.2	0	0.0	391,496	496.4
EUREX	ドイツ	258	188,891,952	777,036.8	176,257,728	545,331.6	419,177,376	14,177,721.0	512,437,984	22,151,902.0
Euronext		255	74,633,232	250,130.0	1,104,916	4,015.0	19,046,930	2,623,042.0	37,646,880	5,708,437.0
ICE Futures Europe		259	14,955,606	196,829.0	102,738,408	3,107,980.0	12,911,705	14,040.0	102,675,560	3,314,300.0
NASDAQ OMX Nordic	デンマーク／スウェーデン／フィンランド／アイスランド	252	21,504,234	27,005.2	3,725,479	5,194.4	6,745,132	102,376.4	42,318,184	622,588.9
Oslo Bors	ノルウェー	233	1,985,921	2,912.0	663,211	538.7	921,751	40,791.0	2,525,786	19,140.2
Warsaw Stock Exchange	ポーランド	247	n/a	n/a	1,296,270	2,123.1	292,949	1,583.5	4,529,902	48,480.2
TOTAL			322,220,496	1,269,328.4	310,003,258	3,673,635.2	463,360,322	16,999,681.3	711,160,244	32,490,070.4

上場金利先物・オプション売買高 (2018)

取引所	国	Trading Days	Bond Options 契約数	Bond Options 想定元本 (百万ユーロ)	Bond Futures 契約数	Bond Futures 想定元本 (百万ユーロ)
EUREX	ドイツ	258	77,384,120	11,024,285.0	551,074,820	77,150,328.0
ICE Futures Europe		259	81,836,792	61,526,488.0	516,306,912	357,373,760.0
NASDAQ OMX Nordic	デンマーク／スウェーデン／フィンランド／アイスランド	252	9,371,396	912,938.4	16,159,126	1,577,374.0
Warsaw Stock Exchange	ポーランド	247	n/a	n/a	1	202.0
TOTAL			168,592,308	73,463,711.4	1,083,540,859	436,101,664.0

（出所）　Federation of European Securities Exchange ホームページ

第9章 デリバティブ市場

2．EUREX（1）　　ドイツで店頭市場において株式オプション取引が開始されたのは1970年，債券オプション取引が開始されたのは86年であったが，先物取引やオプション取引に対する法律上の不備から長い間，日の目を見ることはなかった。しかし，米国で始まった取引所での金融商品を対象とした先物取引やオプション取引は欧州にも広まり，イギリスのLIFFEでドイツ長期国債（BUND）先物取引が上場されるに及んでドイツでも金融先物・オプション取引所の設立が緊急の課題となった。88年にドイツ証券取引所連合は金融先物・オプション取引所DTB（Deutshe Terminbörse）の創設を決議し，スイスのSOFFEXの取引システムに改良が加えられ，90年1月26日から株式オプション取引がDTBで開始された。

　BUND先物は90年11月にDTBで取引が開始されてからもLIFFEが中心市場であり，90年代におけるLIFFEの急成長の原動力であった。ところが，通貨統合後の欧州の金融市場の中心となることを狙ったDTBによって実施された手数料免除やコンピュータ取引の優位を唱えるキャンペーン等が功を奏して97年後半からBUND先物はLIFFEからDTBへと流出し，98年後半にはLIFFEでの取引はほとんどなくなってしまった。

　EUREXはDTBの親会社であるドイツ取引所（93年1月傘下入り）とSOFFEXの親会社であるスイス取引所の合意に基づいて97年1月に両取引所の50％出資による子会社として誕生し，97年9月にDTBとSOFFEXの取引システムと清算機関を統合する計画を発表した。98年5月にはDTBの会員にEUREXリリース1.0が導入され，99年から始まるユーロ建て取引と通貨統合に参加しないスイス・フラン建て取引のためにマルチ・カレンシー清算システムが利用可能となった。98年9月14日にはDTBの会員に，9月28日にはSOFFEXの会員にEUREXリリース2.0が導入され，両取引所の取引規則・取引システム・清算システムは完全に統合された。そして，EUREXは99年には世界最大の先物・オプション取引所となった（なお，12年にEUREXはドイツ取引所の完全子会社となっている）。

　他方，EUREXは04年にUS先物取引所（EUREX US）を開設し，米国国債を対象とした商品を導入したが，06年には実質的に撤退した。そして，07年12月には当時米国最大の株式オプション取引所ISE（International Securities Exchange）を買収したが，16年にはナスダックに売却している。

160

第9章　デリバティブ市場

EUREX の主要商品売買高（契約数）

取引対象	2018年契約数	（構成比）	対前年変化率
Euro-BUND Future（ドイツ）	202,027,816	10.35%	3.3%
Euro-BOBL Future（ドイツ）	138,001,817	7.07%	1.9%
Euro-SCHAZT Future（ドイツ）	108,326,655	5.55%	26.0%
Option on Euro-BUND Future（ドイツ）	43,572,017	2.23%	2.1%
Euro-OAT（フランス）	37,970,925	1.95%	5.6%
Euro-BTP（イタリア）	30,283,789	1.55%	4.6%
Option on Euro-SCHAZT Future（ドイツ）	19,444,653	1.00%	12.3%
Short Term Euro-BTP（イタリア）	18,116,789	0.93%	48.7%
Euro-Buxl（ドイツ）	16,009,717	0.82%	11.6%
Option on Euro-BOBL Future（ドイツ）	12,012,901	0.62%	-7.0%
Fixed Income Derivatives 合計	628,458,932	32.20%	8.0%
Euro Stoxx 50 Future	318,635,725	16.33%	12.9%
Euro Stoxx 50 Option	273,634,066	14.02%	4.0%
Euro Stoxx Banks Future	73,510,289	3.77%	32.3%
Euro Stoxx Banks Option	46,613,902	2.39%	37.3%
Kospi 200 Option（韓国）	38,604,669	1.98%	48.0%
DAX Future（ドイツ）	26,563,806	1.36%	23.3%
DAX Option（ドイツ）	25,824,668	1.32%	16.2%
Mini-Futures auf VSTOXX	15,538,785	0.80%	15.8%
SMI Future（スイス）	13,548,464	0.69%	22.2%
Mini-DAX Futures（ドイツ）	10,489,283	0.54%	70.1%
VSTOXX Options（OVS2）	8,583,691	0.44%	327.3%
Equity Index Derivatives 合計	913,039,916	46.78%	15.6%
Single Stock Futures on Individual Equities	176,533,099	9.04%	73.9%
Options on German Equities	84,935,707	4.35%	16.9%
Options on Swiss Equities	48,123,718	2.47%	15.7%
Options on French Equities	24,312,363	1.25%	10.4%
Options on Dutch Equities	11,550,630	0.59%	-12.1%
Equity Derivatives 合計	365,149,662	18.71%	34.9%
EUREX 合計	1,951,763,081	100.00%	16.5%

〔出所〕 EUREX ホームページ

第9章　デリバティブ市場

3．EUREX（2）　　EUREX の主力商品は長期金利対象商品であり，2007年まで契約数ベースでも最大分類を占めていた。なかでも LIFFE から奪取した BUND 先物は想定元本ベースでは最大商品であり，EUREX の急成長の要となってきた。このほかの金利を対象とした商品ではドイツ中期国債（BOBL）先物やドイツ短期国債（SCHAZT）先物などの取引も活発であり，BUND 先物との流動性格差を縮めつつあるが，短期金利を対象とした Euribor 先物は EUREX が LIFFE に先駆けて上場したにもかかわらず，流動性は極めて低い。

　EUREX の急成長は LIFFE からの BUND 先物の奪取に負うところが大きいが，BUND 先物の取引はその後も拡大を続けており，通貨統合に関連して現物の BUND に対する需要が拡大し，BUND 先物の取引が拡大したためと考えられる。EUREX と LIFFE を合わせた BUND 先物の売買高は95年の9.3兆ドルから96年の12.3兆ドル，97年の14.5兆ドル，98年の19.5兆ドルまで３年間で２倍以上に拡大しており，米国長期国債先物の売買高を凌駕していた。こうした BUND 先物取引の拡大はドイツ一国の国債発行額や経済規模からは説明できない大きさであり，かつてのわが国国債市場における指標銘柄のように BUND 先物がヨーロッパの国債市場における指標銘柄としてユーロ導入前から機能していたものと考えられる。なお，99年の拡大についてはドイツ・マルク建て（25万マルク）からユーロ建て（10万ユーロ）への変更が行われ，額面金額が低下したことも一因と考えられるが，07年には38兆ユーロの取引を記録していた。

　こうした BUND 先物の取引拡大は受渡対象となる現物債の発行残高と不釣り合いな大きさにまで拡大し，BUND 先物取引の売りポジションに対するスクイーズ（締め上げ）の懸念がロシア経済危機を受けて98年９月に台頭した。これに対して，EUREX は受渡対象銘柄の発行額基準を引き下げ，フランスの Euronext Liffe　Paris（旧 MATIF）は従来のフランス国債先物取引の受渡対象をフランス国債と BUND とし，イギリスの LIFFE も標準物の利回りを６％から４％に引き下げた。他方，EUREX はフランス国債（OAT）やイタリア国債（BTP）を受渡し対象としたユーロ建て先物・オプション取引も導入しており，ある程度の流動性を獲得している。そして，フランスやイタリアでは国内での国債先物・オプション取引の流動性が低下し，取引所での国債先物・オプション取引が停止されるに至っている。

162

第9章　デリバティブ市場

BUND 先物取引要綱

取引対象	6％クーポン付き8.5年以上10.5年以下のドイツ連邦債
取引単位	100,000ユーロ
決済	残存期間8.5年以上10.5年以下のドイツ連邦債で発行額50億ユーロ以上のものの受け渡し
建値の表示	額面100ユーロ当たり小数点第2位
最小変動幅	0.01（10ユーロ）
限月	3月・6月・9月・12月から直近の3限月
受渡日	受渡月の10日または翌営業日
取引最終日	受渡日の2営業日前の12：30CET
受渡通知	受渡日の2営業日前
清算価格	17：15CET 前の1分間に6回以上の取引がある場合にはその売買高加重平均，そうでない場合には EUREX の定める価格
受渡清算価格	最後の1分間に11回以上の取引がある場合にはその売買高加重平均，そうでない場合には30分以内の最後の10取引の売買高加重平均，そうでない場合には EUREX の定める価格
取引時間	1：10〜22：00CET

BUND 先物オプション取引要綱

取引対象	BUND 先物取引
取引単位	BUND 先物取引1契約
決済	権利行使日に権利行使価格での BUND 先物取引のポジションの成立
建値の表示	0.01
最小変動幅	0.01（10ユーロ）
限月	直近の3カ月と3月・6月・9月・12月から直近の1限月および直近の1限月に加えて4つのウィークリー・オプション
権利行使価格	0.5刻みで最低各9本
取引最終日	限月の最初の営業日から6営業日前の17：15CET
権利行使日	毎日（アメリカン・オプション）
受渡対象	3月・6月・9月・12月の場合はその限月の BUND 先物契約，それ以外の限月の場合は3月・6月・9月・12月から直近の限月の BUND 先物契約
清算価格	Cox/Ross/Rubinstein のバイノミアル・モデルに基づいて EUREX の定める価格
取引時間	8：00〜17：15CET

BOBL 先物取引要綱

取引対象	6％クーポン付き4.5年以上5.5年以下のドイツ連邦債
取引単位	100,000ユーロ
決済	残存期間4.5年以上5.5年以下のドイツ連邦債で発行額50億ユーロ以上のものの受け渡し
建値の表示	額面100ユーロ当たり小数点第2位
最小変動幅	0.01（10ユーロ）
限月	3月・6月・9月・12月から直近の3限月
受渡日	受渡月の10日または翌営業日
取引最終日	受渡日の2営業日前の12：30CET
受渡通知	受渡日の2営業日前
清算価格	17：15CET 前の1分間に6回以上の取引がある場合にはその売買高加重平均，そうでない場合には EUREX の定める価格
受渡清算価格	最後の1分間に11回以上の取引がある場合にはその売買高加重平均，そうでない場合には30分以内の最後の10取引の売買高加重平均，そうでない場合には EUREX の定める価格
取引時間	1：10〜22：00CET

SCHTZ 先物取引要綱

取引対象	6％クーポン付き1.75年以上2.25年以下のドイツ連邦債
取引単位	100,000ユーロ
決済	残存期間1.75年以上2.25年以下のドイツ連邦債で発行額50億ユーロ以上のものの受け渡し
建値の表示	額面100ユーロ当たり小数点第3位
最小変動幅	0.005（5ユーロ）
限月	3月・6月・9月・12月から直近の3限月
受渡日	受渡月の10日または翌営業日
取引最終日	受渡日の2営業日前の12：30CET
受渡通知	受渡日の2営業日前
清算価格	17：15CET 前の1分間に6回以上の取引がある場合にはその売買高加重平均，そうでない場合には EUREX の定める価格
受渡清算価格	最後の1分間に11回以上の取引がある場合にはその売買高加重平均，そうでない場合には30分以内の最後の10取引の売買高加重平均，そうでない場合には EUREX の定める価格
取引時間	1：10〜22：00CET

〔出所〕 EUREX ホームページ

第9章　デリバティブ市場

4．EUREX（3）　　EUREXの主力商品は長期金利対象商品であるが，株価指数関連商品も契約数ベースでは2008年以降は長期金利関連商品を上回る取引を行っている。株価指数関連商品の中ではユーロSTOXX 50指数先物・オプションの成長が著しく，02年には想定元本ベースでもユーロSTOXX 50指数先物がDAX指数先物を，ユーロSTOXX 50指数オプションがDAX指数オプションをそれぞれはじめて上回り，EUREXはドイツの株式デリバティブ市場からヨーロッパの株式デリバティブ市場へと変貌を遂げつつある。

ユーロSTOXX 50指数はユーロを導入した国の株式を対象として算出された株価指数であり，デリバティブ取引用に50銘柄の株式を各国の時価総額と業種別時価総額を勘案して作成された時価総額加重平均株価指数である。この指数はEUREXとフランスのMONEP，米国のダウ・ジョーンズ社が出資したストックス社によって開発され，98年6月28日からEUREXとMONEPで先物・オプション取引が開始された。ストックス社はユーロSTOXX 50と同時に，ユーロを導入していないヨーロッパ諸国の株式でユーロSTOXX 50と同様に計算されたSTOXX 50指数も作成し，EUREXで先物・オプション取引が行われているが，STOXX 50指数はユーロSTOXX 50指数と合わせてヨーロッパ全体の株価ポートフォリオを作成するための補完的な株価指数であり，それほど取引は伸びていない。

DAX指数は株価指数先物・オプション取引を西ドイツで導入するために開発された株価指数であり，フランクフルト証券取引所の取引フロアで取引されている30銘柄の株式の時価総額加重平均指数であったが，現在ではドイツ取引所のコンピュータ取引システム（XETRA）での取引価格に基づいて計算されている。なお，DAX指数オプションの乗数はDAX指数の5倍であるのに対してDAX指数先物の乗数は25倍であり，想定元本ベースではDAX指数先物の取引高はDAX指数オプションの取引高を上回っている。

他方，EUREXはユーロSTOXX 50指数構成銘柄の株式オプションのほかに外国株の個別株オプションを導入し，個別株先物でも外国株を対象とした商品を上場しており，ユーロSTOXX 50指数先物・オプションと合わせて国際的なデリバティブ取引所としての性格を強めており，株価指数関連商品においてはすでにドイツやスイスのデリバティブ取引所という特徴は薄れつつある。

164

第9章 デリバティブ市場

ユーロ STOXX 50先物取引要綱

取引対象	ユーロ STOXX 50指数
取引単位	ユーロ STOXX 50指数の10ユーロ倍
決済	取引最終日の翌営業日の現金決済
建値の表示	ユーロ STOXX 50指数の整数値
最小変動幅	1（10ユーロ）
限月	3月・6月・9月・12月から直近の3限月（最長9カ月）
取引最終日	限月の第3金曜日（休日の場合は直前営業日）の12：00CET
清算価格	17：30CET 前の1分間に6回以上の取引がある場合にはその売買高加重平均，そうでない場合には EUREX の定める価格
最終清算価格	取引最終日の11：50から12：00CET までのユーロ STOXX50指数の平均値
取引時間	1：10〜22：00CET

ユーロ STOXX 50オプション取引要綱

取引対象	ユーロ STOXX 50指数
取引単位	ユーロ STOXX 50指数の10ユーロ倍
決済	取引最終日の翌営業日の現金決済
建値の表示	ユーロ STOXX 50指数の小数点第1位まで
最小変動幅	0.1（1ユーロ）
限月	直近の3カ月，3月・6月・9月・12月から直近の3限月，その次の6月・12月から4限月，その次の12月から7限月（最長119カ月）および直近の1限月に加えて4つのウィークリー・オプション
権利行使価格	3カ月以下は25刻み，36カ月以下は50刻み，36カ月超は100刻みで，24カ月以下は最低各7本，24カ月超は最低各5本
取引最終日	限月の第3金曜日の12：00CET
権利行使日	取引最終日（ヨーロピアン・オプション）
清算価格	Cox/Ross/Rubinstein のバイノミアル・モデルに基づいて EUREX の定める価格
最終清算価格	取引最終日の11：50から12：00CET までのユーロ STOXX50指数の平均値
取引時間	8：50〜17：30CET

DAX 指数先物取引要綱

取引対象	DAX 指数（Deutscher Aktienindex）
取引単位	DAX 指数の25ユーロ倍
決済	取引最終日の翌営業日の現金決済
建値の表示	DAX 指数の小数点第1位
最小変動幅	0.5（12.5ユーロ）
限月	3月・6月・9月・12月から直近の3限月（最長9カ月）
取引最終日	限月の第3金曜日（休日の場合は直前営業日）の13：00CET における板寄せ取引
清算価格	17：30CET 前の1分間に6回以上の取引がある場合にはその売買高加重平均，そうでない場合には EUREX の定める価格
最終清算価格	取引最終日13：00CET の XETRA における板寄せ取引価格から計算された値（SQ）
取引時間	1：10〜22：00CET

DAX 指数オプション取引要綱

取引対象	DAX 指数（Deutscher Aktienindex）
取引単位	DAX 指数の5ユーロ倍
決済	取引最終日の翌営業日の現金決済
建値の表示	DAX 指数の小数点第1位
最小変動幅	0.1（0.5ユーロ）
限月	直近の3カ月，3月・6月・9月・12月から直近の3限月，その次の6月・12月から4限月，その次の12月から2限月（最長60カ月）および直近の1限月に加えて4つのウィークリー・オプション
権利行使価格	12カ月以下では50刻みで最低各7本，2年以下では100刻みで最低各7本，2年超では200刻みで最低各5本
取引最終日	限月の第3金曜日（休日の場合は直前営業日）の13：00CET における板寄せ取引
権利行使日	取引最終日（ヨーロピアン・オプション）
清算価格	Cox/Ross/Rubinstein のバイノミアル・モデルに基づいて EUREX の定める価格
最終清算価格	取引最終日13：00CET の XETRA における板寄せ取引価格から計算された値（SQ）
取引時間	8：50〜17：30CET

〔出所〕 EUREX ホームページ

第9章　デリバティブ市場

5．ICE ヨーロッパ（1）　　LIFFE は米国物の取引を中心としてスタート
し，1980年代後半にイギリス物の取引が中心となり，90年代にはドイツ物の取
引が中心になることで米国の CBOT や CME に匹敵する世界最大級のデリバ
ティブ取引所となった。99年以降はユーロ建て短期金利を対象とした取引が契
約数でも想定元本金額ベースでも半分近くを占め，EU の共通通貨ユーロをイ
ギリスが導入していない関係上，LIFFE は外国物が取引の中心であるという
際立った特徴をもっていた。

　10年の契約数に占めるユーロ建て短期金利関連商品のシェアは37.5％であ
り，これにスイス・フラン建て短期金利関連商品を加えれば40.4％となり，
ヨーロッパ物，短期金利物が取引の中心となっていたことがわかる。ただし，
株式市場においてもロンドン証券取引所では外国株取引が90年代以降，国内株
取引を上回っていたことが多く，これは LIFFE の特徴というよりもイギリス
金融市場の特徴と言った方が良いだろう。そして，イギリス物の中では個別株
先物（18.7％）が多く，ポンド金利先物（11.5％），FTSE 100指数先物
（3.8％），Gilt 先物（2.9％），ポンド金利先物オプション（2.6％），FTSE 100指
数オプション（2.4％），個別株オプション（1.8％）が続いていた。取引対象ご
とに分類すると，10年に LIFFE では56.7％が短期金利関連商品，32.8％が個別
株関連商品，6.5％が株価指数関連商品，3.1％が長期金利関連商品，1.0％がコ
モディティ関連商品であり，個別株関連商品が急速に拡大しているものの，短
期金利関連商品が取引の中心となっていた。

　14年に LIFFE はブレント原油などコモディティを扱ってきた ICE ヨーロッ
パに吸収合併され，短期金利商品や外国物に偏った取引対象は大幅に緩和され
ることになった。18年の契約数では金利関連商品のシェアが46.9％，コモディ
ティ関連商品のシェアが39.5％，株式関連のシェアが13.5％であり，特定商品
の影響を受けにくい構造となっている。主力商品はブレント原油先物
（18.4％），Euribor 金利先物（17.7％），ポンド金利先物（17.0％），個別株先物
（8.1％），ガソリン先物（6.5％），Gilt 先物（5.1％），WTI 原油先物（4.5％）で
あり，10年と比べると，ポンド金利先物（＋5.5％）と Gilt 先物（＋2.2％）の
シェア上昇が大きく，Euribor 金利先物オプション（-11.4％）と Euribor 金利
先物（-76％）のシェア低下とは対照的であった。

166

第9章　デリバティブ市場

ICE ヨーロッパの主要商品売買高（契約数）

	2018年契約数	（構成比）	対前年 変化率
3 Month Euribor Future	226,441,372	17.74%	14.8%
3 Month Sterling Future（イギリス）	216,984,337	17.00%	9.1%
Long Gilt Future（イギリス）	64,887,815	5.08%	26.8%
3 Month Sterling Option（イギリス）	29,350,989	2.30%	24.3%
3 Month Euribor Option	13,698,090	1.07%	30.3%
3 Month Euribor 1 Year Mid Curve	9,517,322	0.75%	36.5%
3 Month Sterling Mid Curve Option（イギリス）	9,429,538	0.74%	7.6%
3 Month Euribor 2 Year Mid Curve	8,220,483	0.64%	16.1%
3 Month Euroswiss Future（スイス）	7,397,204	0.58%	13.9%
3 Month Sterling 2 Year Mid Curve Option（イギリス）	7,305,315	0.57%	-10.8%
Fixed Income Derivatives 合計	598,959,201	46.94%	14.1%
FTSE 100 Index Future（イギリス）	36,915,549	2.89%	10.8%
FTSE 100 Index Option（イギリス）	12,856,406	1.01%	3.9%
Total Equity index products 合計	55,412,248	4.34%	5.4%
Universal Stock Futures (USF)	102,738,810	8.05%	25.2%
Options	14,955,206	1.17%	-3.9%
Total individual equity products 合計	117,694,016	9.22%	20.6%
Brent Crude Oil Future	235,001,152	18.42%	-2.7%
Gas Oil Future	82,672,960	6.48%	10.7%
WTI Light Sweet Crude Oil Future	56,802,221	4.45%	3.3%
Global Oil Products Future	33,749,182	2.64%	-13.1%
Brent Crude Oil Option	24,943,223	1.95%	36.4%
Dutch TTF Gas Future	9,317,729	0.73%	23.5%
EUA Future	7,776,993	0.61%	59.0%
Cocoa Future	7,732,270	0.61%	-1.1%
Heating Oil Future	7,284,007	0.57%	32.1%
Total commodity products 合計	504,024,911	39.50%	2.4%
ICE ヨーロッパ合計	1,276,090,376	100.00%	9.4%

〔出所〕 ICE ヨーロッパホームページ

第9章　デリバティブ市場

6．ICE ヨーロッパ（2）　　ユーロ建て短期金利（Euribor）を対象とした先物取引と先物オプション取引は EU で共通通貨ユーロが導入された1999年以来，LIFFE の主力商品となっており，2000年から05年まではこの２つで LIFFE の取引の過半数を占めていた。もともとユーロマルク金利先物は BUND 先物と並んで LIFFE の主力商品であったわけであるが，97年後半から98年にかけての BUND 先物の DTB（現 EUREX）への流出の結果，その位置付けがよりはっきりすることになった。

　90年代の LIFFE の拡大は共通通貨ユーロ導入をめぐって生じた側面が強く，長期金利の指標としてドイツ国債（BUND）が想定され，ドイツ国内よりも早く上場され，取引も活発であった LIFFE での BUND 先物取引の躍進はその象徴であった。他方，短期金利を対象とした商品も店頭デリバティブ市場の発展とともに，そのヘッジ手段として同じ時期に拡大を続けていた。LIFFE ではドイツとイタリアに先駆けてユーロマルク金利先物とユーロリラ金利先物を導入し，ポンド金利先物，ユーロ・スイスフラン金利先物，ユーロ円金利先物などと合わせて，短期金利対象商品は国際金融市場ロンドンに位置する LIFFE の隠れた比較優位商品でもあった。それが98年以降には BUND 先物の流出とともにはっきりと現れることになった。

　短期金利対象商品の中では，92年以来，ユーロマルク金利先物がポンド金利先物を上回り，LIFFE における短期金利商品の代表となっていた。ただし，Euribor 先物の導入をめぐってはユーロ導入前に EUREX との間で熾烈な競争があり，LIFFE が難なくユーロマルク金利先物を引き継いだわけではなかった。LIFFE はユーロマルク金利先物を導入した89年に ECU 金利先物も導入しており，ロンドン銀行間 ECU 建て貸出金利がその対象となっていた。98年に翌年からのユーロ導入が確定した際，LIFFE は99年以降にユーロマルク金利先物の建玉を Euro LIBOR 先物と呼び代えた ECU 金利先物へと移管することを決めたが，ライバルである EUREX はブリュッセルのヨーロッパ銀行協会銀行間貸出金利（Euribor）先物を導入し，ユーロ建て短期金利対象商品の争奪戦となった。そして，一か八かの勝負を避けた両取引所は直前になって相手商品の上場も行うことになり，98年12月に LIFFE に上場された Euribor 先物がユーロ建て短期金利対象商品の指標となることになった。

168

第9章　デリバティブ市場

Euribor 先物取引要綱

取引対象	3カ月物ヨーロッパ銀行協会銀行界貸出レート（EBF Euribor）
取引単位	2,500ユーロ×指数
建値の表示	100.00マイナス EBF Euribor
最小変動幅	0.005（12.50ユーロ）
限月	直近の6カ月と3月・6月・9月・12月から直近の24限月（計28限月）
取引最終日	受渡月の第3水曜日の2営業日前11：00GMT
最終決済日	取引最終日の翌営業日
最終清算価格	取引最終日10：00GMT（11：00CET）の3カ月物 EBF Euribor に基づいて100.00マイナス EBF Euribor を小数点以下第三位まで計算し、最も近い0.001刻みの値（0.0005は切捨て）
取引時間	1：00－21：00GMT

Euribor 先物オプション取引要綱

取引対象	Euribor 先物取引
取引単位	Euribor 先物取引1契約
建値の表示	100.00マイナス EBF Euribor
最小変動幅	0.0025（6.25ユーロ）
限月	直近の6カ月と3月・6月・9月・12月から直近の8限月（計12限月）
取引最終日	受渡月の第3水曜日の2営業日前11：00GMT
受渡日	取引最終日の翌営業日
権利行使	取引最終日は16：00GMT まで，その他は17：00GMT まで毎日（アメリカン・オプション）
権利行使価格	0.125刻みで最低各13本
取引時間	7：00－18：00GMT

3カ月物ポンド金利先物取引要綱

取引対象	3カ月物ロンドン銀行協会銀行界貸出レート（BBA LIBOR）
取引単位	1,250ポンド×指数
建値の表示	100.00マイナス BBA LIBOR
最小変動幅	0.005（6.25ポンド）
限月	直近の2カ月と3月・6月・9月・12月から直近の24限月（計26限月）
取引最終日	受渡月の第3水曜日11：00GMT
最終決済日	取引最終日の翌営業日
最終清算価格	取引最終日11：00GMT の3カ月物 BBA LIBOR に基づいて，100.00マイナス BBA LIBOR を小数点以下第三位まで計算し、最も近い0.001刻みの値（0.0005の場合には切り捨て）
取引時間	7：30－18：00GMT

長期 Gilt 先物取引要綱

取引対象	4％クーポン付きの標準物イギリス国債
取引単位	10,000ポンド
決済	残存期間8.75年以上13年以下のイギリス国債
建値の表示	額面100ユーロ当たり小数点第2位
最小変動幅	0.01（10ポンド）
限月	3月・6月・9月・12月から直近の3限月
取引最終日	受渡月の最終営業日から2営業日前の11：00GMT
受渡通知	受渡月の最初の営業日から2営業日前から取引最終日の翌営業日
受渡日	受渡月のいずれかの営業日（売り手に選択権）
受渡清算価格	受渡日2営業日前の11：00GMT の市場価格
取引時間	8：00～18：00GMT

169

第9章　デリバティブ市場

7．Euronext（1）　　1986年2月，フランスで初めての金融先物市場として MATIF（Marché à Terme d' Instruments Financiers）は取引を開始した。そして，88年にはパリ商品取引所を合併し，MATIF（Marché à Terme International de France）として再編成された。フランス長期国債先物取引の隆盛によって MATIF はヨーロッパ最大の先物取引所となったこともあったが，94年をピークに取引は減少している。これは通貨統合がドイツ国債を長期金利の指標とすることになるという見方が強まったためであり，当初はロンドンの LIFFE におけるドイツ長期国債（BUND）先物の取引が，次いでフランクフルトの DTB（現在の EUREX）における BUND 先物の取引が拡大し，MATIF はその影響を被ることになった。

　MATIF はもともと米国やイギリスの金融先物取引所をまねて作られたものであり，取引フロアでのオープン・アウトクライ方式で取引されていたが，93年からはシカゴ・マーカンタイル取引所（CME）が開発した電子取引システム GLOBEX を通じて金融商品の取引ができるようになり，98年4月からはパリ取引所の電子取引システム NSC を改良した NSC-VF（先物）と NSC-VO（オプション）への移行が実施され，03年4月からは LIFFE コネクトを通じてすべてコンピュータ取引が行われていた。MATIF は97年にパリ取引所の子会社となり，98年3月のテクノロジー・スワップ協定に基づいて CME とニューヨーク・マーカンタイル取引所（NYMEX）が開発したクリアリング21を清算システムとして採用する一方，改良された GLOBEX（GLOBEX2）では NSC-VF と NSC-VO が採用された。

　MATIF は CME の GLOBEX 構想に積極的に関与し，CME，SIMEX（シンガポール），モントリオール取引所（カナダ），BM&F（ブラジル）と GLOBEX を通じて提携する一方，99年2月にスペインの MEFF，99年6月にイタリアの MIF とユーロ GLOBEX と名付けた提携を行い，3カ国の国債とユーロ建て金利を対象とした先物・オプション取引を各取引所の会員が自由に取引できるように工夫した。しかし，99年の通貨統合以後は主力商品であったフランス国債を対象としたデリバティブ取引が激減し，2000年以降，MONEP とともに Euronext Paris Derivative Market として巻き返しをはかったが，功を奏せず，金利関連商品の取引はなくなってしまった。

170

第 9 章　デリバティブ市場

Euronext の主要商品売買高（契約数）

取引対象	2018年契約数	（構成比）	対前年変化率
CAC 40 Index Future（フランス）	30,279,622	20.29%	-6.7%
AEX Stock Index Option（オランダ）	9,681,101	6.49%	35.4%
AEX Stock Index（オランダ）	8,980,034	6.02%	2.7%
CAC 40 Index Option（フランス）	3,811,892	2.55%	2.7%
AEX Daily Option（オランダ）	2,918,897	1.96%	49.0%
AEX Weekly Option（オランダ）	2,606,585	1.75%	43.3%
CAC 40 Dividend Index Future（フランス）	347,000	0.23%	-15.8%
PSI 20 Index Future（ポルトガル）	130,941	0.09%	-23.4%
FTSE EPRA Europe Future	106,285	0.07%	-1.9%
Total Equity index products 合計	58,962,751	39.50%	4.1%
All Futures on Individual Equities	1,092,497	0.73%	188.3%
All Options on Individual Equities	74,602,767	49.98%	6.4%
Total individual equity products 合計	75,707,683	50.72%	7.4%
Milling Wheat Future	10,675,119	7.15%	18.6%
Rapeseed Future	2,348,117	1.57%	-15.9%
Option on Milling Wheat Future	973,588	0.65%	32.5%
Corn Future	410,980	0.28%	11.1%
Option on Rapeseed Future	135,029	0.09%	-40.3%
Option on Corn Future	39,446	0.03%	15.2%
Total commodity products 合計	20,225,453	13.55%	28.8%
デリバティブ合計	149,254,141	100.00%	6.4%

〔出所〕　Euronext ホームページ

第9章　デリバティブ市場

8．Euronext（2）　　フランスでは1987年12月に株式オプション市場が開設され，パリ流通型オプション市場（Marché des Options Négociable de Paris）の頭文字からMONEPと命名されてパリ取引所の子会社として位置づけられた。当初は7銘柄の株式を原資産とした株式オプションを取引していたが，88年11月にCAC 40指数を対象とした株価指数オプションが導入され，その後はMONEPの主力商品となっていった。そして，97年にはMATIFがパリ取引所の子会社となったことにより，MATIFで取引されてきたCAC 40指数先物を受け継ぎ，MONEPは株式関連のデリバティブ市場となった。

MONEPもMATIFと同様にオープン・アウトクライ方式で取引されていたが，パリ取引所における取引のコンピュータ化に伴い，94年9月から電子取引システムに移行を開始し，98年4月からはパリ取引所の電子取引システムNSCを改良したNSC-VF（先物）とNSC-VO（オプション）と呼ばれる取引システムを導入し，03年4月14日からはLIFFEコネクトを通じてすべてコンピュータ取引が行われた。

98年6月28日にはMONEPとEUREXでSTOXX 50指数先物・オプションとユーロSTOXX 50先物・オプションの取引が同時に開始された。STOXX 50指数とユーロSTOXX 50のデリバティブ取引をめぐるMONEPとEUREXの競争は98年には差はみられなかったが，99年に入るとEUREXの優位が決定的となり，国債デリバティブ市場のみならず，ヨーロッパ株価指数デリバティブ市場においてもEUREXの影響力が高まった。MONEPはSTOXX 50やユーロSTOXX 50をめぐる競争の形勢が不利とみるや，99年にストックス社の開発したSTOXX業種別指数やユーロSTOXX業種別指数，2000年にはSTOXX 600業種別指数のデリバティブ商品を導入したが，成果は上がらなかった。さらに，06年にはFTSE社の開発したFTSEurofirst 80指数（ユーロ圏）とFTSEurofirst 100指数（ヨーロッパ全体），07年にはFTSE EPRA Euro Zone指数とFTSE EPRA Europe指数のデリバティブ商品も導入したが，成果は上がらず，現在ではフランスの優良企業40銘柄を対象としたCAC 40指数の先物とオプション，オランダの優良企業25銘柄を対象としたAEX指数の先物とオプション，そして個別株オプションだけが活発に取引される市場となり，商品先物・オプションに活路を見出そうとしている。

172

第9章　デリバティブ市場

CAC 40指数先物取引要綱

取引対象	CAC 40指数
取引単位	CAC 40指数の10ユーロ倍
決済	取引最終日の翌営業日の現金決済
建値の表示	CAC 40指数の小数点第1位
最小変動幅	0.5（5ユーロ）
限月	直近の3カ月と3月・6月・9月・12月から直近の3限月および6月・12月から8限月（14限月）
取引最終日	限月の最終営業日の16：00CET
清算価格	CAC 40指数に基づいて Euronext Paris が決定する
最終清算価格	取引最終日の15：40から16：00CET までの CAC 40指数の平均値（小数点第2位以下は四捨五入）
取引停止	CAC 40指数が計算できない場合，または指数構成銘柄の時価総額で25%未満の企業の株価から指数が計算される場合
取引時間	8：00〜18：30CET，18：30〜22：00CET（イブニング・セッション）

CAC 40指数オプション取引要綱

取引対象	CAC 40指数
取引単位	CAC 40指数の10ユーロ倍
決済	取引最終日の翌営業日の現金決済
建値の表示	CAC 40指数の小数点第1位
最小変動幅	0.10（1ユーロ）
限月	直近の3カ月と3月・6月・9月・12月から直近7限月，12月から3限月（13限月）
権利行使価格	1カ月以下は25刻みで5本とその他50刻みで6本，3カ月以下は50刻みで3本と100刻みで6本，9カ月以下は100刻みで3本と200刻みで6本，24カ月以下は200刻みで3本と400刻みで4本，24カ月超は400刻みで3本と800刻みで2本
取引最終日	限月の最終営業日の16：00CET
権利行使日	取引最終日（ヨーロピアン・オプション）
清算価格	CAC 40指数に基づいて Euronext Paris が決定する
最終清算価格	取引最終日の15：40から16：00までの CAC 40指数の平均値（小数点第2位以下は四捨五入）
取引時間	9：01〜17：30CET

株式オプション（アメリカン）取引要綱

取引対象	個別株
取引単位	対象銘柄の株式100株
決済	取引対象の受け渡し
建値の表示	ユーロ建て価格の小数点第2位まで
最小変動幅	0.01（1ユーロ）
限月	①直近の3カ月，3月・6月・9月・12月から3限月，次の6月・12月から直近4限月，次の12月から2限月（最長60カ月），②直近の3カ月，3月・6月・9月・12月から3限月，次の6月・12月から2限月（最長24カ月），③3月・6月・9月・12月から4限月（最長12カ月）
権利行使価格	原資産価格に応じて5ユーロ未満の0.1（10ユーロ）から400ユーロ以上の200（20,000ユーロ）まで15段階に分かれ，最低9本
取引最終日	限月の最終営業日の1営業日前
権利行使日	毎日（アメリカン・オプション）。ただし，満期日のみ（ヨーロピアン・オプション）も別にある
清算価格	株式価格に基づいて Euronext Paris が決定する
取引時間	9：01〜17：30CET

〔出所〕　Euronext ホームページ

173

第9章　デリバティブ市場

9．店頭デリバティブ取引　　店頭（OTC）デリバティブ取引は取引所外で行われる相対のデリバティブ取引を指し，店頭デリバティブ取引には取引所取引における先物取引に対応するフォーワード取引，オプション取引，一定期間にわたるキャッシュフローの交換を行うスワップ取引がある。このうちスワップ取引が店頭デリバティブ取引の中心となっており，1990年代に入って金利関連商品を中心とした店頭デリバティブ取引の拡大が著しい。これにはオフバランス取引を自己資本比率に含めないBIS規制（バーゼルⅠ）の影響もあったと見られるが，顧客のニーズにより適合した商品の開発が店頭デリバティブ市場で進んだためでもあり，各取引所もこうした状況を踏まえて，より顧客のニーズにあった商品を上場する努力を続けている。

　通貨を対象とした取引所外でのフォーワード取引やオプション取引は以前から行われていたが，81年にIBMと世界銀行との間で行われた通貨スワップ取引が最初の店頭デリバティブ取引と言われており，82年には金利スワップ取引も開始されている。金利スワップ取引は同一通貨を対象としているために元本の交換は行われず，通常，固定金利と変動金利の交換が一定期間にわたって行われるのに対して，通貨スワップ取引は異なる通貨を対象としているため，異なる通貨建ての金利の交換が一定期間にわたって行われ，最後に異なる通貨での元本の交換も通常行われる。なお，為替スワップ取引は外貨の買いと外貨フォーワード取引の売り，または外貨の売りと外貨フォーワード取引の買戻しを組み合わせた取引であり，通貨スワップ取引とは別の取引である。

　店頭市場でのデリバティブ取引は統計を作成する機関もなく，状況を把握するのが困難であったが，国際決済銀行（BIS）が3年ごとに行ってきた外国為替市場調査の際に店頭デリバティブ市場の調査も95年から行っている。この調査によれば，世界全体における1営業日当たりの店頭取引金額（国内とクロス・ボーダーの二重計算をともに調整）は95年4月の調査開始以来，16年4月の7.744兆ドルまで着実に拡大してきたが，16年4月の調査では外国為替関連の店頭取引がはじめて減少に転じた（スポットの減少が大きく，スポットを除けば拡大）。店頭デリバティブ取引（国内のみ二重計算を調整）の規模は調査開始以来，イギリスと米国で大きいが，イギリスでの取引の中心はユーロ建て取引であり，ユーロ圏の取引を代替しているものと考えられる。

174

第9章　デリバティブ市場

店頭市場売買高

(単位10億ドル)

	2004年		2007年		2010年		2013年		2016年	
外国為替	1,934	65.4%	3,324	66.3%	3,973	65.9%	5,357	69.9%	5,067	65.4%
スポット	631	21.3%	1,005	20.1%	1,489	24.7%	2,047	26.7%	1,652	21.3%
フォーワード	209	7.1%	362	7.2%	475	7.9%	679	8.9%	700	9.0%
為替スワップ	954	32.2%	1,714	34.2%	1,759	29.2%	2,240	29.2%	2,378	30.7%
通貨スワップ	21	0.7%	31	0.6%	43	0.7%	54	0.7%	82	1.1%
オプション他	119	4.0%	212	4.2%	207	3.4%	337	4.4%	254	3.3%
金利	1,025	34.6%	1,686	33.7%	2,054	34.1%	2,311	30.1%	2,677	34.6%
FRA	233	7.9%	258	5.1%	600	10.0%	749	9.8%	653	8.4%
スワップ	620	21.0%	1,210	24.2%	1,272	21.1%	1,388	18.1%	1,859	24.0%
オプション他	171	5.8%	217	4.3%	182	3.0%	174	2.3%	166	2.1%
店頭取引合計	2,959	100.0%	5,010	100.0%	6,027	100.0%	7,668	100.0%	7,744	100.0%
取引所取引合計	4,522	152.8%	6,145	122.7%	7,840	130.1%	4,844	63.2%	5,181	66.9%

（注）　国内およびクロス・ボーダーの二重計算を調整した各年4月の1日当たり売買高。スポット取引を含むので
　　　店頭デリバティブ売買高を求めるにはスポット取引を差し引く必要がある。
〔出所〕　Triennial Central Bank Survey of foreign exchange and derivatives market activity in 2016, Updated 11
　　　Dec 2016（http://www.bis.org/publ/rpfx16.htm）より作成。

店頭売買高の国別／通貨別構成

(単位10億ドル)

国名	店頭デリバティブ合計			外国為替			金利		
	2010年	2013年	2016年	2010年	2013年	2016年	2010年	2013年	2016年
イギリス	3,089	4,074	3,586	1,854	2,726	2,406	1,235	1,348	1,180
米国	1,546	1,891	2,513	904	1,263	1,272	642	626	1,241
日本	328	342	493	238	275	437	90	67	562
フランス	442	362	297	249	216	156	193	146	141
ドイツ	168	218	132	120	117	101	48	101	31
世界全体	7,695	9,388	9,553	5,045	6,686	6,514	2,649	2,702	3,039
ドル	4,025	5,301	5,795	3,371	4,662	4,438	654	639	1,357
ユーロ	2,385	2,923	2,232	1,551	1,790	1,591	834	1,133	641
円	878	1,304	1,179	754	1,235	1,096	124	69	83
ポンド	725	820	886	512	633	649	213	187	237
豪ドル	338	539	456	301	463	348	37	76	108

（注）　国内の二重計算のみを調整した各年4月の1日当たり売買高。国別に振り分ける際の計算上，合計値は過大
　　　に評価されている。
〔出所〕　上表に同じ

第9章　デリバティブ市場

10. 店頭金利デリバティブ取引　　詳細が入手可能なイギリスでの2016年
の店頭金利デリバティブ取引の取引主体別構成をみると，報告義務のある金融
機関の比率が44％（＋10％），報告義務のない金融機関が54％（－5％），その
他が2％（－5％）であり，居住者との取引比率は42％（＋13％），非居住者と
の取引比率は58％（－13％）であった（カッコ内は世界全体との差を表す）。

取引通貨別構成を見ると，イギリスではユーロ建て取引49％（＋25％），ポ
ンド建て取引21％（＋12％），ドル建て取引18％（－32％）であり，ユーロ建て
取引とポンド建て取引の比率が大きく，ドル建て取引の比率は小さい。

他方，取引形態別に見ると，イギリスではスワップが64％（－5％），フォー
ワードが32％（＋8％），オプション他が4％（－3％）であり，スワップの比
率とオプション他がやや小さく，フォーワードの比率が大きい。

次に，イギリスでは全取引の49％（＋25％）を占めるユーロ建て取引でス
ワップ72％（＋2％），フォーワード24％（－2％），オプション4％（－0％），
21％（＋12％）を占めるポンド建て取引ではスワップ59％（＋1％），フォー
ワード38％（－0％），オプション他3％（－0％），18％（－32％）を占めるド
ル建て取引ではスワップ42％（－24％），フォーワード52％（＋27％），オプ
ション他6％（－3％）であった。

さらに，全通貨でスワップでの報告義務のない金融機関との取引比率は53％
（－12％），報告義務のある金融機関との取引比率は45％（＋20％），フォーワー
ドでの報告義務のない金融機関の比率は55％（－18％），報告義務のある金融機
関の比率は45％（＋19％），49％（＋25％）を占めるユーロ建て取引ではスワッ
プでの報告義務のない金融機関は41％（－15％），報告義務のある金融機関は
57％（＋16％），フォーワードでの報告義務のない金融機関は55％（－16％），
報告義務のある金融機関は44％（＋16％），21％（＋12％）を占めるポンド建
て取引ではスワップでの報告義務のない金融機関は59％（－13％），報告義務の
ある金融機関は36％（＋8％），フォーワードでの報告義務のない金融機関は
68％（－5％），報告義務のある金融機関は32％（＋5％），18％（－32％）を占
めるドル建て取引ではスワップでの報告義務のない金融機関は64％（－2％），
報告義務のある金融機関は34％（＋18％），フォーワードでの報告義務のない
金融機関は44％（－32％），報告義務のある金融機関は56％（＋32％）であった。

176

イギリスの店頭金利デリバティブ取引形態別／通貨別／主体別売買高
（ネット・グロス・ベース）

第9章　デリバティブ市場

	TOT	EUR	GBP	USD	JPY	AUD	NOK	ZAR	CHF
Forward rate agreements	375,015	140,058	93,765	112,495	448	906	1,481	8,537	3,680
with reporting dealers	168,989	61,915	29,646	63,421	236	558	482	5,667	1,514
Local	82,816	27,775	18,778	32,008	0	50	60	1,319	829
cross-border	86,174	34,140	10,868	31,413	236	508	423	4,349	685
with other financial institutions	204,266	77,119	63,481	49,073	211	348	999	2,860	2,166
Local	78,074	28,143	32,050	12,634	28	0	471	1,183	710
cross-border	126,192	48,977	31,431	36,439	183	348	528	1,677	1,456
with non-financial customers	1,759	1,024	638	1	0	0	0	10	0
local	0	0	0	0	0	0	0	0	0
cross-border	1,759	1,024	638	1	0	0	0	10	0
Swaps	757,279	411,027	146,360	90,370	27,227	27,639	10,911	2,633	7,740
with reporting dealers	337,940	232,781	52,577	30,826	2,624	5,633	1,184	963	1,576
local	100,868	63,945	20,290	10,218	1,323	2,293	78	311	404
cross-border	237,071	168,836	32,287	20,608	1,301	3,339	1,106	651	1,172
with other financial institutions	399,445	169,577	86,116	57,507	24,378	21,913	9,702	1,658	6,062
local	211,018	103,556	56,759	22,899	6,317	11,529	2,556	659	966
cross-border	188,427	66,021	29,356	34,609	18,061	10,384	7,146	999	5,097
with non-financial customers	19,894	8,668	7,668	2,037	225	93	25	12	102
local	10,405	6,650	3,070	541	35	62	0	0	11
cross-border	9,489	2,018	4,597	1,496	190	31	25	12	91
Options sold	21,876	11,052	3,125	6,170	1,039	235	0	128	13
with reporting dealers	7,810	4,420	645	2,195	340	90	0	81	0
local	2,112	1,152	269	570	69	1	0	34	0
cross-border	5,698	3,268	376	1,624	271	89	0	47	0
with other financial institutions	13,513	6,353	2,271	3,971	638	146	0	47	12
local	3,292	1,584	545	1,133	7	9	0	10	0
cross-border	10,221	4,770	1,726	2,837	631	137	0	38	12
with non-financial customers	553	278	209	5	61	0	0	0	0
local	71	0	34	1	35	0	0	0	0
cross-border	483	278	175	3	26	0	0	0	0
Options bought	23,576	11,527	4,239	6,122	1,005	280	0	259	10
with reporting dealers	8,432	4,660	689	2,418	304	142	0	178	0
local	2,191	980	387	695	75	29	0	15	10
cross-border	6,241	3,679	302	1,723	229	114	0	163	0
with other financial institutions	14,730	6,712	3,383	3,680	639	132	0	82	0
local	2,971	1,268	402	1,284	2	3	0	4	0
cross-border	11,759	5,444	2,981	2,396	637	129	0	78	0
with non-financial customers	415	155	167	25	62	6	0	0	0
local	19	0	0	0	14	6	0	0	0
cross-border	395	155	167	25	48	0	0	0	0
Total options	45,452	22,579	7,364	12,293	2,044	515	0	387	22
Other products	2,899								
Total	1,180,645	573,664	247,489	215,157	29,718	29,059	12,392	11,558	11,443
Related party trades	201,435								

（注）　Bank of England, Breakdown of the 2016 BIS triennial survey for the UK（http://www.bankofengland.
co.uk/statistics/Pages/bis-survey/default.aspx）より作成。

第10章　M&A と証券化市場

1．欧州の M&A 市場　　欧州の2017年および18年前半期の M&A は件数で減少，規模での増加がみられた。18年前半期の M&A は前年同期から12％増加して3,374件となったが，第2四半期は15年第1四半期以来の低水準となった。しかし，18年前半期の M&A の取引価額は対前年同期比16％増加して5,090億ユーロとなった。事実，79件のディールがそれぞれ10億ユーロ超となり，前年同期から6％増加した。M&A 活動はイギリスで最も活発で同期の取引合計額の25％を占めた。ドイツ（15％），アイルランド（14％）が続いた。同期の最大10位の取引規模のうち3件はイギリス企業がターゲットとなった。

　欧米の M&A 活動の買収側の駆動力は，欧州市場の過当競争を再編成すること，および過剰資金（cash-rich）を有する企業の存在である。後者には欧州外からの企業も含まれる。反対に被買収サイドとしては，成長分野への再投資のための資金調達を動機とする企業が最大であり，つづいて非中核（no-core）資産の売却となっている。その結果，欧州企業は生産，サービス分野，および地域的再編成を行っている。一方，16年までは可なりの割合を占めた金融危機後の投げ売り的な売却は17年以降，大幅に減少した。クロスボーダーの M&A では対欧州向けでは北米からの企業が最大であり，つづいてアジア・太平洋，とくに日本企業が先導し，中国企業が続く。18年前半期における欧州最大の M&A ディールは武田薬品による Shire（アイルランド）買収（671億ユーロ）であった。反対に欧州からの対外向け（outbound）M&A では成長の著しいアジア・太平洋の企業が最大のターゲットとなりつつあり，北米企業が続いている。ターゲット業種としては，化学，医薬，バイオなど伝統的に欧州企業が競争力を有する業種および TMT（技術・メディア・通信技術）など先端技術分野が支配的になっている。

　また買収主体には通常の事業会社のほかに PE（プライベート・エクイティ）や CVC（コーポレート・ベンチャー・キャピタル）が参入して，各種のバイアウト（buyout）を行い，一定期間後の売戻しによる出口戦略（exit）を敢行している。18年前半期の欧州の PE による買収件数は667件とほぼ前年同期と同じであったが，買収金額は10％増加して748億ユーロに達した。その買収金額の増加には，カーライルグループおよびソブリン・ウエルス・ファンドによるオランダを拠点とした化学企業 Akzo Nobel 買収（100億ユーロ）などが寄与した。

178

第10章　M&Aと証券化市場

欧州のM&A（2013年－18年前半期）

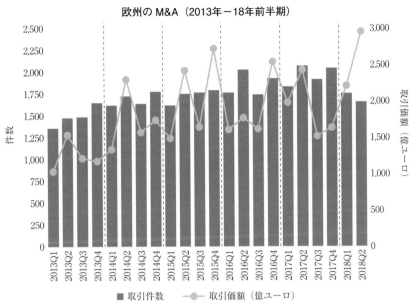

〔出所〕 CMS, *European M&A Outlook* 2018, p.9.

2018年前半期における欧州のM&A上位10位（買収価額基準）

公表月	被買収企業	被買収分野	被買収企業国籍	買収企業	買収企業国籍	買収価額(100万€)
5月	Shire Plc	医薬，バイオ	アイルランド	武田薬品	日本	67,097
3月	Innogy SE	エネルギー，鉱山	ドイツ	E. ON SE	ドイツ	37,859
4月	Sky Plc	メディア	イギリス	Comcast	米国	33,389
3月	Abertis Infrastructuras, S.A.	建設	スペイン	ACS S.A,などによるコンソーシアム	イタリア	32,103
5月	Energias de Portugal S.A.	エネルギー，鉱山	ポルトガル	China Three Gorges	中国	22,947
5月	UPCハンガリー，UPCルーマニア，Unitymedia GmbH; UPCチェコ	TMT	ドイツ	Vodafoneグループ	イギリス	18,400
3月	Glaxo Smith Kline Consumer Healthcare	医薬，バイオ	イギリス	Glaxo Smith Kline Plc	イギリス	10,499
3月	Akzo Nobel N.V.	化学	オランダ	The Carlyle Group; GIC Private Limited	米国	10,100
1月	GKN Plc	化学	イギリス	Melrose Plc	イギリス	9,890
2月	TDC A/S	TMT	デンマーク	DK Telekommunikation	デンマーク	8,551

〔出所〕 CMS, *European M&A Outlook 2018* p.18.

179

第10章　M&Aと証券化市場

２．証券化市場　2007年～08年にかけての世界金融危機は米国のサブプライム住宅ローンの証券化市場の破綻を根因にしていたことは周知のことである。事実，米国の住宅ローン担保証券（RMBS）のデフォルト率は33％にも達し深刻であった。一方，欧州の証券化市場のデフォルト率は米国に比べて極めて低かった。にもかかわらず，金融危機後の証券化市場は米国においては危機以前の水準を回復させている。もちろん証券化商品の内容が変化しており，例えば，消費者の資産担保証券（ABS）や貸付担保証券（CLOs）が増加して政府機関の保証のない住宅ローン担保証券などの減少を埋めている。対して，欧州（EU）の金融危機後の証券化市場は低調に推移している。たとえば，18年EUの証券化商品発行額は2,690億ユーロであって，それは08年のピーク時の発行額8,190億ユーロを大幅に下回っている。さらにここ数年にわたって，発行された証券化商品のうち最終的な投資家に売り捌かれるのは50％内外であって，残りは発行金融機関のバランスシートに保有される。後者はもっぱらレポ取引などによる中央銀行からの資金調達のための担保として使用される。

　19年３月末現在の発行残高をベースにその内訳をみよう。まず，国別発行残高をみると，欧州（EU）の同月末の発行残高１兆1,913億ユーロのうち26％，3,162億ユーロはイギリス企業によるもので，さらにその内訳を担保別でみると，住宅ローン債権担保証券（RMBS）が47％，1,494億ユーロとなっている。欧州全体の証券化商品の担保別構成平均（55％）にほぼ対応している。担保別で続くのはWBS/PFI（事業証券化／プロジェクト・ファイナンス・イニシャティブ），資産担保証券（ABS），商業用不動産担保証券（CMBS）となり，それぞれ19％（615億ユーロ），17％（534億ユーロ），13％（407億ユーロ）となっている。とくにWBS/PFIを裏付けとした証券化は欧州ではイギリスに集中している（98％）。イギリスに続くのはオランダ（14％）であり，以下スペイン（12％），イタリア（12％），フランス（９％），ベルギー（５％），ドイツ（４％）となっている。担保別内訳をみるとドイツを除くその他の国ではRMBSの比率が支配的である（イタリアはABSの比率がRMBSを上回るが）。ドイツではRMBSの比率が極端に低く4.6％，29億ユーロとなっているが，住宅ローン債権を担保としたカバードボンドがこれを代替していると推測される（186ページ以下参照）。

180

第10章　M&Aと証券化市場

欧州（EU）と米国の証券化商品発行額の推移（単位：10億ユーロ）

〔出所〕 SIFMA, AFME. 2019年の金額は第1四半期の計数を年換算。

米国と欧州の証券化商品のデフォルト率

証券化のタイプ	米国 発行額（億ドル）	米国 デフォルト率（％）	欧州 発行額（億ドル）	欧州 デフォルト率（％）
RMBS（住宅ローン担保証券）	4,070	32.9%	480	0.65%
自動車ローンABS	750	10.2%	40	0.50%

（注）　デフォルト率は2007年に発行された証券化商品
〔出所〕 Intex Solution.

欧州（EU）担保別証券化商品残高（合計1兆1,913億ユーロ，2019年3月末）

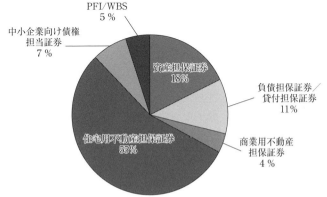

〔出所〕 Afme, Securitisation Data Report, Q1: 2019, p.11より作成。

181

第10章　M&Aと証券化市場

3．証券化市場とSTSフレームワーク　2019年3月，Simple（単純），Transparency（透明性），Standard（標準化）＝STSフレームワークに基づく最初の証券化取引がユーロ建て・フォルクスワーゲン債，およびポンド建て・ネーションワイド債として発行された。

　欧州における証券化市場改革を主導したのは欧州委員会であるが，同委員会は15年9月末，資本市場同盟（Capital Markets Union）創設の一環として証券化に関する共通ルールを規定する規則（regulation）を提案した。そこではSTS証券化に関する枠組みが規定された。この提案の目的は二重であって，第1にこれまでの様々な規則に換えてすべての証券化を単純化する，すなわちSTS証券化商品を明確にするフレームワークを創設することであり，それとともに投資家の信頼を向上させ市場活動を再建することであった。この証券化に関する枠組みには証券化商品に対してオリジネート（発起），スポンサー（保証），投資する金融機関の資本要件規制（RCR）に関する改定がともなわれている。

　STSの簡単な概要は以下のとおりである。

　単純性：裏付けとなる資産の所有権が証券化特別目的事業体（SSPE）へ移転もしくは事実上の譲渡がなされる証券化のみがSTSである。証券化資産は同種で，通常の事業活動に起因したものでなければならず，再証券化は排除される。証券化に際しては，貸付は債務不履行や信用の毀損した債務者へのものであってはならないし，その貸付に関してはすくなくとも1回の支払いがなされていなければならない。透明性：オリジネーター，スポンサー，SSPEは債務不履行および損失に関する歴史的データを提供しなければならない。データのサンプルに関しては適切で独立した機関による外部的な検証がなされなければならない。オリジネーター，スポンサーは投資家に対して，証券化の価格付けがなされる前および継続的に負債のキャッシュフロー・モデルを提供しなければならない，等。標準化：原貸手，スポンサー，あるいはオリジネーターはリスク保持要件を満たさなければならない。金利リスクおよび通貨リスクは軽減されなければならないし，その軽減方法は開示されなければならない，等。

　18年12月，欧州委員会から委託を受けた欧州銀行監督局（EBA）は非ABCP証券化およびABCP証券化に関するSTS基準に関するガイドラインを公表し，19年1月から実施したが，EUによる証券化改革は依然として未完である。

182

第10章 M&Aと証券化市場

欧州（非ABCP）証券化商品発行残高国籍別構成（1兆1,913億ユーロ：2019年3月末）

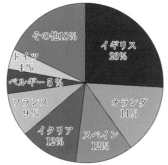

〔出所〕 Afme, Securitisation Data Report, Q1: 2019, p.12より作成。

欧州のABCP発行額の推移

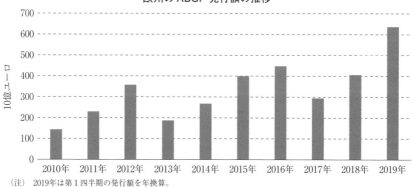

（注） 2019年は第1四半期の発行額を年換算。
〔出所〕 AFME, Securitisation Data Report, Q1: 2019, p.26より作成。

欧州のABCP発行者国籍別構成（2019年3月末：残高204億ユーロ）

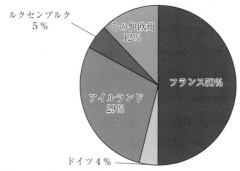

〔出所〕 Afme, Securitisation Data Report, Q1: 2019, p.26より作成。

183

第10章　M&Aと証券化市場

4．カバードボンドー発行市場と趨勢ー　　カバードボンド（以下CBと略す）は欧州で古い歴史を有しているが，19世紀までにほとんどすべての欧州諸国ではCBシステムが存在した。しかし20世紀半ば以降インターバンク市場，小売預金市場の発展が不動産担保ローンの資金調達を提供した結果，多くの欧州諸国ではCB市場はその重要性を喪失させた。この状況が大きく変化したのは20世紀最後の10年であった。1995年には最初のドイツの大口のファンドブリーフ（Jumbo Phandbrief）が発行され，ベンチマークとされた。共通通貨ユーロの導入とその後の金利低下は欧州に信用ブームを招来したがその過程で，欧州の銀行はCBシステムを再活性化させ，さらに金融危機は金融機関の最も強靭な卸売資金調達としてのCBの重要性を際立たせた。

CBはそれを発行した金融機関とプールされた担保資産が二重の遡及権(dual recourse)を負っている。投資家は第1にCB発行機関に対する債権を有し，発行者（≒金融機関）が破綻した際にはカバーされた資産に対する優先債権を保持している。投資家が発行者への遡及権を有し，したがって信用リスクの移転がないことはCBを資産担保証券（ABS）から区別する徴表（メルクマール）である。信用リスクは貸付実行者＝オリジネーターにとどまっており，損失のリスクに対しては資本を維持しければならない。一方，CBは金融機関の資金調達の一つであって，それの資金調達構造を多様化し，資産・負債管理（ALM）を容易にする。

2000年代初頭から欧州のカバードボンドの発行額は順調に増加し，07年に発行残高2兆ユーロに達した後も07年～08年の世界金融危機の影響をさほど受けず，12年にピークの2兆8,000億ユーロを更新した後は償還額が新規発行額を上回るか，ないし相殺してほぼ横ばいで推移している。発行者の国籍別区分ではデンマーク，ドイツ，フランス，スペイン，スウェーデンが上位を占め，上位5か国のシェアは75％と比較的，少数国に集中している。またカバードボンドのプールされた担保資産別の区分では不動産抵当貸付が支配的であり近年では8割以上を占める。つづいて公的部門向け貸付であるが近年ではそのシェアは2割を下回っておりオーストリア，フランス，ドイツ，ルクセンブルク，ノルウェー，スペイン，イギリスなど特定国に限られている。船舶向け貸付を担保とするカバードボンドはまれであり，デンマーク，ドイツにみられる。

184

第10章　M&Aと証券化市場

二重の遡及権（dual-recourse）を有するカバードボンド
以下に対して債権を有する証券

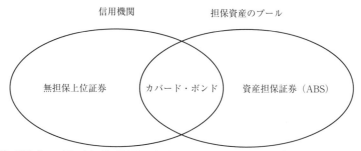

〔出所〕　ECB, Covered Bonds in The EU Financial System, Dec. 2008, p.6. Chart 1より。

欧州（EU）カバードボンド担保別発行残高推移

〔出所〕　ECBC, Fact Book, 2018, p.582より作成。

EU諸国のカバードボンド国別・担保別発行残高（2017年末，単位：2兆540億ユーロ）

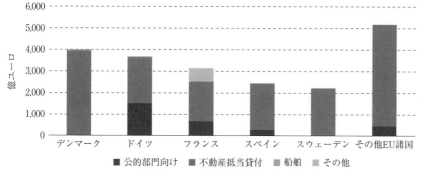

〔出所〕　ECBC, *Fact Book*, 2018, p.141, Figure 5より作成。

185

第10章　M&Aと証券化市場

5．カバードボンド－流通市場とユーロシステム－　　ネットの発行額，取引（特にベンチマークの）規模，規制要件，および投資家ベースなどがカバードボンド（以下CB）の流動性を規定する。2015年にはユーロ建てベンチマーク債の供給増がみられたがそれにはユーロ域内所在の銀行による発行増加が寄与し，後者はユーロシステムによる第3次CB買取プログラム（CBPP3）によって促進された。しかしユーロ域のグロスのCBの供給増加はCBPP3の下でのユーロシステムへの一次的配分によって相殺された。したがって，ネットベースでは伝統的な投資家による取引規模は増加することはなかった。16年にはECBの長期資金供給オペ（TLTRO2）によってこれらの銀行は超低（≒マイナス）金利資金をユーロシステムから供給され，規制の変更によって無担保の債券が銀行の資本構成を引き上げた。結果的には15年，16年の取引額と流動性はユーロシステムの金融政策によって低下し，取引規模は大幅に減少した。ここで特にCB買取プログラム（CBPP）に注目すると，それは当初のCBPP1（09年7月～10年6月），CBPP2（11年11月～12年10月）に続いて14年10月末にCBPP3がECBによって導入された後，14年に開始されていた広義の資産購入プログラム（いわゆるQE）に組み込まれた。18年6月15日現在で，ECBはCBPP3下でCB2,544億ユーロ（償還額ベース）を保有しており，発行市場から73％，流通市場から63％を購入したと報告している。

18年の最初の5か月では資産購入プログラム（APP）全体に占めるCBPP3のシェアは9％超になり，17年4月から12月にかけて月々の購入額600億ユーロが占めたシェアの約2倍になった。その結果17年4月以来のネットの購入額は24億～40億ユーロと比較的安定的なレンジに収まっていた。同様にグロスの購入額は38億～50億ユーロに維持されていた。

一方CBPPによる保有額合計は18年5月末現在で2,630億ユーロだったが，これはユーロ圏のベンチマークCB残高の約40％を占めている。順調に進めば，18年末までには2,700億ユーロを超えるであろう。以上のCBPPの下，ユーロシステムによる流通市場および発行市場からのCBの大量購入は，クラウドアウトされた市場の債券価格やスプレッドに有意な影響を与えていることが予想される。

186

第10章 M&Aと証券化市場

ユーロ・ベンチマーク・カバード・ボンド新規発行における投資家別シェア

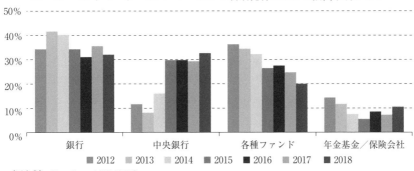

〔原出典〕 Bloomberg, ABN AMRO
〔出所〕 ECBC, European Covered Bond Fact Book, 2018, p.60.

ユーロシステムによる資産購入プランによる購入額内訳とCBPP3のシェア

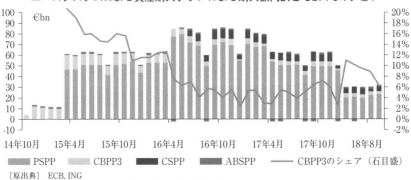

〔原出典〕 ECB, ING
〔出所〕 ECBC, European Covered Bond Fact Book, 2018, p.51.

カバードボンド月間取引額内訳別（単位，10億ユーロ）

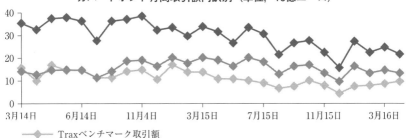

〔原出典〕 Bloomberg, Trax, Commerzbank Research
〔出所〕 ECBC, European Covered Bond Fact Book, 2018, p.61.

187

第11章　投資ファンド

1．欧州投資ファンド市場の概観　　欧州29ヵ国のオープンエンドファンド
は機関投資家向けも含めると2018年末現在で14兆4千億ユーロに達し，過去10
年間で2.44倍になった。国別ではオランダ（4.53倍），スイス（4.26倍），ノル
ウェー（4.08倍）の伸びが顕著であった。

　機関投資家向けを除いたオープンエンドファンドを投資信託と呼ぶとすれ
ば，投資信託の規模は11兆7千億ユーロである。米国に比べれば6割の規模で
あるが日本の14倍である。1人あたりの投資信託保有額は19,505ユーロで米国
の3分の1，日本の3倍である。国別の残高は，世界各国で販売される外国籍
ファンド（オフショアファンド）の登録国となっているルクセンブルグとアイ
ルランドを除くと，フランスが最も大きく，次いでオランダ，スイス，ドイツ
の順となっている。投資信託の本数は比較的多く，したがって1本当りの規模
は2.60億ユーロと小さく，米国の7分の1である。これに伴うコスト高を改善
するため，EUは国を跨ぐファンド合併を容易にするなどの措置も講じている。

　ファンドの商品分類内訳は，株式ファンド28％，債券ファンド24％，バラン
スファンド20％，MMF9％，その他20％となっている。株式型とバランス型
を合わせてみると48％になり，米国の63％より低く，アジア・パシフィックの
49％とほぼ同じである。リスク資産への投資という意味では米国よりやや保守
的である。

　ファンドの顧客層は，保険経由など間接的保有を含めると個人の比重が高い
が，年金基金や保険会社，その他法人による保有も多い。販売チャネルについ
ては，ユニバーサルバンク制をとる欧州大陸の事情を反映して銀行・保険会社
の対面販売が主要な窓口となってきたが，最近ではITを活用したオンライン
販売の台頭も著しい。

　ファンドの形態については契約型と会社型が併存しており，運営規制につい
てはUCITS指令およびAIFMDというEUに共通するファンド規制を設けて
おり，それに基づいて各国が法令を定めている。

第11章 投資ファンド

ヨーロッパのオープンエンドファンド市場の規模 （2018年末）

国・地域	オープンエンドファンド残高 （百万ユーロ）	投資信託残高 （A） （百万ユーロ）	GDP(B) （百万ユーロ）	(A)／(B)	人口(C) （百万人）	1人当たり投資信託保有額 （A)／(C)	投資信託本数(D)	1投資信託当たり規模 （百万ユーロ） ((A)／(D))
ルクセンブルグ	4,064,644	3,550,459	60,061	5911%	0.59	6,014,454	11,474	309
アイルランド	2,421,457	1,887,295	325,498	580%	4.8	392,880	4,747	398
ドイツ	1,920,092	358,068	3,493,790	10%	82.3	4,351	2,188	164
フランス	1,812,023	1,812,023	2,423,799	75%	65.2	27,778	10,804	168
オランダ	749,940	749,940	797,292	94%	17.1	43,896	931	806
スイス	463,734	463,734	614,629	75%	8.5	54,276	887	523
スウェーデン	293,586	293,586	481,341	61%	10.0	29,409	528	556
スペイン	283,717	283,717	1,245,301	23%	46.4	6,115	2,584	110
イタリア	206,554	204,203	1,809,782	11%	59.3	3,444	842	243
オーストリア	144,136	58,627	399,683	15%	8.75	6,699	639	92
デンマーク	120,727	120,727	306,440	39%	5.8	20,980	599	202
ノルウェー	120,570	120,570	379,858	32%	5.4	22,522	865	139
フィンランド	87,341	87,341	240,455	36%	5.5	15,758	404	216
ベルギー	85,675	85,675	465,636	18%	11.5	7,451	735	117
リヒテンシュタイン	44,429	44,429	5,700	779%	0.04	1,164,430	1,566	28
ポーランド	34,733	34,733	511,803	7%	38.1	912	440	79
ハンガリー	13,525	12,359	135,985	9%	9.7	1,276	240	51
ポルトガル	11,853	11,853	208,306	6%	10.3	1,152	136	87
チェコ	10,929	10,929	211,399	5%	10.6	1,029	159	69
スロバキア	6,605	6,541	93,087	7%	5.4	1,200	83	79
トルコ	6,469	6,469	669,369	1%	81.9	79	398	16
ギリシャ	4,143	4,143	191,351	2%	11.1	372	175	24
ルーマニア	4,128	4,128	209,477	2%	19.6	211	78	53
マルタ	2,782	2,651	12,668	21%	0.43	6,135	121	22
クロアチア	2,600	2,600	53,003	5%	4.2	624	96	27
キプロス	2,448	2,448	21,390	11%	1.2	2,059	69	35
スロベニア	2,402	2,402	47,373	5%	2.1	1,154	98	25
ブルガリア	718	718	56,736	1%	7.0	102	123	6
イギリス	1,469,744	1,469,744	2,470,428	59%	66.6	22,077	3,033	485
ヨーロッパ計	14,391,702	11,692,111	17,941,641	65%	599.4	19,505	45,042	260
（参考）								
米国	18,408,328	18,408,328	17,898,734	103%	326.8	56,335	10,066	1,829
日本	1,575,990	843,479	4,342,297	19%	127.2	6,632	6,120	138

（注）1．オープンエンドファンドはミューチュアルファンド，ETF，機関投資家向けファンドからなり，ファンドオブファンズは除く。投資信託はミューチュアルファンドとETFの合計とした
　　　2．ファンド残高とファンド本数は国際投資信託協会（IIFA）による
　　　3．GDPはIMFから取得（リヒテンシュタインだけは欧州投資信託協会）。ただし，一部の国の2018年は推計値
　　　4．人口はWorld Population Reviewから取得

オープンエンドファンドの商品分類内訳 （2018年末）

	株式	債券	バランス	MMF	その他
米国	56.4%	22.3%	6.6%	14.4%	0.3%
欧州	28.3%	23.8%	19.6%	8.8%	19.5%
アジア・パシフィック	43.9%	9.7%	4.6%	21.5%	20.3%
世界	42.7%	21.7%	12.5%	13.0%	10.1%

〔出所〕　国際投資信託協会（IIFA）

2. 欧州投資ファンドの共通規制基準　EU は金融市場の諸分野において域内に共通な規制を設けているが，ファンドについても「譲渡可能証券への集合的投資事業（Undertakings for Collective Investment in Transferable Securities－略称 "UCITS"）指令」および「オルタナティブ投資ファンド運用者指令（Alternative Investment Fund Managers Directive）－略称 "AIFMD"」という 2 つの指令（Directive）がある。これらの指令は主にファンドの組成・運営・情報開示について規定しており，投資サービス業者による投資家への販売行為に関連しては別の「金融商品市場指令（MiFID Ⅱ）」が規定している。

UCITS 指令は1985年に初めて制定され，EU 域内共通のファンド運営基準を設けることにより，この基準に適合するファンドを域内全域で販売することを可能とした（ファンドパスポート制度）。その後，改定が行われ，UCITS Ⅳ では，①管理会社パスポート制度，②本国以外でのファンド販売手続きの簡素化，③国境を越えたマスターフィーダー制度，④投資家向けの重要事項説明書（KIID）の簡素化，⑤国境を越えたファンド合併制度などの導入・改善が行われ，UCITS Ⅴ では，①預託機関の適格性および機能の明確化，②報酬方針に関する規則の導入，③ EU 全域における制裁規則の見直しなどが行われた。現在は16年施行の UCITS Ⅴ が適用されており，次頁にその条文構成を示した。

AIFMD は，プロ投資家向けの「UCITS 指令に基づく許認可を受けたファンド以外の集団投資事業（AIF）」に関する EU 全域での運用・販売を可能にするための統一的基準である。AIFMD は AIF を規制するだけでなく，AIF の運用に関わる機関の管理・事務・販売を主に規制対象としており，11年 6 月に制定され，14年 7 月に完全施行となった。

このような統一基準の整備に伴い，ファンドに関する統計の取り方についても EU 域内での統一化が図られた。13年10月に ECB が制定した規制により，EU 域内各国の中央銀行は自国のミューチュアルファンドの統計を所定の様式で ECB に提出する制度が15年 1 月から完全施行となった。この結果，従来あった各国の独自規制ファンドという分類に代わって，UCITS あるいは AIF に基づく分類でファンド統計が公表される機会が増えている。

第11章　投資ファンド

EU の UCITS 指令Ⅴ（DIRECTIVE 2014/91/EU）の内容

第1章　対象事項・範囲，および定義（1～4条）
第2章　UCITS の認可（5条）
第3章　管理会社に関する要件
　　　第1部　事業開始にあたっての条件（6～8条）
　　　第2部　第三国との関連（9条）
　　　第3部　事業執行にあたっての条件（10～15条）
　　　第4部　域内における支店設置およびサービス提供の自由（16～21条）
第4章　預託機関に関する要件（22～26b条）
第5章　投資会社に関する要件
　　　第1部　事業開始にあたっての条件（27～29条）
　　　第2部　事業執行にあたっての条件（30～31条）
第6章　UCITS の合併
　　　第1部　原則，認可・承認（37～40条）
　　　第2部　第三者による統制，保有者の受領情報，保有者の権利（41～45条）
　　　第3部　コスト，合併効力の発生（46～48条）
第7章　UCITS の投資方針に関する要件（49～57条）
第8章　マスター・フィーダー方式
　　　第1部　適用範囲・承認手続き（58～59条）
　　　第2部　フィーダーUCITS・マスターUCITS に関する一般規定（60条）
　　　第3部　保管会社・監査人（61～62条）
　　　第4部　フィーダーUCITS の情報開示，販売時の伝達（63条）
　　　第5部　既存 UCITS のフィーダーUCITS への転換，マスターUCITS の変更（64条）
　　　第6部　その他の要件および所轄当局（65～67条）
第9章　投資家への情報提供に関する要件
　　　第1部　目論見書および定期情報の発行（68～75条）
　　　第2部　その他の情報（76～77条）
　　　第3部　投資家向け重要情報書（Key investor information）（78～82条）
第10章　UCITS の一般的要件（83～90条）
第11章　設立国以外で販売する UCITS に適用する特別規定（91～96条）
第12章　認可・監督当局に関する規定（97～110条）
第13章　執行の委任行為及び権限（111～112a条）
第14章　特例，経過および最終規定
　　　第1部　特例（113～114条）
　　　第2部　経過および最終規定（115～119条）

付属書Ⅰ　表A（目論見書の記載要件），表B（定期報告書の記載要件）
付属書Ⅱ　集合的ポートフォリオ管理活動に含まれる機能
付属書Ⅲ　PART A：廃止される指令（指令117条関連）
　　　　　PART B：各指令の各国法への転換期限・実施日（指令117条関連）
付属書Ⅳ　第1次指令（85/611/EEC）条文と今回の指令条文との関係

〔出所〕　杉田浩治氏作成

191

第11章　投資ファンド

3．ファンド登録地としてのルクセンブルグ・アイルランド　　ルクセンブ
ルグとアイルランドは世界各地で販売される外国籍ファンド（オフショアファ
ンド）の登録地として重要な地位を占めている。両国で設立されたファンドの
残高が世界全体のオープンエンドファンド残高に占める比率を計算すると傾向
的に高まっており，2018年末現在で15.9％となっている。また世界全体の45％
を占め，外国投信の販売が行われていない米国を除いた投資ファンド残高に占
める割合は，18年末には29.0％に達している。両国は世界における投資ファン
ドビジネスのグローバル化の尖兵を担っているといえよう。

　両国に設立されたファンドのスポンサー会社の母国別内訳を見ると，ルクセ
ンブルグが幅広くヨーロッパ諸国の会社を集めているのに対し，アイルランド
は英語圏の米国・イギリスの会社が集中している。また，両国のファンドは欧
州諸国で万遍なく登録されていることが確認できる。

　両国のファンド残高を比較すると18年末現在でルクセンブルグが４兆646億
ユーロ，アイルランドが２兆4,214億ユーロである。この差は歴史的な要因に
よるところが大きい。すなわち，ルクセンブルグは60年代頃からヨーロッパ各
国の金融機関がスポンサーとなって設立した国際ファンド（運用も販売も国際
的に行うファンド）の設立地となっていた。その理由は，税負担が低いこと，
欧州諸国の国民感情的に最も無難で国際ファンドの設立地としての条件を整え
ていたことにあるといわれる。そして85年に前述のUCITS指令が制定された
後，ルクセンブルグが直ちにその要件に沿った法改正を行って受け入れ体制を
整えたことも，多くのUCITSを誘致する結果になった。ルクセンブルグ籍
ファンドの商品分類内訳は，米国や他の欧州各国と比べると債券型とバランス
型が多い傾向がある。

　一方，アイルランドが国際金融サービスセンターと称する金融特区をダブリ
ンに設け，ファンド等を誘致し始めたのは80年代後半である。アイルランド投
信協会の投信残高統計も91年からしか存在しない。このように歴史が短いこと
もあり残高はルクセンブルグの６割程度であるが，成長率は高く，最近５年間
（13年末〜18年末）の残高推移を見ても，ルクセンブルグの55％増に対しアイ
ルランドは81％増となっている。特にETFについては欧州における組成・管
理の中心地としての地位を確立している。

192

第11章　投資ファンド

ルクセンブルグ籍・アイルランド籍ファンドの残高と世界のファンド残高に占める割合

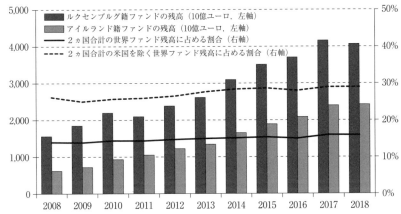

(注)「ファンド」とはファンド・オブ・ファンズを除くオープンエンドファンドのことである
〔出所〕 国際投資信託協会（IIFA）資料より作成

ルクセンブルグ籍ファンドのスポンサー母国別内訳（10億ユーロ，2018年末）

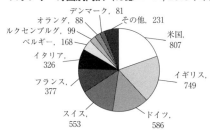

〔出所〕 ルクセンブルグ投資信託協会

ルクセンブルグ籍ファンドの国別登録数（本数，2018年末）

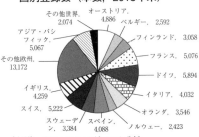

〔出所〕 リフィニティブと PwC 分析

欧州における ETF の純資産残高推移（10億ユーロ）

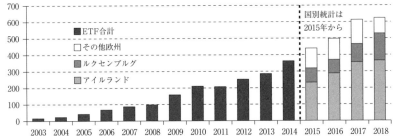

(注) 1．2014年以前は Deutsche Bank, Bloomberg Finance, Reuters（2017）による ETF 合計
　　 2．2015年以後は欧州投資信託協会（EFAMA）の統計で UCITS のみ
　　 3．2015年と2016年で純資産額を比較すると Deutche Bank 等（2017）の方が6.1％，8.6％高い

193

第11章　投資ファンド

4．フランスの投資ファンド市場　フランスは資産運用市場の規模が4兆ユーロに迫り，実質的に（すなわちオフショアファンドの基地国を除外すると）欧州で第一，世界で米国に次ぐ第二の資産運用大国である。運用資産は投資一任によるものとファンドによるものがほぼ同様な規模になっており，ファンド運用の残高はドイツと並び欧州一位の座を争っている。2018年末のファンド残高は226兆円で日本の2倍，一人当たり保有額では346万円と日本の83万円の4倍に達している（1ユーロ124.7円で換算）。

　ファンドの形態は会社型のSICAV（société d'investissement à capital variable）と契約型のFCP（fonds communs de placement）の両方がある。SICAVとFCPの内訳は13年末ではFCPが約85％であったが，その後，統計の発表形式の変更により内訳が不明になった。17年末ではフランス籍のUCITSが3,163本，AIFが7,697本ある。フランスで登録されている外国籍ファンドは少なくとも7,897本に及ぶ。

　ファンドの商品分類内訳をみると他国に比べて伝統的にMMFの比重が高く，18年末で全体の18％を占めている（ヨーロッパ全体の平均は8％）。その理由は，フランス人が保守的であること，預金業務規制が厳しく流動性資金の運用対象としてMMFが利用されていたことなどが挙げられる。商品分類内訳で「その他」が多いが，証券化商品ファンド，従業員貯蓄ファンド，不動産ファンドが主たるものになっている。

　ファンドの保有者別内訳（金額ベース）を見ると，個人は16％に過ぎないが保険商品経由の間接的保有を含めると50％を超える。保険会社以外の銀行等金融法人の保有も18％あり，外国（金融機関が多い）の保有も13％ある。

　運用会社は欧州全域で4,194社あり，イギリスの1,050社につづき，フランスは630社で2位である。3位ドイツの325社の2倍に近い（16年末時点）。数では，親会社が銀行・保険会社である割合は約30％で，他の欧州各国と比べると低く，その他・独立系が多いが，銀行・保険会社系の上位4社が資産額シェアの75％以上を占める寡占状態にある。販売チャネルは銀行が6割を超え，保険会社と合わせると9割近くになり，ほとんど自社系のファンドだけを推奨している。フィナンシャルアドバイザーの比率は1割程度にすぎない。

194

第11章　投資ファンド

フランスの資産運用額の推移（10億ユーロ）

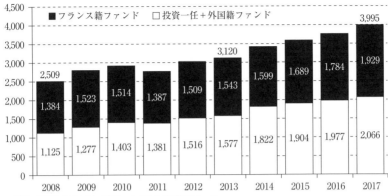

（注）2018年末のフランス籍ファンドは1兆8,120億ユーロ．
〔出所〕フランス金融管理協会（AFG）

投資ファンドの商品分類内訳の推移

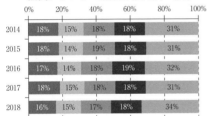

（注）その他は，証券化商品，従業員貯蓄，不動産，保証型など．
〔出所〕EFAMA FACT BOOK2018，フランス投資ファンド月次統計

主要国の投資ファンドでのMMF比率（%）

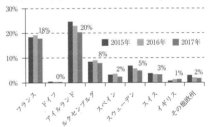

〔出所〕EFAMA FACT BOOK2018のデータから計算

フランス投資ファンドの保有者別内訳（2018年末）

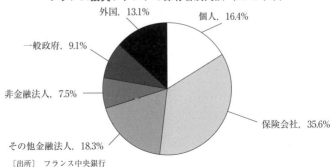

〔出所〕フランス中央銀行

195

第11章　投資ファンド

5．ドイツの投資ファンド市場　　ドイツの運用総資産額は過去10年でほぼ倍増し，2018年末には約3兆ユーロに達した。内訳としては，投資一任資産は3,520億ユーロに過ぎず，個人投資家向けの公募ファンドが9,740億ユーロ，機関投資家向けのスペシャルファンドが1兆6,190億ユーロあり，投資ファンドの割合が大きいのが特徴である。過去10年でスペシャルファンドは153％増加し，公募ファンドの69％増加を大きく上回っている。

　商品分類内訳をみると，公募ファンドは株式型を中心にバランス型と合わせて60％近いが，スペシャルファンドはバランス型単独で50％を超えている。債券型は公募ファンドよりもスペシャルファンドの方が比率が大きく，機関投資家よりも個人の方がリスクを取る運用をしている。なお，「その他」の中ではファンドオブファンズの成長が著しい。

　オープンエンドファンドの中に不動産型があるのもドイツ資産運用業の特徴の一つである。オープンエンド型の不動産ファンドは59年から存在していたが，69年の法改正により法的にも明示された。18年末に公募ファンドで953億ユーロ，スペシャルファンドで1,026億ユーロあり，オープンエンド型国内ファンドの9.6％を占めている。

　スペシャルファンドは，法人・機関投資家により保有される，いわゆる私募ファンドである。60年代に第1号が誕生し，50年スタートの公募ファンドに比べ歴史は新しいが，その規模は92年に公募ファンドを上回った。18年末でスペシャルファンドの保有者別内訳をみると，保険会社と退職年金で6割を超え，金融機関，事業法人，民間非営利団体（教会など）が各々10％程度を占める。18年にはどの保有者グループも純資金流入となっていた。

　ドイツは国内販売のために登録されている外国籍ファンド数は世界一であり，18年末現在で10,518本もある。このうち5,894本は隣国のルクセンブルグ籍である。オープンエンド型の個人向けファンド9,740億ユーロのうち51％が外国籍である。

　ファンドの形態は契約型が中心であり（法的には会社型も用意されている），運用会社は銀行・保険会社系が多く，販売も銀行等を中心に行われている。ドイツはロボ助言についてはイギリスと共に欧州を牽引する国になっている。

196

第11章 投資ファンド

ドイツの資産運用額の推移（10億ユーロ）

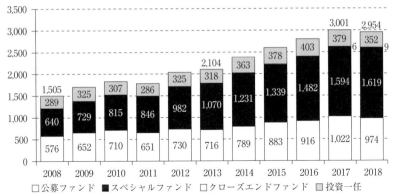

（注）「ファンド」には外国籍ファンドおよびファンドオブファンズも含む
〔出所〕 ドイツ投資ファンド協会（BVI）

公募ファンドの商品分類内訳の推移

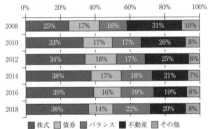

〔出所〕 ブンデスバンク（ドイツ連邦銀行）

スペシャルファンドの商品分類内訳の推移

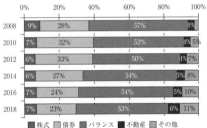

〔出所〕 ブンデスバンク（ドイツ連邦銀行）

スペシャルファンドの保有者別内訳（2018年末）

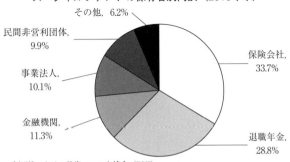

〔出所〕 ドイツ投資ファンド協会（BVI）

197

第11章　投資ファンド

6．UCITS ファンドの実質パフォーマンス　　欧州でも個人投資家に健全
な形での資本市場参加を促すことが重要な政策課題になっている。個人投資家
に対して，投資商品に関する明瞭で包括的かつ比較可能な情報を提供すること
が求められており，2017年10月に欧州委員会は欧州監督当局（銀行，保険・年
金，証券市場の３つ）に対して，個人投資家向け商品のパフォーマンスとコス
トを分析し継続的に調査報告書を発行することを要請した。これを受けて，欧
州証券市場監督局（ESMA）は19年１月に初めて UCITS のパフォーマンスと
コストに関する年次統計報告書を発行した。

　この報告書では，UCITS の商品分類は株式，債券，バランス，MMF，オル
タナティブの５つとし，期間は17年までの１年間，３年間，７年間，10年間の
４通り，投資家種類は個人投資家と機関投資家，運用手法はアクティブとパッ
シブに分け，国別に UCITS ファンドのパフォーマンスを計算し，コストおよ
びインフレを控除して実質パフォーマンスを算出した。この報告書で集計対象
となったのは14カ国にとどまったが，今後拡大が期待される。

　３年の測定期間でみると，インフレ控除後の実質ネットリターンは株式ファ
ンドではグロスリターンの約４分の１が失われ，他の種類のファンドでは約半
分が失われる結果となった。10年の測定期間では株式ファンドも含めてグロス
リターンの半分以上がコストおよびインフレで失われていた。低金利の影響を
大きく受ける MMF では実質ネットリターンはマイナスとなっていた。コス
トおよびインフレによるロス率はグロスリターンが低くなるほど顕著になって
いる。個人投資家が機関投資家の約２倍のコストを支払っていることも確認さ
れた。今後，コスト低減策に関する真剣な議論が不可避なものとなるだろう。

　国別にみてもロス状況の傾向は似ていて，継続コストとインフレの影響が大
きいことが分かる。ただし，販売の仕組やフィーの反映に関する慣行が国に
よって異なるため，コストを単純に国別比較することは控えるべきであろう。

　なお，これらの測定では，分析用データベースの項目が十分でない中，近似
的に行っている部分があり，データベースの整備が進めば，設定・解約コスト
の推計値が大きく変化する可能性がある。今後発行される年次統計報告書に注
目していきたい。

198

第11章 投資ファンド

商品分類別・投資期間別のUCITSのパフォーマンスとコスト

商品分類	グロスリターン	継続コスト	設定コスト	解約コスト	ネットリターン	ロス率	インフレ率	実質ネットリターン	ロス率
_3年（2015〜2017年）									
株式	10.77	1.73	0.15	0.03	8.86	−18%	0.70	8.15	−24%
債券	4.02	1.10	0.19	0.05	2.68	−33%	0.63	2.05	−49%
バランス／ミックス	5.01	1.62	0.21	0.05	3.13	−38%	0.71	2.43	−51%
MMF	0.13	0.23	0.06	0.02	−0.18	−−	0.50	−0.68	−−
オルタナティブ	5.01	1.62	0.21	0.05	3.13	−38%	0.71	2.43	−51%
10年（2008〜2017年）									
株式	7.34	1.77	0.19	0.03	5.35	−27%	1.73	3.63	−51%
債券	5.25	1.14	0.24	0.04	3.83	−27%	1.70	2.13	−59%
バランス／ミックス	4.64	1.59	0.21	0.03	2.81	−39%	1.72	1.09	−77%
MMF	1.15	0.36	0.04	0.02	0.73	−37%	1.43	−0.70	−161%
オルタナティブ	3.91	1.44	0.30	0.10	2.07	−47%	1.65	0.42	−89%

（注）「ロス率」は原資料にはなく筆者が計算
〔出所〕 ESMA報告書から抜粋し一部加工して作成

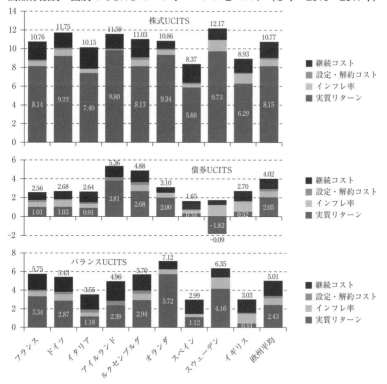

商品分類別・国別のUCITSのパフォーマンスとコスト（3年：2015〜2017年）

〔出所〕 ESMA報告書から抜粋。対象国のうちオーストリア，ベルギー，デンマーク，フィンランド，ポルトガルは割愛

199

第12章　証券税制

1．欧州における資本所得課税の動向　近年の欧州諸国における個人所得課税の共通の特徴は，利子，配当，株式キャピタル・ゲインといった資本性の所得に対して低率の分離課税が適用される点にある。こうした潮流は，グローバル化の進展を背景に1980年代後半から90年代前半にかけてデンマークなどの北欧諸国で導入された，資本所得税を累進的な労働所得税から切り離した「二元的所得税（Dual Income Tax）」に始まる。その後，スウェーデン，ノルウェー，フィンランドでの二元的所得税の定着を受けて，オランダも01年にこれに類似する「ボックス税制」を導入した。ドイツでは，個人が受け取る金融所得に対して09年から一律25％で源泉分離課税されることになった。フランスでも，同様の金融所得には従来，総合課税が原則であったのが，18年から30％の単一税率が適用され始めている。同様に，他の欧州諸国の個人所得税も，「部分的な二元的所得税」と称されるように，資本所得に対しては別建ての比例税率を適用する傾向にある（オーストリア，ベルギー，ギリシャ，イタリア，ポルトガル）。

法人課税の領域では，90年代以降盛んになった世界的な租税競争の下で，税率水準が著しく下げられてきたが，10年代にはEU諸国でそうした傾向は幾分鈍くなっている。EU加盟国の平均でみた法定法人税率（地方税と付加税を含む）は，95年から10年（23.2％）までに約12％ポイント低下するものの，18年はなお21.9％にとどまる。EU内には最近でもさらなる法人減税を実施する国がある反面，18年のラドビア（15％→20％）やポルトガル（29.5％→31.5％）のように法定税率を引き上げる例も目立つ。他方で，EU平均でみた法人税収の対GDP比10年の2.4％から16年の2.7％に上昇している点から，むしろ10年代はEU諸国が全体として従来の法人税政策の転換に舵を切り出したとみてよいかもしれない。こうした背景には，多くの国で2000年代後半の世界同時不況によって極度に悪化した財政収支を回復する必要に迫られたことに加え，この間，多国籍企業による国境を越えた大規模な課税逃れを防ぐために12年にOECDがスタートさせた，国際的なBEPS（Base Erosion and Profit Shifting；税源浸食と利益移転）プロジェクトの進展がある。

第12章　証券税制

個人資本所得に対する法定税率（2019年）

	利　子	配　当	株式キャピタル・ゲイン
オーストリア	27.5(1)	27.5(2)	27.5(2)
ベルギー	30(3)	30(4)	非課税
デンマーク	0〜42	27〜42	27〜42
フィンランド	30〜34	30〜34(5)	30〜34
フランス	30(2)	30(2)(6)	30(7)
ドイツ	26.375(2)(8)	26.375(2)(8)	26.375(2)(8)
ギリシャ	15	10	15(9)
アイルランド	20〜40(10)	20〜40	33(11)
イタリア	26(12)	26	26
ルクセンブルク	0〜45.78(13)(14)	0〜45.78(14)	非課税(15)
ノルウェー	22	31.68(16)	31.68(16)
ポルトガル	28(2)	28(2)	28(17)
スペイン	19〜23	19〜23	19〜23
スウェーデン	30	30	30
スイス	0〜11.5(18)	0〜11.5(18)	非課税
イギリス	0〜45	7.5〜32.8(19)	10〜20

（注）1．銀行預金利子は25%，私募債利子は総合課税。総合課税の選択も可。
2．総合課税の選択も可。
3．預金利子は980ユーロまで非課税で，その超過額に15%。
4．800ユーロまで非課税。
5．上場株式は受取配当の85%に課税。
6．総合課税を選択した場合，受取配当の6割のみ課税所得に算入。
7．総合課税を選択した場合，保有期間に応じた控除が適用可。
8．801ユーロの貯蓄者概算控除の適用可。
9．併せて売却収入に2%の取引税がかかる。
10．預金口座利子は35%（2020年は33%）。
11．1,270ユーロまで非課税。
12．一定の公債利子は12.5%。
13．銀行預金・国債等の利子は20%の源泉分離課税。
14．利子・配当の合計が1,500ユーロまで非課税。
15．保有期間6カ月以下の短期キャピタル・ゲインで，500ユーロを超える金額は総合課税。
16．株式所得のうち機会収益率に基づく部分は非課税（RRA：rate of return allowance）。
17．小規模非上場企業の株式は50%のみ課税。
18．連邦税のみ。これに州・地方の所得税がプラスされる。
19．2,000ポンドまで非課税（2018年4月以降）。
〔出所〕 PriceWaterhouseCoopers, *Worldwide Tax Summaries* 等により作成。

オランダにおけるボックス税制の概要（2019年）

①所得分類
Box1：給与所得，事業所得，年金所得，主たる住宅の帰属家賃など
Box2：株主所得（出資金額が資本金全体の5%以上を占める非上場企業の株主に発生する配当およびキャピタル・ゲイン）
Box3：貯蓄・投資所得（利子，配当，不動産所得など）
②課税方法
Box1：9，10.45，38.1，51.75%の4段階の累進税率で課税(1)。
Box2：25%の比例税率で課税。
Box3：一定のみなし収益率(2)に対して30%の比例税率で課税。
③損益通算
異なるBox間での損益通算はできないが，同一Box内での繰越し・繰戻しは可能。

（注）1．最初と2番目のブラケットについてのみ27.65%の社会保険料が加算される。
2．純資産額の規模によって1.94%，4.45%，5.6%の3種類のみなし収益率が適用される（2017年〜）。
〔出所〕 PriceWaterhouseCoopers, *Worldwide Tax Summaries*

201

第12章　証券税制

2．EU 税制調和の進展(1)－法人課税－　　1993年の市場統合の開始，99年
のユーロの導入により，欧州では財・サービス，資本の自由な取引を阻む制度
的障壁が大幅に撤廃された。そのため各国で課される税負担の僅かな差異も国
境を越える経済活動に影響を与えやすくなったことから，域内の税制調和が，
EU が検討すべき最重要課題の１つと位置付けられるようになった。しかし，
間接税と異なり，法人税の分野では必ずしも調和は順調に進んでいない。それ
には，課税権の侵害に対する各国の抵抗が強いことに加え，国ごとの法人課税
に関する考え方の違いや国家間での税収配分をめぐる問題も関わっている。

　これまでの法人税調和の経緯を見ると，欧州委員会が設置したルディング委
員会による92年の報告が現在でも重要な指針となっている。同報告は，加盟国
間の法人税制の相違が国境を越える企業活動に歪みをもたらしていることを実
証し，それを除去するには EU レベルでの対応が不可欠であると勧告した。

　しかし，同勧告は欧州委員会によって採択されず，93年に発効したマースト
リヒト条約に盛り込まれた「補完性原則」により税制調和はその後退を余儀な
くされ，結果的にその後の租税競争の激化をもたらすこととなった。

　90年代後半になると，このような「有害な租税競争」に対抗すべく97年の
ECOFIN において「EU における有害な税競争取り組みのためのパッケージ」
が発表され，その一部として，有害な税制導入を禁ずるなど法人課税に関する
行動規範が策定された。その後，01年に欧州委員会が新たな法人課税プランを
発表して以降，税制調和に向けた動きが具体化する。委員会は，05年に域内の
多国籍企業に対して「共通の課税ベース」を適用する旨の政策方針を確認した。
この方針は，CCCTB（Common Consolidated Corporate Tax Base）の導入に
向けた Communication として07年に同委員会で採択された後，11年に正式に提
案された。CCCTB の下では域内の多国籍企業は単一のルールに従って連結課
税所得を算定でき，それが一定の配分基準（apportionment formula）に従っ
て関連国間でシェアされる。だが，同提案はなお最終合意に達しなかったこと
から，16年に委員会は，①課税ベースの共通化と連結化（consolidation）を切
り離して段階的に実現する，②一定の大規模多国籍企業にのみ適用を義務化す
る（当初案は全ての多国籍企業に選択制を認めた）などの変更を加え，税務執
行面に配慮しつつも大企業の BEPS 防止を優先する新たな提案を行っている。

202

第12章　証券税制

欧州主要国における法人税率の動向

	法定税率(1)	2010年からの変化	実効税率(2)	2010年からの変化
オーストリア	25.0	0.0	23.1	＋0.4
ベルギー	29.6	− 4.4	29.3	＋4.0
デンマーク	22.0	− 5.0	20.0	− 2.6
フィンランド	20.0	− 6.0	19.5	− 4.3
フランス	34.4	0.0	33.4	＋0.6
ドイツ	30.2	0.0	28.8	＋0.8
ギリシャ	29.0	＋5.0	27.6	＋6.6
アイルランド	12.5	0.0	14.1	− 0.3
イタリア	27.8	− 3.6	23.5	− 4.0
ルクセンブルク	26.0	− 2.6	23.7	− 1.3
オランダ	25.0	0.0	22.5	＋0.3
ポルトガル	31.5	＋2.5	20.0	− 6.6
スペイン	25.0	− 5.0	30.1	− 2.7
スウェーデン	22.0	4.3	19.4	− 3.8
イギリス	19.0	− 9.0	20.5	− 7.9

（注）1．2018年における法定最高税率で，付加税および地方税を含む。
　　　2．2017年における法人課税および個人課税を考慮した平均実効税率。
〔出所〕European Commission, *Taxation Trends in the European Union*, 2018.

欧州における法人税調和に向けての主な指令・勧告等

発表年	名称	概　　要	結果
1963年	Neumark 報告	法人税改革についての初めての意見書。この報告は租税負担率，財政構造，租税構造の調整など広く検討している。その中で簡単ではあるが，共通法人課税について触れている。法人税を西ドイツの配当軽課方式の法人税制をモデルとして統一することとし，その際には留保約50％，配当15−25％の税率による二重率制度を共通法人税制とすることを提案。	国際的にあまり注意を引かず議論されることもなかった。
1970年	Van・Dem・Tempel 報告	国際的二重課税の救済措置が的確に規定されていれば，居住者による国内，国外いずれの投資に対しても立地中立性は維持されるとした分離方式を提案。	提案の分離方式による税制調和は採用されなかった。
1975年	EC 共通税制指令案	①法人税率：配当・留保に関わらず一本の税率とし，通常の税率は45−65％とすることを提案。②インピュテーション方式：株主が居住者であり，かつ税額控除額をグロスアップした受取配当額が課税所得として算入され課税されているときは，法人税額をグロスアップした配当額に対して通常の税率をかけて算出した法人税額の45−55％の税額控除が認められる。	各国税制の基本的部分に抵触する内容であったため，指令案完成後もほとんど審議されず90年4月10日に撤回された。
1992年	Ruding 報告	企業税制の調整に勧告を行った。①企業の生産活動の立地決定にとって租税は重要な要因であり，加盟国間の法人税の差異によって生じる重要な歪みが存在していることを「資本コスト」という概念を用いて分析。各国の資本コストを計算することで，法人税率と課税標準の共通化の影響を分析。②EC 内部で自由で公正な競争が行われるためには，最低限のルール（税率の調整等）作りが必要なことを提案。③二重課税を除去するための手段の実施段階を3段階に分類。	採択されなかった。
1997年	行動規範	「有害な税に対する包括的取り組み（税制パッケージ）」を発表。税制パッケージは3つのテーマからなり，そのうちの1つが「法人課税に関する行動規範」となっている（他の2つは・グループ企業間の利子・ロイヤリティー支払いに対する課税・域内非居住者に支払われる利子課税に関するもの）。この「行動規範」は，非居住者のみを対象とする優遇税制等，有害な税制の基準を示し，この基準に照らして「有害」と認められる現行税制を2003年1月までに廃止すること，また今後新たに「有害」な税制を導入しないことを規定。99年11月のEU 報告書では66の税制措置が「有害」と判定された。	長期に及ぶ審議過程で修正が加えられ，2000年6月のフェイラサミットでの合意を経て，03年6月の欧州理事会で「税制パッケージ」に関する指令は採択された。
2011年	CCCTB 指令案	EU 域内で活動する法人企業の課税ベースを計算するための共通のルールを策定しようとするもの。01年に法人課税ベースの共通化方針が示されて以後，EU 連結損益ベースの検討が進められ，11年3月にCCCTB（共通連結法人課税ベース）指令が提案された。	11年5月までにイギリスなど8ヶ国が反対を表明。反対国数が同指令案撤回に必要な2/3に達せず，継続審議。
2016年	新 CCCTB 指令案	旧案を基本にするも，16年10月に①課税ベースの共通化と連結化を分離した2段階での導入，②一定の売上を超えるグループ企業への義務化，③R&D 投資の優遇，④負債偏重を解消するための ACE（自己資本控除）の導入，を柱とする新たな指令案（CCTB 指令案および CCCTB 指令案）が提案された。	18年3月欧州議会が修正を加えた2つの指令案を承認。委員会等での審議を経て，欧州理事会での決議に付される予定。

〔出所〕藤井恵「EU における法人税調和の動向」, *SRIC Report* Vol.6, No.3, 2001, p.32を加筆修正。

203

3．EU 税制調和の進展(2)－デジタル課税・金融取引税－　　近年 BEPS プロジェクトを推進する OECD および G20（20カ国・地域）が，現代のデジタル経済の発展に対応する新たな法人課税ルールの策定に乗り出すなかで，EU でも既に同様の検討が開始されている。従来の国際課税原則では，多国籍企業の工場や支店などの物理的拠点（恒久的施設；PE）を基準に各国の所得税額が算定される。このことは，物理的拠点なしに世界中の利用者へのデジタルサービス提供により巨額の収益をあげる大企業に対して，各国で創造される価値に基づいた課税を困難にするとともに，これらデジタル企業に低税率国やタックス・ヘイブンへの利益移転を通じた大規模な租税回避を許す機会を与えることになった。こうした懸念を受けて，2018年３月に欧州委員会は，デジタル経済のもと「価値が創造される場所」と「税が支払われる場所」の不一致を解消する試みとして２種類の指令案を発表した。第１は，共通法人課税ベースである CCCTB との統合を図りながら，当該事業がデジタル・チャネルを通じて利用者と相当な接触機会（デジタル・プレゼンス）を有した国で利益が計上され，課税されるように国際課税ルールを変更すべきというものである。第２は，デジタルサービスの利用者が価値創造に重要な役割を果たしているビジネスから得られた売上への暫定課税（interim tax）である。同売上税は，一定の大規模企業のみに適用したとき，３％の税率で年間50億ユーロの税収が見込めると試算されている。

　一方，BEPS への対応とはやや異なる文脈から EU では，近年，金融機関への課税問題が提起され，その導入への動きが進んでいる。その背後には，特に2000年代後半の世界的不況に際して，そのきっかけとなった重大な一因が金融セクターにあったにも関わらず公正な負担を負うことなく，結局は財政赤字の拡大という形で EU 市民にそのつけが払わされることになったという見方がある。また，ほとんどの金融サービスには付加価値税が非課税である点もその根拠にあげられる。そこで11年９月に欧州委員会は，①域内単一市場の分断回避，②金融機関の公正な負担確保，③過度な金融取引の抑制等を目的に，EU 共通税制としての金融取引税の導入を提案する。欧州理事会で合意に至らなかったことを受け13年２月には，同委員会より，導入に積極的な11カ国による「強化された協力（enhanced corporation）」の下で，取引税に関する新たな指令案が示され，当面，一部の加盟国内での実施が目指されている。

第12章　証券税制

デジタル課税指令案の概要

	重要なデジタルプレゼンスのPE（恒久的施設）認定に係る指令案	デジタルサービス売上税
課税対象者	以下のいずれかを満たす，デジタルサービスを提供する企業(1) 　①収益が700万ユーロ超 　②ユーザーが10万人超 　③サービス提供のための事業契約数が3,000超	以下の両方を満たす企業 　①連結売上高総額が7.5億ユーロ超 　②EU域内でのデジタルサービスによる連結売上高総額が5,000万ユーロ超
課税対象利益	重要なデジタルプレゼンスが，同様の活動を行う独立企業だった場合に稼得したであろう利益を，利益分割法に基づき算出	以下のサービス提供による売上のうち，当該EU加盟国に配分される部分(2) 　①オンライン広告 　②交流サイト・オンラインマーケットプレイスの提供 　③ユーザーデータの有償移転
課税方法	上記の利益を，PE認定されるEU加盟国の法人税の枠組みで課税	上記の売上に税率3％を適用

（注）1．ただし，企業の所在国が当該EU加盟国と二重課税回避のための租税条約を締結している場合，原則として適用されない。
　　　2．①はオンライン広告の表示回数，②はアカウント数／オンラインマーケットプレイスで成立した取引数，③はデータの生成源であるユーザー数に応じて，当該EU加盟国に配分される。
〔出所〕柿沼英理子・金本悠希（2018）「EUのデジタル課税案と日本企業への影響―理事会指令案の要点解説と今後の展望」大和総研，を加筆修正。

金融取引税指令案の概要

参加国	ベルギー，ドイツ，エストニア，ギリシア，スペイン，フランス，イタリア，オーストリア，ポルトガル，スロベニア，スロバキア
対象取引	取引当事者のいずれかが上記参加国内にある金融商品，または上記参加国内で発行された金融商品の売買等（レポ，証券貸借取引等も含む）
対象金融商品	譲渡可能証券（株式・債券等），マネーマーケット商品，ファンドの持分，各種デリバティブ（オプション，先物，スワップ等），証券化商品
納税義務者（金融機関）	預金取扱金融機関，投資会社，保険会社，再保険会社，取引所，ファンドおよびファンドマネージャー，証券化SPV，その他年間売上高の50％超を金融取引が占める会社・個人等
税率	・デリバティブ取引：想定元本の0.01％ ・デリバティブ以外の金融商品の取引：取引額の0.1％

〔出所〕三谷明彦（2013）「欧州における金融取引税の導入」みずほ総合研究所

205

4．EU 税制調和の進展(3)－利子課税－　　　国境を越える利子支払いに対する税制の統合は，各加盟国における源泉徴収制度の有無や銀行情報秘匿制度の存在など各国固有の利害対立から，最も調整の困難な課題の１つであった。

　EU が誕生してからの最初の利子課税に関する指令案が1998年５月に欧州委員会によって提案された「共存モデル」である。この指令案によると，EU 加盟国は，域内の他国に居住する個人に支払われる利子について，①最低20％の源泉徴収税を課すか，②利子受領者の本国の税務当局に対して，利子支払いに関する情報提供を行う（paying agent と呼ばれる金融機関等がその義務を負う）か，いずれかを選択できることとされた。このような選択制を採用することで，当初は加盟国間のみならず EU 域外の諸国との制度の相違をも考慮した効果的な利子課税の実現が期待された。結局，この指令案は，イギリスやルクセンブルクなどの強硬な反対により合意に至らなかった。しかし，その後修正が加えられこれら各国との妥協が成立した結果，利子課税に関する指令案は，2000年のフェイラ・サミット決議による「税制パッケージ」の一部として改編された。すなわち，域内非居住者利子課税については，加盟各国の立場を配慮した経過措置を併用しながら，最終的には情報交換のみによる居住地課税を実現することが目標とされたのである。

　その後03年１月の ECOFIN 合意を経て，同年６月の欧州理事会で漸く貯蓄課税に関する指令（Savings Tax Directive；STD）が採択された。同指令に従って，域内12カ国は，05年７月から加盟国間での非居住者の預金口座に関する情報交換に基づき，投資家の国外源泉利子に対する居住地課税がスタートした。

　EC 指令としての STD は，これまでその適用対象が拡大されるなどの修正が加えられてきたが，14年12月に Directive 2014/107/EU が採択されたことで，16年１月に正式に廃止された。代わって，同指令に基づき，OECD が14年７月に発表した Standard モデル（the Standard for Automatic Exchange of Information in Tax Matters）が採用され，EU 域内の取引に適用されることになった。従来の制度との最大の違いは，同モデルが利子所得だけでなく，配当所得や金融商品の売却額・償還額等についても，域内金融機関に１年単位での報告義務を課している点にある。なお，加盟国ではオーストリアのみ導入が遅れ，17年１月から情報収集を開始することになった。

206

第12章　証券税制

金融取引情報（口座数と総取引額）の送付国（Sending Countries）と受領国（Receiving Countries）

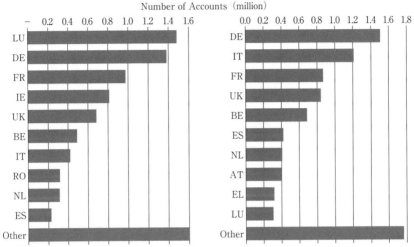

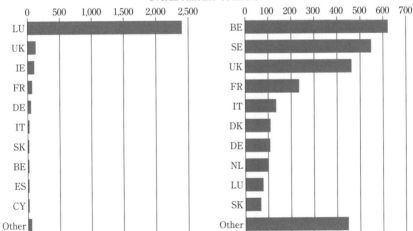

(注) 1. 上記データは17年9月中頃から18年3月にかけての約半年間を対象としている。
2. オーストリアのみ18年から完全な運用を開始した。
3. EU加盟国全体では、口座数で合計87億、総取引額（gross proceeds）で合計3兆4,660億ユーロに関する情報が交換された。
このうち、配当が212億ユーロ、利子が190億ユーロ、他の支払いが618億ユーロであったと報告されている。

〔出所〕 European Commission (2018) *Report from the Commission to the European Parliament and the Council on overview and assessment of the statistics and information on the automatic exchanges in the field of direct taxation.*

207

第12章　証券税制

5．ドイツの最近の証券税制改革　　2005年にキリスト教民主／社会同盟（CDU/CSU）と社会民主党（SPD）との大連立により誕生したメルケル政権は，付加価値税と所得税の引上げ等により，翌年マーストリヒト基準の財政均衡（一般政府財政赤字の対 GDP 比が３％以内）を達成すると，07年には，企業立地上の国際競争力を強化する目的から「2008年法人税改革法」を成立させた。これは，08年からの連邦法人所得税率の大幅な引下げ（25％→15％，連帯付加税を含めて15.825％）と課税ベースの拡大を基本とするもので，後者については，営業税の損金算入否認，移転価格税制の拡充，支払利子の損金算入制限などが実施された。さらに，改革の一環として，09年１月より利子，配当，株式キャピタル・ゲイン等の金融所得に対して一律25％の源泉分離課税が導入された。導入の狙いは納税手続きの簡素化により海外への資金逃避を防ぐことにあるとされるが，特に株式譲渡所得に対してこれまで原則非課税としてきた，ドイツの伝統的な「制限的所得概念（周期的・反復的所得にのみ課税すべきとする考え方）」から転換したという意味で注目される。

　09年に発足した第２期メルケル政権は，SPD との連立を解消し，金融危機後のドイツ経済の再生を優先課題として，09年12月に翌年１月から実施される税制改正を規定する「成長促進法」を成立させた。同法は，経済成長を阻害する要因を除去する観点から，国内法人課税の分野では，損失繰越控除制限および支払利子損金算入制限の緩和，少額資産に対する即時償却適用範囲の拡大などを盛り込むことにより，法人税負担の軽減を図った。

　13年に SPD との大連立が復活した第３期メルケル政権では，財政健全化目標が掲げられ，堅調なドイツ経済を背景に，15年度連邦予算において約半世紀ぶりの財政均衡を達成して以降，18年に４期目を迎えた同政権下で成立した19年度予算まで連続して均衡が維持されている。この間，連邦法人税率は据え置かれたものの，国際課税の領域では，OECD の BEPS プロジェクトの行動計画13（移転価格文書および国別報告書の実施に関する指針）に対応して，17年に一定の要件を満たすドイツ所在の多国籍企業を対象に，移転価格文書化要件の３層構造アプローチ（国別報告書，ローカルファイル，マスターファイル）を導入することで，複数国にわたる企業グループ内での利益配分状況等を明確にするための制度的枠組みが整えられた。

208

第12章　証券税制

連邦・州・地方税収（1兆1,827億ユーロ）の税目別構成（2016年）

個別消費税等その他, 9.2%

付加価値税, 18.5%

他の資産課税, 1.1%

相続・贈与税, 0.6%

不動産税, 1.2%

社会保障拠出金, 37.6%

個人所得税, 26.6%

法人所得税, 5.2%

〔出所〕　OECD, *Revenue Statistics 2018*

証券税制に関する最近の動向

	主な改正点	所得税の累進税率構造	
1989年	利子源泉徴収制度の導入（1月）とその廃止（7月）		22〜56%
1990年	（法人税）留保分：56%→50%	(1990)	19〜53%
	貯蓄者控除：DM300→DM600		
1991年	取引所取引税の廃止		
1993年	利子源泉徴収制度の再導入（30%）		
	貯蓄者控除：DM600→DM6000		
1994年	（法人税）留保分：50%→45%，配当分：36%→30%		
1995年	連帯付加税の創設（税額の7.5%）		
		(1996)	25.9〜53%
1997年	財産税の徴収停止（事実上の廃止）		
1998年	連帯付加税率：7.5%→5.5%		
	営業資本税の廃止		
1999年	（法人税）留保分：45%→40%	(1999)	23.9〜53%
	キャピタル・ゲイン課税の改正		
	証券保有期間：6ヶ月以内→1年以内		
	大口取引の定義：資本保有比率25%超→10%以上		
2000年	貯蓄者控除：DM6000→DM3000	(2000)	22.9〜51%
2001年	（法人税）基本税率を25%に引き下げ	(2001)	19.9〜48.5%
	インピュテーション方式の廃止・配当半額課税方式の導入		
2002年	キャピタル・ゲイン課税の改正		
	大口取引の定義：資本保有比率10%以上→1%以上		
	投機的ゲイン等は半額課税		
	（法人税）法人間配当は全額益金不算入	(2003)	17〜47%
	株式キャピタル・ゲインは原則非課税	(2004)	16〜45%
		(2005)	15〜42%
2007年	貯蓄者控除：750ユーロに引き下げ	(2007)	15〜45%
2008年	（法人税）基本税率を15%に引き下げ		
2009年	利子・配当・株式譲渡益に対する25%の源泉分離課税の導入	(2009)	14〜45%
	貯蓄者控除：801ユーロに引き上げ		
2011年	銀行税の創設（債務額などに0.02〜0.04%の累進課税）		

209

第12章　証券税制

6．ドイツの金融所得課税　　これまでドイツでは国内の個人が受け取る利子・配当については，それぞれ一定の源泉徴収が課された後に他の所得と合算して総合課税される一方で，保有期間1年超の株式キャピタル・ゲインは原則非課税であった。その際，配当については法人税との二重課税を考慮してその半額が課税所得に算入された。こうした金融所得の種類に応じて異なる課税方式を採用する従来の制度は廃止され，2009年より利子，配当，株式キャピタル・ゲインはすべて25％（連帯付加税を合わせて26.375％）の源泉分離課税が適用されることになった。ただし，他の所得を合算して総合課税を行った方が有利な場合は，申告によって総合課税の適用も選択できる。

　金融所得に対して源泉分離課税の適用を受ける場合は，すべての金融所得について一人あたり801ユーロ（夫婦合算申告では1,602ユーロ）の概算経費控除（Steuerfreibetrag）が認められる。その際，株式のキャピタル・ロスは株式のキャピタル・ゲインからのみ相殺可能であり，それ以外の投資に伴う損失も金融所得からしか控除が認められない。

　以上のような金融所得に対する源泉分離課税は，事業用資産としての有価証券を保有する場合や，会社の総株主資本の1％を超える株式を保有する個人には適用されない。こうしたケースでの配当とキャピタル・ゲインは一定の条件の下でその60％が課税所得に算入され，経費と損失の実額控除を行ったうえで総合課税の適用を受ける。また，国内居住法人が受け取る金融所得についても，従来の制度と同様に，配当と株式キャピタル・ゲインはその95％が益金不算入とされる一方で，受け取り利子に対しては通常の法人税率が適用される。

　ドイツでは，賦課方式で運営される公的年金の給付水準引下げを補完する狙いから，02年に「リースター年金」と呼ばれる，任意加入の確定拠出型年金制度が導入された。この制度は，企業の被雇用者とその配偶者を対象にしており，拠出時に政府からの助成金（加入者本人の基礎助成と子供の数に応じた助成）と拠出金の所得控除を受けられる。運用時のインカム・ゲインとキャピタル・ゲインは非課税，給付時に全額課税扱いとなるが，一定の契約年数を超えるなどの条件で給付額の半分が非課税となる措置もある。05年には，上記のような助成金制度はないものの，拠出の大部分の所得控除が可能となる，主に自営業者向けの「リュールップ年金」も運用が始まった。

210

第12章　証券税制

金融所得課税制度の変更

	2008年まで	2009年より
利子	30%（連帯付加税を合わせて31.65%）の源泉徴収後に，総合課税	25%（連帯付加税を合わせて26.375%）の源泉分離課税と総合課税の選択
配当	25%（連帯付加税を合わせて26.375%）の源泉徴収後に総合課税	25%（連帯付加税を合わせて26.375%）の源泉分離課税と総合課税の選択
―二重課税調整	半額課税方式	なし
経費の扱い	51ユーロの概算控除と実額控除の選択 他に750ユーロの非課税枠あり	源泉分離課税を選択した場合は，概算の801ユーロの控除のみ。総合課税を選択した場合は，実額の控除あり
キャピタル・ゲイン	原則非課税 保有期間1年以下の譲渡（投機的取引）については，その50%が総合課税 この場合，512ユーロの非課税枠あり	株式の保有期間に関わらず，一律25%（連帯付加税を合わせて26.375%）の源泉分離課税か総合課税の選択
―譲渡損失の扱い	投機的取引に伴う損失は，投機的利益からのみ控除可能 この場合，損失の繰越は不可	株式譲渡損失は株式譲渡益からのみ控除可能 損失の繰越は無期限に可

〔出所〕　ドイツ連邦財務省資料

税制優遇確定拠出型年金プランの概要（2018年）

①リースター年金（Riester-Rente）	
・対象	被雇用者とその配偶者
・基礎助成額の上限	175ユーロ
・子ども1人当たり助成額の上限	185ユーロ（300ユーロ[1]）
・助成金上限額を受け取るために 　必要な年間拠出額の割合	4%[2]
・所得控除可能な拠出額 　（本人拠出＋助成金）の上限	2,100ユーロ
・支給開始年齢	63歳

②リュールップ年金（Rürup-Rente）	
・対象	自営業者，フリーランス等
・所得控除可能な拠出額の上限 　（公的年金と合せた金額）	23,362ユーロ[3]
・拠出額の所得控除割合	88%[4]
・支給開始年齢	63歳

（注）1．2008年1月1日以降に誕生した子どもが対象。
　　　2．前年度課税前所得に対する割合
　　　3．独身者の場合。夫婦はこの金額の2倍。
　　　4．2025年時点での100%まで引き上げられる予定。
〔出所〕　齋田温子「ドイツの確定拠出年金制度（リースター年金）の現状」『資本市場クォータリー』2009年秋号，
　　　　野村資本市場研究所，などを参考に作成。

211

第12章　証券税制

7．ドイツの非居住者課税　　ドイツの国内企業等に投資する海外の個人投資家が受け取った金融所得に対しては，それがドイツ所得税法に規定される国内源泉所得と認定された場合は，原則として25％（連帯付加税を合わせて26.375％）の源泉徴収が課せられる。源泉徴収の対象となる国内源泉所得には，ドイツ企業からの配当，一定の投資利益，優先株式（Genussrechte）からの所得などが含まれるが，利子の支払い（転換社債，利益分配社債からの利子を除く），有価証券の譲渡益，先物取引からの利益などは課税対象とならない。また，外国投資家の居住国とドイツとの間で二重課税防止協定が締結されている場合は，当該租税条約に基づき源泉徴収税の一部または全部の還付が可能となる。このため最終的に適用される税率は，個別の租税条約を締結する国ごとに異なる。

海外の法人投資家についても個人とほぼ同様の扱いで，上記のとおり利子・譲渡益等を除いた配当などの国内源泉所得に対して25％（連帯付加税を合せて26.375％）の源泉徴収が課せられるのが原則であるが，当該法人の居住地国によっては，以下の３つの異なるルールが適用される可能性がある。

第１に，EU親子会社指令（Parent/Subsidiary Directive）に従って，EU域内に所在する適格親会社に配当が支払われたケースでは，源泉徴収税が免除される。この場合，適格親会社と認定されるためには，少なくとも配当を支払ったドイツ法人の株式資本の10％以上を１年間継続的に所有していることが要件となる。

第２に，EU域外に所在する法人企業に配当が支払われたケースで，その際，当該法人の居住国とドイツとの間で二重課税防止協定が締結されていれば，個人の場合と同様に，当該租税条約に規定される適用税率に基づき源泉徴収税の一部または全部の還付が可能となる。

第３に，ドイツとの間で二重課税防止協定を締結していない国に所在する法人企業に配当が支払われたケースでも，源泉徴収税の減免を課税当局に申請することができる。その場合，源泉税の40％相当額が還付され，最終的な適用税率が実質的に15％（連帯付加税を合せて15.825％）に軽減される場合がある。

なお，ドイツに限らずすべてのEU加盟国においては，利子・ロイヤリティの支払いに関する共通ルールに関する指令により2004年１月からEU域内の関係企業間の利子およびロイヤリティの支払いへの課税が廃止されている。

212

第12章　証券税制

非居住者に対する源泉徴収の概要（2018年）

ドイツ源泉所得の受領者	配当(1)	利子(2)	ロイヤルティ
・EU 域内の法人で，一定の資本関係にある場合	0	0	0
・租税条約を締結していない国の法人および個人	25	25	15
・租税条約を締結している国の法人および個人 　（以下，主要国のみ抜粋）			
オーストラリア	0／5／15	0／10	5
オーストリア	5／15	0	0
ベルギー	15	0／15	0
カナダ	5／15	0／10	0／10
デンマーク	5／15	0	0
フィンランド	5／15	0	0
中国	5／10／15	0／10	10
フランス	5／15	0	0
ギリシャ	25	10	0
インド	10	10	10
アイルランド	5／15	0	0
イタリア	15	0／10	0／5
日本(3)	0／5／15	0	0
オランダ	5／10／15	0	0
ニュージーランド	15	10	10
ポルトガル	15	10／15	10
ロシア	5／15	0	0
シンガポール	5／15	8	8
スペイン	5／15	0／15	0
スウェーデン	0／15	0	0
スイス	0／15	0	0
イギリス	5／10／15	0	0
米国	0／5／15	0	0

(注) 1．ドイツ国内法人からの配当等を受けた外国法人は，上記のような租税条約で規定される減免規定に関わらず，さらに15％の法人税分の還付を課税当局に申請することができる。
　　 2．転換社債，利益分配社債から支払われるもの以外の利子については一般に非課税である。
　　 3．2017年より施行されている新たな日独租税条約により，一定の条件を満たした利子とロイヤルティは非課税となった。

〔出所〕 PriceWaterhouseCoopers, *Worldwide Tax Summaries*

213

第12章　証券税制

8．フランスの証券税制　　フランスの証券税制は，これまで総合課税が原則で，各種資本所得は他の所得と合算のうえ，これに累進所得税と社会保障負担が課せられる仕組みであったが，2018年1月に主な金融所得に対しては，一律30％（12.8％の所得税および17.2％の社会保障税）が適用される「フラット課税（PFU）」が導入された。PFUの対象外となるのは，既に事業所得として認識された所得の他，PEAなどの非課税口座・97年以前に販売された一定の生命保険商品・一定の非上場法人への投資などから生じた金融関連所得である。総所得が低い納税者には，総合課税の選択も可能となるが，その際，PFUの対象となりうるすべての所得を総合課税扱いとしなければならない。

　債券・預貯金等の利子は上記30％で源泉徴収課税の対象となる。配当所得についても同様の扱いであるが，総合課税を選択した場合には受取配当の60％が課税所得に算入される。国内の法人間配当については，原則として全額益金算入となるが，持ち株比率5％以上の関連会社からの配当の場合は，当該純受取配当の95％が非課税となる。

　有価証券のキャピタル・ゲインについても，30％のPFUが適用され，同税は納税者が居住地を海外に移転させた場合も保有資産の含み益に課せられる（出国税）。キャピタル・ロスは同一種類のキャピタル・ゲインからのみ通算可能で，控除不足額は翌年以降10年間繰り越すことができる。

　一方，法人企業が実現する株式キャピタル・ゲイン（ロス）については原則として課税上通常の所得（損失）として扱われるが，持ち株比率5％以上の関連会社株式を2年超保有するなど一定の条件を充たした場合は，当該ゲインの88％が非課税となる。一定のフランス上場株式の取得にあたっては，12年8月から，金融機関を対象に金融取引税が課せられている（税率は17年以降0.3％）。

　フランスでは，証券投資優遇制度として92年から「個人持株プラン（PEA）」が実施されている。PEAでは個人が適格投資対象に投資した場合，累計15万（夫婦で30万）ユーロまでの払込額から生じるキャピタル・ゲインおよびPEA内で再投資される配当等については，所得税が非課税（社会保障諸税のみ課税）となる。14年には，中小企業（PME）の資金調達支援を狙いとして，適格中小企業株式およびそれを一定比率組み入れた投資信託を対象とする，従来型PEAと同様な税制優遇プランである「PEA-PME」が導入された。

214

第12章　証券税制

国および地方の税収（1兆131億ユーロ）の税目別構成（2016年）

個別消費税等その他, 11.9%
個人所得税, 18.9%
法人所得税, 4.5%
付加価値税, 15.2%
社会保障拠出金, 36.8%
その他資産課税, 2.0%
不動産税, 6.2%
相続・贈与税, 1.2%
給与税, 3.4%

〔出所〕　OECD, *Revenue Statistics 2018*

フランス証券税制の概要（2018年）

	個　　　人	法　　　人	非居住者
利子課税	・源泉分離課税（30%）(1)(2)と総合課税（17.2〜62.2%）(1)の選択	・総合課税（標準税率33.33%）(4)	・原則非課税
配当課税	・源泉分離課税（30%）(1)(2)と総合課税（17.2〜62.2%）(1)の選択	・総合課税	・原則30%の源泉分離課税（租税条約により非課税・軽減となる場合あり）
―二重課税調整措置	・総合課税を選択した場合のみ受取配当の40%控除の適用あり	・全額益金算入　ただし、議決権5%以上保有の子会社からの配当については、その95%が益金不算入	
キャピタル・ゲイン課税	・30%の申告分離課税(1)(2)と総合課税(17.2〜62.2%)(1)の選択	・総合課税	・原則非課税
―ロスの通算	・ゲインとのみ通算可 ・10年間の繰越し可	・通常所得と通算可 ・10年間の繰越し可。	
―非課税措置等	・総合課税を選択した場合、保有期間1〜4年で50%、4〜8年で65%、8年超で85%分が非課税(3)。	・2年以上保有の子会社株式（議決権5%以上）のゲインは、その88%が益金不算入	

（注）1．合計17.2%の社会保障関連諸税を含む。
　　　2．一定の課税所得（独身者で25万ユーロ）を超える納税者には3〜4%の付加税が適用されるので、金融所得への実質的な最高税率は34%。
　　　3．所得税にのみ適用され、社会保障関係諸税には適用されない。
　　　4．課税所得が50万ユーロまでは28%。2018年以降、税率が段階的に引き下げられ、2022年に標準税率は25%となる予定。
〔出所〕　PriceWaterhouseCoopers, *Worldwide Tax Summaries* 等を参考に作成。

PEAにおける税制上の優遇措置

①PEAの適格投資対象
法人税が課されるフランス国籍法人、EEA内の株式、引受権、投資証券、組入れ資産の少なくとも60%がPEA適格証券からなる会社型投資信託株式、組入れ資産の少なくとも75%がPEA適格証券からなる契約型投資信託受益権、非上場株式（95年以降）等。

②払込金額
合計15万ユーロまで（2014年から）

③配当・分配金等の扱い
PEA内で再投資される配当・収益分配金等は非課税

④キャピタル・ゲインの扱い
5年超保有の株式にかかるキャピタル・ゲインは非課税。追加投入は可能。 8年超保有で、追加投入は認められない。

〔出所〕　神山哲也・飛岡尚作「フランスにおける株式貯蓄プランの現状」『資本市場クォータリー』2015年春号、などを参考に作成。

215

第12章　証券税制

9．スイスの証券税制　　スイスの税制は，連邦（Bund）・州（Kantone）・
地方（Gemeinden）の３段階の課税システムによって構成されている。主要な
証券税制としては，利子・配当に対する課税，有価証券の取引・発行にかかる
印紙税，財産税などがあげられる。

　利子・配当課税については，まず35％の源泉徴収税が予納税（Verrech-
nungssteuer）として課された後，他の所得と合算して連邦・州・地方の３段
階で総合課税される。従って，個人段階では利子・配当にかかる源泉税を総合
課税により算出された所得税額から控除する必要が生じる。連邦の所得税は，
最高11.5％の累進税率構造を採用している。州・地方の税率は異なるが，平均
的には連邦税率の約２倍の高さである。非居住者は，自国との租税条約に基づ
き源泉税額の一部または全部の還付を請求できる。一般の法人企業に対して
は，8.5％の連邦法人所得税が課せられるが，これに州と地方段階の法人税を
合算すると，所在地域によって11.5～24.2％の最高税率（2019年）となる。

　個人の有価証券など動産からのキャピタル・ゲインについては，事業用資産
の場合を除いて原則非課税である（不動産のゲインは州税による分離課税）。
一方，法人が得るキャピタル・ゲインは原則として州法人税の対象となる。

　有価証券取引税（印紙税）は，取引当事者のいずれかが国内証券ディー
ラー，スイス証券取引所への外国人参加者，国内銀行（銀行法に従う），ファ
ンド・マネジャー等である場合に，当該証券ディーラーに支払い義務が生じ
る。税率は，国内証券には売買価格の0.15％，外国証券には同0.3％である。た
だし，ユーロ債，他の外貨建て債券，ディーラー相互の証券取引については非
課税である。

　印紙税は国内企業による有価証券の発行に際しても課せられる。国内企業の
発行株式にかかる税率は１％であるが，会社設立や有償増資の場合には，発行
株式の最初の100万CHFまで非課税となる。債券発行および偶発転換社債
（CoCo債）の株式転換にかかる印紙税は12年に廃止された。また，合併，会
社組織形態の変更，スピンオフ，企業所在地の外国からスイスへの移転等によ
る株式取得については非課税である。

　個人および法人にかかる財産税は全ての州政府において純資産を課税ベース
として課されている。純資産とは，有価証券・預金・不動産・事業用資産など
の総資産から負債を控除した市場価額で，その税率構造は地域によって異なる。

216

第12章　証券税制

連邦・州・地方税収（1,830億CHF）の税目別構成（2016年）

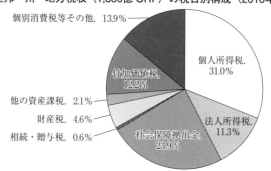

〔出所〕　OECD, *Revenue Statistics 2018*

スイス証券税制の概要（2018年）

	個　　人	法　　人	非居住者
利子課税	・連邦税として35％の源泉徴収後，連邦・州・地方段階で総合課税(1)。	・総合課税(2)	・原則非課税
配当課税 ―二重課税調整措置	・連邦税として35％の源泉徴収後，連邦・州・地方段階で総合課税(1)。 ・なし	・総合課税(2) ・全額益金算入 ただし，株式資本10％以上保有等関連企業からの適格配当については，資本参加免除（participation relief）(3)の対象となる。	・原則35％の源泉分離課税（租税条約により非課税・軽減となる場合あり）
キャピタル・ゲイン課税	・原則非課税	・総合課税(2) ・通常の譲渡損失は，当該年の課税所得から控除 ・純損失は7年間の繰越が可能 ただし，株式資本10％以上保有等関連企業持ち分の適格キャピタルゲインについては，資本参加免除(3)の対象となる。	・原則非課税

（注）1．連邦所得税の最高11.5％に加えて，例えば，チューリッヒ州で最高13％，ジュネーブ州で最高19％などの所得税が課せられる。
　　　2．連邦法人税率（税抜きベースで8.5％，税込みベースで7.83％）に加えて，州，地方の所得税が課せられる。
　　　3．純資本参加所得（適格配当と適格キャピタルゲインの合計から関連経費を控除した金額）が課税所得に占める割合に応じて，法人税額を控除できる。ほとんどのケースで，資本参加所得は全額非課税となるとみられる。
〔出所〕　PriceWaterhouseCoopers, *Worldwide Tax Summaries* 等を参考に作成。

第13章　証券規制

1．世界金融危機とドラロジエール報告　　世界金融危機は，従前の EU の金融・証券規制体系の問題点を浮かび上がらせることとなった。そこで問題とされたのは「単一免許」制度の下における，「母国監督」制度が十分に機能してきていたかということであった。この根本的な見直しを提言したのが2009年2月に公表された『ドラロジエール報告』であった。

　元フランス銀行総裁のドラロジエール氏を座長とする専門家グループがまとめたこの報告書は，4つの章で構成されている。第1章は「金融危機の原因」について分析された章であり，危機の要因として，過剰流動性・低金利などのマクロ経済環境（含むグローバルインバランス），金融機関のリスクマネジメントの失敗とコーポレート・ガバナンス，不適切な規制と脆弱な監督（とりわけマクロプルーデンス上の監督），危機管理の失敗等がバランスよく指摘されている。第2章以下では，合計31の具体的な提言がなされているが，まず第2章では「政策および規制の修復」に関する15の提案がなされており，EU レベルでのマクロ経済政策と規制政策についてのリンクについての分析を踏まえて，規制上の弱点の克服に向けて，欧州全体での首尾一貫したルールの実施，コーポレート・ガバナンスの強化，危機管理と危機解決のための諸施策が検討されている。第3章は，「EU 金融監督の修復に関する提案」であり，危機の教訓として「適切なマクロ・プルーデンス監督の欠如」などの問題と欧州規模の金融機関への監督に関する諸問題がとりあげられ，EU 金融監督システム構築に向けて，マクロ・プルーデンス監督を担う ESRC（欧州システミックリスク評議会）（→現 ESRB 欧州システミックリスク理事会）およびミクロ・プルーデンス監督を担う ESFS（欧州金融監督制度）（→現 ESA 欧州金融監督機構）の創設等の9の提言がなされている。第4章は，「グローバル・レベルでの EU の取組み」に関するもので，FSF（金融安定化フォーラム）（→現 FSB 金融安定化理事会）の強化，多国籍総合金融機関に対する集団的監督強化，IMF の役割強化（早期警戒システム運営や危機国への支援枠等），オフショア金融センターによる規制遵守等の7の提言がなされている。

　この報告書に基づき EU は，92年の市場統合の際に構築された分散的な金融規制監督体制の根本的な改革に着手した。

『ドラロジェール報告』による31の提言

EU 金融規制の修復に関する提案		提言19	ESFS（現 ESA 欧州金融監督機構）創設に向けた各国監督当局の強化（2009－10年）
提言1	バーゼルⅡの抜本的見直し	提言20	ESFS（現 ESA 欧州金融監督機構）創設に向けた規制・監督権限・制裁体制の域内調和化（2009－10年）
提言2	自己資本に関する EU 共通の定義		
提言3	格付機関（CRA）規制	提言21	ESFS（現 ESA 欧州金融監督機構）創設に向けたレベル3委員会の機能強化（2009－10年）
提言4	時価会計原則の見直し		
提言5	ソルベンシー2指令（保険分野）実施	提言22	ESFS（現 ESA 欧州金融監督機構）の創設（2011－12年）
提言6	監督当局の権限強化		
提言7	パラレル・バンキング・システムに対する規制導入	提言23	ESFS（現 ESA 欧州金融監督機構）の創設に向けた2段階計画の開始
提言8	証券化商品・デリバティブ規制強化	提言24	ESFS（現 ESA 欧州金融監督機構）の機能に関する事後点検（設立後3年以内）
提言9	投資ファンド・証券保管機関への規制		
提言10	EU のコア・ルールの調和化	グローバル・レベルでの EU の取組み	
提言11	金融機関のコーポレート・ガバナンス強化	提言25	FSF（金融安定化フォーラム：現 FSB 金融安定理事会）による金融規制の国際的収斂
提言12	金融機関の内部リスクマネジメント強化		
提言13	金融危機管理のための規制枠組み構築	提言26	多国籍総合金融機関に対する監督当局カレッジ
提言14	預金保険制度（DGS）の域内調和化	提言27	IMF による金融安定のための早期警戒システムの開発と運営
提言15	複数国に跨る危機解決の際の負担問題		
EU 金融監督の修復に関する提案		提言28	規制の不十分な国・地域やオフショア金融センターによる国際基準の順守
提言16	ESRC（現 ESRB 欧州システミックリスク理事会）の創設	提言29	金融危機や国際収支危機に直面した国への IMF の支援枠強化
提言17	ESRC（現 ESRB 欧州システミックリスク理事会）と EFC（経済金融委員会）によるリスク警戒システム	提言30	新しいグローバル経済・金融アーキテクチャーにおける EU 代表権のあり方
提言18	ESFS（現 ESA 欧州金融監督機構）創設に向けて	提言31	主要なパートナー国との間の金融規制を巡るバイラテラルな対話強化

〔出所〕『ドラロジェール報告』より作成。

第13章　証券規制

2．ESFS（欧州金融監督システム）(1)― ESRB ―　『ドラロジェール報告』
第3章の金融監督に関する提言に従って，2011年1月新しいEUの金融監督シ
ステムが構築された。

『ドラロジェール報告』は，それまでの，構成国監督当局に依拠し，しかも
ミクロ・プルーデンス監督の分野に限られていたEU域内の金融監督体制を抜
本的に改め，ミクロ・プルーデンス監督とマクロ・プルーデンス監督双方の分
野において，それぞれEUレベルの監督機関の創設を提案していた。

それを受けて，11年1月，マクロ・プルーデンス監督の分野ではESRB（欧
州システミックリスク理事会）が，またミクロ・プルーデンス監督の分野では
ESAs（欧州金融監督機構）が創設された。ESFS（欧州金融監督システム）
は，ESRBとESAsに，ESA合同委員会（Joint Committee）と各国の金融監
督当局を加えたEUの金融監督ネットワークに他ならない。

ESRB（欧州システミックリスク理事会）の目的は，EUレベルのマクロ・
プルーデンス監督である。過剰流動性や世界的低金利，特定国での資産市場バ
ブル，グローバルインバランス等が世界金融危機の背景となったことからもわ
かるように，マクロ・プルーデンス監督の重要性は増大している。にもかかわ
らず，従来のEU金融監督体制は，個別金融機関に対するミクロの監督を軸に
構築されてきた。そこで，ECBを核として創設されたのがESRBである。

年4回開催されるESRB理事会は，ECB総裁が理事長，構成国中央銀行総
裁とESA合同委員会議長が副理事長を務め，ECB副総裁，三つのESA長
官，欧州委員会委員などが参加する。ESRBの目的は，EU金融システムのマ
クロ・プルーデンスに係る側面を監視し，EU金融システムの安定性を損ねる
恐れのあるシステミックリスクを予防・軽減することにある。そのために，必
要な情報の収集と分析，システミックリスクの特定と順位付け，深刻なシステ
ミックリスクが特定された場合の警戒や勧告の発出などを行うことになってい
る。

11年1月の創設以来，ESRBは，EBA（欧州銀行監督機構）が行うストレ
ステストへのマクロ・プルーデンス監督面からの対応，ソブリン危機への対
応，シャドーバンキングの監視などを行っている。

220

第13章 証券規制

ミクロ・プルーデンス監督とマクロ・プルーデンス監督

145) 過去数年の経験は，マクロ・プルーデンス監督とミクロ・プルーデンス監督間の重要な差異を目立たせた。両者は，本質的にも運用の面でも明らかに密接に結びついている。両者とも必要であり，本章の対象となる。

146) **ミクロ・プルーデンス監督**は，世界中で伝統的に監督当局の関心の的となってきた。ミクロ・プルーデンス監督の主目的は，個別の金融機関の経営困難（distress）を監督し抑制することにより，当該金融機関の顧客を守ることである。金融システム全体が共通のリスクにさらされかねないという事実は，必ずしも常に十分に考慮されているわけではない。しかし，個別金融機関の破綻を予防することによって，ミクロ・プルーデンス監督は伝染のリスクとそれに続く金融システム全体の信認に関する負の外部性を予防（あるいは少なくとも緩和）しようとする。

147) **マクロ・プルーデンス監督**の目的は，経済全体を生産の著しい損失から守るために，金融システム全体の混乱を抑制することである。金融システムにとってのリスクは，原則として，ある金融機関が当該国との関係や，あるいは他の諸国における多数の支店・子会社との関係で十分に大きければ，その一金融機関のみの破綻から生じうるが，はるかに重要な広範囲のシステミックリスクは多数の金融機関が同じリスク要因に共通してさらされていることから生じるのである。したがって，マクロ・プルーデンスの分析は，共通のあるいは相関性のあるショックに，そして伝染の連鎖反応やフィードバック効果を誘発するような分野へのショックに対して，特に注意を払わねばならない。

148) マクロ・プルーデンス監督は，ミクロレベルの監督に何らかのインパクトを与えることができなければ意味あるものとはならない。一方で，ミクロ・プルーデンス監督は，マクロレベルの情勢を適切に考慮せずには金融安定性を効果的に守ることはできない。

〔出所〕『ドラロジェール報告』パラグラフ145－148。

221

3. ESFS（欧州金融監督システム）(2)－ ESAs －　世界金融危機で明らかになった EU のミクロ・プルーデンス監督の問題点としては，脆弱な監督権限，監督当局の各種リソース不足，国境を越えて展開する金融機関に対する本国・受入国間の不適切な監督，監督当局間の協調や連携の欠如，当局間での共通の決定を下すための手段の欠如など枚挙に暇ない。

『ドラロジェール報告』では，EU レベルでの法人格を備えた監督機構の創設が提案され，それを受けて2011年1月 EBAs（欧州金融監督機構）が創設された。ESAs は，従来 EU 域内の監督を分野別に担ってきた三つの監督委員会，即ち CEBS（欧州銀行監督者委員会）・CEIOPS（欧州保険・企業年金監督者委員会）・CESR（欧州証券監督者委員会）を，法人格を有する EU レベルの三つの監督機構，即ち EBA（欧州銀行監督機構），EIOPA（欧州保険・年金監督機構），ESMA（欧州証券市場監督機構）へとそれぞれ格上げしたもので，それら三つの機構を総括する合同委員会（Joint Committee）も同時に設置されている。各機構の長官と合同委員会委員長は，マクロ・プルーデンス監督を担う ESRB（欧州システミックリスク理事会）の一般理事会にも参加する。

日々の金融機関の監督は引き続き各国監督当局がおこなうのに対して，これら三つの監督機構は，従来の監督者委員会が担ってきた権限に加えて，各国当局間の調停，拘束力を伴う監督基準の採用，監督当局カレッジ（国境を超える大規模金融機関を担当する監督チーム）の監視と調整，ESRB との拘束力を伴った協力などの権限を有する。それにより調和化された単一のルールおよび一貫した監督慣行の EU 全体への適用が保証され，危機の際にもより協調した対応が可能となる。

既に11年初の創設以降，EBA は同年7月に銀行健全性に対するストレステストを公表し，また ESMA は格付け機関の監督機関として活動を開始するなど，ミクロプルーデンス監督に係る各種の業務を行っている。

こうして，世界金融危機への対応を通じて，EU の金融監督体制は，構成国監督当局主体の協議体から，EU レベルでの権限を備えた連邦型金融監督制度へと大きく飛躍することになったのである。

222

第13章　証券規制

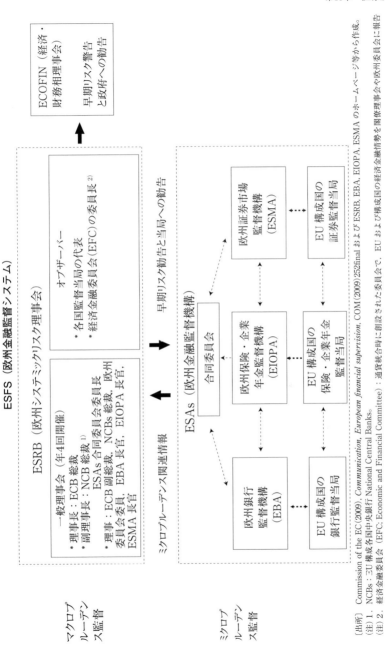

[出所] Commission of the EC(2009), *Communication, European financial supervision*, COM(2009)252final および ESRB, EBA, EIOPA, ESMA のホームページ等から作成。
(注1. NCBs：EU 構成国中央銀行 National Central Banks。
(注2. 経済金融委員会 (EFC: Economic and Financial Committee)：通貨統合時に創設された委員会で、EU および構成国の経済金融情勢を関係理事会や欧州委員会に報告する義務を持つ。

223

4．EUの新しい金融規制体系　『ドラロジェール報告』の金融規制に関する諸提言を受けて，EU金融規制についても大幅な見直しが進んだ。改革の柱は3つある。

第1が，「パラレルバンキングシステム」関連の新規規制の導入である。EU域内の金融機関が米国の「影の銀行制度」（EUではこれをパラレルバンキングシステムと呼んでいる）に深く関与し，米国発の危機を欧州で顕在化させたことを憂慮し，従来規制の枠外に置かれていたこうした領域に新たにEU規制の網をかけた。ヘッジファンドに対しては許可制，自己資本規制導入，投資家への開示強化などが，デリバティブ分野では，透明性の強化，取引情報の把握，清算の際の中央清算機関の利用などが，また空売りについては一定ルールに従った市場への開示義務の導入などが，それぞれEU指令もしくはEU規則により定められた。また格付け機関についても，十分な情報を欠く格付けの禁止，格付けモデルの開示，ESMAへの登録などが義務付けられている。

第2に，既存のEU規制については，何よりも銀行の自己資本比率指令CRD（Capital Requirements Directive：自己資本比率指令）において，証券化・再証券化など「影の銀行制度」に関連する自己資本要件の強化，ボーナスの繰り延べ等の規制，外貨建て住宅ローンの要件強化などの対応が相次いだ。

第3に，危機発生後の金融機関の破綻処理や預金保険についても，2012年以降，ユーロ危機に対する制度改革の一環（銀行同盟）として強化が行われている。銀行の破綻処理については，10年に処理に係る費用を賄うための基金について通達が出されたが，ユーロ危機後は破綻時の統一的処理を定めたSRM（単一破綻処理メカニズム）とそのための資金プールSRF（単一破綻処理基金）が創設されている。預金保険制度については，従来EUの最低限調和原則によりその最低保証額は2万ユーロと定められ，各国は2万ユーロ以上であれば自由に保証額を定めることができた。リーマンショク後はそうした分権方式が改められ，EUでの預金保証額は一律10万ユーロに引き上げられて統一化され，さらに保証額の迅速な支払いが決められた。12年以降は「銀行同盟」の一環として，EDIS（欧州預金保険制度）創設に向けた議論も続けられている。

EU 金融関連法制の展開

第13章　証券規制

2019.11現在

カテゴリー	分野	I. 1992年単一市場創設	II. 99〜2004年 FSAP による見直し等	III. 2008年〜金融危機（ユーロ危機）対応
銀行業の単一免許	銀行業	第1次銀行指令 (77/780/EEC)／自己資本の定義に関する指令 (89/299/EEC)／第2次銀行指令 (89/646/EEC)／支払能力比率指令 (89/647/EEC)／連結ベースの監督指令 (92/30/EEC)／大口融資規制指令 (92/121/EEC)	⇒ 銀行指令 (2000/12/EC)／⇒修正指令 (2000/28/EC)：電子マネー対応／⇒修正指令 (2000/46/EC)：同上／⇒修正指令 (2006/48/EC)：自己資本 (Basel II 対応)	⇒ 〔単一ルールブック〕 銀行指令 (2013/36/EU) ＋資本要件規則 (No 575/2013)
自己資本要件	自己資本	適格資本金指令 (CAD) (93/6/EEC ⇒ 98/31/EC, 98/33/EC, 2002/87/EC, 2004/39/EC による修正)	⇒ 自己資本指令 (CRD I) (2006/49/EC)	⇒ 修正指令 (CRD II) (2009/111/EC)：証券化対応／修正指令 (CRD III) (2010/76/EU)：再証券化・Trading 勘定対応等／修正指令 (CRDIV) (2013/36/EU)：Basel III 対応・ガバナンス強化
証券業の単一免許	証券業	投資サービス指令 (ISD) (93/22/EEC)	⇒ 金融商品市場指令 (MiFID) (2004/39/EC)／⇒修正指令 (2006/31/EC)／実施細則規則 (No1287/2006)／実施細則指令 (2007/44/EC) (2008/10/EC) (2010/78/EC)	⇒ 金融商品市場指令 (MiFID II) (2014/65/EU)／実施細則規則 (No 600/2014)
金融監督	コングロマリット監督		金融コングロマリット監督指令 (2002/87/EC)	⇒ 修正指令 (2011/89/EU)
	危機管理・破綻処理		銀行の再建・清算指令 (2001/24/EC)	単一通貨 (COM (2010) 25final)／銀行再建・破綻処理指令 (BRRD) (2014/59/EU)／単一破綻処理メカニズム (SRM) 規則 (No 806/2014)
	危機対応		預金保険指令 (94/19/EC)	⇒ 修正指令 (2009/14/EC)：補償額を10万ユーロに統一／修正指令 (2014/49/EU)：迅速全払戻しや権限配に絞る対応
	投資家保護基金	投資家保護基金指令 ICSD (97/9/EC)		⇒ (修正指令5万ユーロ (2010/07/委員会議案も取下げ))
	投資信託	投資信託 (UCITS) 指令 (85/611/EEC)	⇒ 修正指令 III (2001/107/EC)：運用会社の要件／修正指令 III (2001/108/EC)：適格投資拡大／⇒修正指令 (2004/39/EC)：MiFID 対応／修正指令 (2005/1/EC)：ESC 創設対応／修正指令 (2007/16/EC)：適格投資先の定義／修正指令 (2008/18/EC)：欧州委員会の実施権限	⇒ UCITS IV 指令 (2009/65/EC)：85/611EEC の見直し／UCITS IV 実施指令 (2010/42/EU)：合併・master-feeder 構造／UCITS IV 実施指令 (2010/43/EU)：運営会社に係る要件／UCITS IV 実施規則 (No 583/2010)：投資家向け情報／UCITS IV 実施規則 (No 584/2010)：当局への通知と当局間協力
	ヘッジファンド等			AIFM (オルタナティブ投資ファンド・マネージャー) 指令 (2011/61/EU)
パラレルバンキングシステム等	空売り			当局 b・CDS 規則 (No 236/2012)
	OTCデリバティブ			欧州市場インフラ規則 (EMIR) (No 648/2012)：OTC デリバティブ／修正規則 (2019/834)：CCP への清算集中や取引情報蓄積機関への報告義務等／修正規則 (2019/834)：CCP によらない清算と係る規定
	格付け機関CRA			CRA (格付け機関) 規則 (No 1060/2009)：登録義務等／修正規則 (No 513/2011)：ESMA に登録等／修正規則 (No 462/2013)＋同指令 (2013/14/EU)：ソブリン危機対応
金融アナリスト			投資リサーチ・金融アナリスト通達 (SEC (2006) 1655)	
上場と情報開示	証券上場・公募	公募の際の販売目論見書指令 (89/298/EEC)／証券上場の際の情報開示指令 (80/390/EEC)／上場条件調整指令 (79/279/EEC)／上場企業の定期的情報開示指令 (82/121/EEC)／大口株式取得者に関する情報開示指令 (88/627/EEC)	目論見書指令 (2003/71/EC)／(80/390/EEC に係る諸則)／証券発行及び上場証券の透明性要件指令 (2001/34/EC)／実施規則 (2004/109/EC)／修正指令 (2007/14/EC)	修正指令 (2010/73/EU)／修正指令 (2013/50/EU)：中小企業向け要件の簡素化等
市場阻害行為	インサイダー取引	インサイダー取引規制指令 (89/592/EEC)	市場阻害行為規制指令 (2003/6/EC)／実施指令 (2004/72/EC)／修正指令 (2008/22/EC)：欧州委員会の権限規定	⇒ 市場阻害行為規則 (No 596/2014)：罰則強化／実施規則 (2016/2011) (2016/1033)
金融市場インフラ	ベイルイン・証券決済／担保		決済ファイナリティ指令 SFD (98/26/EC)／金融担保指令 FCD (2002/47/EC)	修正指令 (2016/44/EU)

〔出所〕 Commission of the EC (1993), *Securities Markets: Community measures adopted or Proposed*, 欧州委員会の web サイト他より筆者作成。

（注）（ ）内は EU 官報の公式文書名。

第13章　証券規制

5. MiFID Ⅱ　　「金融商品市場指令(MiFID)」の前身は，EU 域内の投資業者と取引所に係る単一免許を最初に定めた1993年の「投資サービス指令(ISD)」である。90年代以降，より多様な投資家が市場に参入し，より複雑で広範な金融サービスや金融商品への投資が行われる中，ISD を大幅に拡充したMiFID が04年に採択され，07年11月から実施に移されている。

　MiFID は，①投資アドバイスの提供を投資サービス業の認可対象とし，②コモディティ関連のデリバティブなどを金融商品の対象に加え，③従来の「規制市場（regulated market）」に加え MTF（多角的取引システム）の運営などを含む包括的な規制枠組みを構築し，そこでの透明性要件も定めた。

　しかし08年の世界金融経済危機により，EU 金融市場がその機能や透明性においてなお弱点を有していることが露呈した。また金融市場の発展により，OTC を含む金融商品市場に係る規制枠組みを強化することで，透明性の拡大，一層の投資家保護，信認の強化，規制の拡充，監督当局の権限強化を図る必要が生じた。そこで14年，第2次金融商品市場指令（MiFID Ⅱ）が金融商品市場規則（MiFIR）とともに採択され，18年1月から施行されている。

　MiFID Ⅱにおける改訂の骨子は以下の通りである。（1）新たな市場構造枠組みとして，従来の「規制市場」「MTF」に加えクロッシング・ネットワーク等をカバーする「組織化された取引施設（OTF）」を設けた。（2）市場透明性の向上策として上述の3つの市場カテゴリーで取引される広範な金融商品について透明性要件を課した。その際，取引施設におけるエクイティ商品に係る取引前透明性の適用除外に関連してダークプール規則を導入した。（3）アルゴリズム取引に関して，投資業者が服するべきリスク管理・情報管理に係る各種の義務やマーケット・メイキングを行う場合の義務等の規制を新たに定めた。（4）商品デリバティブ市場に関し，CCP を通じた清算の対象で流動性のあるデリバティブについて，3つの市場カテゴリーのいずれかでの取引を義務付け，ポジション・リミットも義務付けた。（5）投資家保護の一層の強化策として，独立アドバイスを提供する場合の投資業者の要件を拡充し，投資助言サービスを単独で提供する場合の義務についても新たに規定した。（6）第三国の投資業者が EU 市場にアクセスする際の統一的な同等性評価の枠組みを導入した。

226

第13章　証券規制

MiFIDⅡによる改正のポイント

1．新たな市場構造の枠組みの導入
　ア　新たな取引施設のカテゴリー（OTF）を創設
　イ　株式及びデリバティブ取引に取引義務を導入
　ウ　OTFにおける取引執行にかかわる規制
　　（1）OTF及びMTF双方に課せられる規制
　　（2）OTFに限って課される規制

2．市場透明性の向上
　ア　取引施設の取引前・取引後透明性要件
　　（1）取引施設における取引前透明性要件
　　（2）取引施設における取引後透明性要件
　イ　取引の透明性要件にかかわる適用除外
　　（1）取引施設におけるエクイティ商品にかかわる取引前透明性の適用除外（ダークプール規制）
　　（2）取引施設における非エクイティ商品にかかわる取引前透明性の適用除外
　　（3）取引施設における取引後情報の開示の遅延及び適用除外の許可
　ウ　組織的内部執行業者の気配値公表義務及び適用除外
　エ　投資業者による当局への取引報告義務
　　（1）投資業者による取引の報告
　　（2）取引記録の保存
　オ　データ集約の向上と効率化
　カ　CCP・取引施設への非差別アクセス
　　（1）CCPによる取引施設への非差別アクセスの提供
　　（2）取引施設によるCCPへの非差別アクセスの提供
　　（3）認可ベンチマークへの非差別アクセスおよび義務

3．アルゴリズム取引に対する取引規制の導入
　ア　アルゴリズム取引にかかわる投資業者の義務
　　（1）体制整備と情報管
　　（2）マーケット・メイキングを行う場合の義務
　　（3）直接電子アクセス
　イ　取引施設に求められる義務：マーケット・メイキング，値幅制限及び誤取引の拒絶，サーキットブレーカー，アルゴリズム取引の検証，直接電子アクセス，コロケーション，手数料体系
　ウ　ティック・サイズ（呼値単位）

4．商品デリバティブ市場に対する監督権限の強化
　ア　デリバティブ取引の取引施設を通じた執行義務
　イ　コモディティ・デリバティブのポジション・リミット
　　（1）ポジション・リミット
　　（2）ポジション報告

5．投資家保護の強化
　ア　独立アドバイスを提供する場合の投資業者の義務
　イ　金融商品のモニタリングと介入
　ウ　取引執行に関連したデータの公表

6．第三国のEU市場へのアクセスを認めるための統一的な枠組みの導入

〔出所〕　大橋善晃（2014）「第2次金融商品市場指令（MiFIDⅡ）の概要」日本証券経済研究所より。

227

第14章　会計制度

1. 欧州の証券市場における会計制度の動向　　本章は，『図説　ヨーロッパの証券市場』(2012年版) で記述している欧州の証券取引所と上場企業の会計基準，そしてその財務諸表の監督機構の制度整備について，その後の動向をみていくことにする。2005年に欧州連合（以下，EU）の加盟国内の証券取引所に上場する企業の連結決算書に IAS/IFRS の適用が義務づけられたことは，会計制度及び会計諮問・規制委員会，さらに欧州証券監督局・加盟国内の証券監督局による法規制（エンフォースメント）の整備に著しい影響を及ぼした。

その過程は，EU 議会と理事会が，1978年7月25日に，第4号指令 (1978/660/EWG) を一定の法形態の会社の年度決算書に適用するために発令したことに始まり，それに続き，83年6月13日には，第7号指令 (1983/349/EWG) を連結決算書に適用するために，加盟国に当該指令の国内法化が義務づけられた。

その後，国際的な証券市場における上場企業の財務諸表に IAS（国際会計基準）の適用が，証券監督者国際機構（以下，IOSCO）によって支持され，05年には EU 域内における証券市場における統一した会計基準として IAS/IFRS の適用が義務づけられた。しかし IAS/IFRS はイギリスの公認会計士協会によるプライベートの会計基準であったことから，EU 法への変換には，欧州委員会の責任のもとで承認プロセス（IFRS endorsement process）を設ける必要があった。したがってプライベート会計基準は EU 法へ変換して，上場企業の連結財務諸表に IAS/IFRS の適用を義務づけることになった。ただし個別財務諸表及び上場していない企業の財務諸表への IAS/IFRS は任意規定となっている（Regulation (EC) No 1606/2002: 2008年改正）。加盟国における IAS/IFRS 適用状況は，右表に示す状況である。

さらに13年6月26日には会計指令 (2013/34/EWG) が可決され，15年7月20日までの加盟国の国内法化が欧州連合の官報で公表された。その後 EU から改正指令が公表され，加盟国の中小規模会社にも EU の会計指令（BiLRUG）が適用されることとなる。近年，このような財務情報の他に，17年4月19日に CSR 指令 (2014/95/EU) の法変換が行われ，施行された。当該指令は，上場企業に「非財務情報の開示」（本章5.）を17年12月31日以降開始の営業年度から報告書に義務づけるものである。

228

第14章　会計制度

加盟国における IFRS の適用状況

加盟国	IFRS を適用している連結財務諸表				IFRS を適用していない連結財務諸表		IFRS 適用の総計	
	株式発行		債券発行					
年	2017	2018	2017	2018	2017	2018	2017	2018
オーストリア	57	55	35	29	0	0	92	84
ベルギー	115	113	3	2	0	0	118	115
ブルガリア	106	111	20	17	229	183	355	311
クロアチア	78	77	7	7	55	51	140	135
キプロス	68	61	0	0	18	17	86	78
チェコ	23	22	11	10	28	28	62	60
デンマーク	118	126	20	23	0	0	138	149
エストニア	19	19	2	3	1	2	22	24
フィンランド	125	125	20	18	0	0	145	143
フランス	489	445	31	31	1	2	521	478
ドイツ	399	392	21	19	4	4	424	415
ギリシャ	153	139	2	4	39	40	194	183
ハンガリー	31	32	6	3	11	14	48	49
アイスランド	16	16	33	33	16	16	65	65
アイルランド	31	31	8	6	56	55	95	92
イタリア	225	229	9	7	15	12	249	248
ラトビア	10	7	10	8	7	5	27	20
リトアニア	30	28	1	2	6	6	37	36
ルクセンブルク	45	43	20	20	71	59	136	122
マルタ	18	19	10	14	20	22	48	55
オランダ	139	134	14	15	25	29	178	178
ノルウェー	178	179	46	55	28	26	252	260
ポーランド	356	347	0	1	45	41	401	389
ポルトガル	43	41	9	9	7	4	59	54
ルーマニア	39	39	3	3	50	50	92	92
スロバキア	13	13	6	6	8	9	27	28
スロベニア	29	25	8	7	0	0	37	32
スペイン	133	133	6	6	0	0	139	139
スウェーデン	313	327	23	29	10	14	343	370
イギリス	1073	1062	242	242	0	0	1315	1304
合 計	4472	4390	注1) 626	629	750	689	注2) 5845	5708

〔出所〕　European Securities and Markets Authority,Report, Enforcement and Regulatory Activities of European Accounting Enforcers in 20018, 49頁。報告書では注1）631　注2）5853となっている。

第14章　会計制度

2．EU における IFRS/IAS のエンフォースメント　　IFRS/IAS は，単一の国際的基準に従った連結財務諸表に適用される基準として，加盟国の連結財務諸表に適用されるためには，右上図に示す承認手続きを経なければならない。国際会計基準審議会（以下，IASB）が新しく発行する基準の場合には，その基準が効力を発する前に，EU が承認する必要がある。IAS-規則（Regulation）に，欧州委員会の責任のもとで，右上の図に示すような諮問及び助言をする組織，会計規制委員会（以下，ARC），欧州財務報告諮問グループ（以下，EFRAG）とともに特別の承認過程を経なければならないのである。

　ARC は加盟国の代表と欧州委員会議長から構成される。EFRAG は，欧州委員会に専門的な諮問をする独立した組織である。当該組織のホームページには，EU における IFRS/IAS の承認状況が公表されている。基準諮問検証委員会（以下，SARG）は最終的な諮問をする組織である。

　EU における承認手続きの流れは，①IASB の新しい基準・既存基準の修正・基準解釈のアダプション⇒②EFRAG と利害関係者グループの間でコメントレターを受け取る。⇒③EFRAG による委員会の承認に関わる諮問④SARG は3週間以内に EFRAG の承認についての諮問が公平で客観的であるかどうかを評価する⇒⑤もし欧州委員会が新しい基準・既存基準の修正・解釈基準を承認すると，草案を作成して，⑥ARC に答申する⇒⑥SARG の意見が否定されなかったら，3か月の間に欧州議会⑦及び理事会⑧に草案の検討を答申する⇒欧州委員会及び理事会からの反対がなければ，⑨欧州委員会は承認する。近年，IAS/IFRS 適用に早期関与及び発言力の強化のため，EFRAG は IASB に対してアクティブな諮問をすること等，組織改革が行われた。

　いわゆる IAS/IFRS が承認されるまでのタイムスケージュルは，右下の図に示すとおりである。欧州委員会によって承認された IAS/IFRS は EU 法に変換される（Regulation（EC）No 1126/2008）。その後加盟国における上場企業は，欧州の証券市場において連結財務諸表に IAS/IFRS を適用することになる。つまり IASB は IAS/IFRS のようなプライベートの基準設定委員会から公表される会計基準には法的な効力がないからである。

230

第14章　会計制度

EUにおけるIFRSの承認プロセス

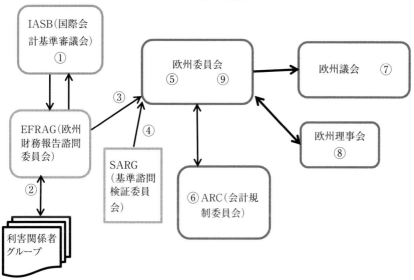

〔出所〕 International Accounting Standards and Interpretations endorsement process in the EU.（http://ec.europa.eu/ 参照）

欧州におけるIFRS発行から承認までの期間

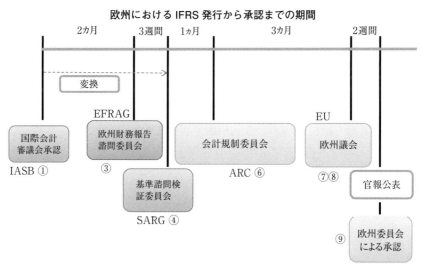

〔出所〕 International Accounting Standards and Interpretations endorsement process in the EU.（http://ec.europa.eu/ 参照）

231

第14章　会計制度

3．証券取引監督機構と財務情報のエンフォースメント　EU で承認され
た IAS/IFRS を適用した財務情報は，欧州の証券監督局において法規制の必
要が生じる。なかでも欧州証券市場監督局（以下，ESMA［2011年1月1日
前：CERS］）の役割は重要であり，IAS の統一的な採用を促進する一方で，
欧州証券取引所における IAS/IFRS のコンバージェンスを監督している。
ESMA は，EU 域内における会計エンフォースメント機関として規制活動に関
するガイドラインを公表し，このガイドラインに各加盟国が準拠しているかど
うかについて調査を行っている（右表）。これは，各加盟国の監督局が ESMA
のガイドラインに従って，財務情報のエンフォースメントをどのように監督し
ているかを示すものである。その報告書は財務情報のエンフォースメントとそ
の改善を支援するねらいであり，全ての加盟国の監督局へのアンケート調査を
とおして監督することになる。

　EU 域内における有価証券を発行する企業によって開示された財務情報を調
和化することが，EU が公表している IAS-規制（Regulation）の目的である。
つまり財務情報の高いレベルの透明性と比較可能性を確保し，欧州の資本市場
と国際市場が効果的に機能することをねらいとしている。

　したがって EU における IAS/IFRS の承認をとおして，IASB が公表してい
る IAS/IFRS が連結財務諸表に適用されることで，投資家保護のもと，投資
家の投資判断のために，統一的な会計基準で作成された財務諸表が規制市場に
上場した企業に強制されることになる。

　そのため ESMA は，ARC と EFRAG 及び作業部会に，公式のオブザーバー
として，新しい IFRS の承認手続きと IAS/IFRS の改訂に積極的に参加してい
る。ESMA は，IASB と EFRAG，IFRS 解釈指針委員会にコメントレターを
提出して，IFRS の基準設定プロセスに関わっている。

　以上のような欧州の証券市場に上場する企業の会計制度整備には，国際及び
加盟国の証券監督体制の構築が重要となる。当該証券監督体制は各機関からの
エンフォースメントが形成されたうえで，相互的なコメントを出す諮問機関が
設置されている。他方 IFRS 財団における IAS/IFRS 設定及び改訂に関わる審
議にも，各国の国内会計基準委員会が参加して審議をすることで，経済環境の
変化にともなう新しい会計基準が公表されるのである。

232

第14章　会計制度

欧州加盟国における国内監督局による財務情報に関する ESMA ガイドライン準拠の有無

加盟国	監督局	2017 準拠の有無	2019 準拠の有無
オーストリア	FMA	×	×
ベルギー	FSMA	○	○
ブルガリア	FSC	×	×
チェコ	CNB	○	○
デンマーク	Erhvervsstyrelsen	○	○
	Finanstilsynet	○	○
ドイツ	BaFin	×	×
エストニア	Estonian Financial Supervision Authority	○	○
アイルランド	IAASA	準拠の予定	○
ギリシャ	HCMC	○	○
スペイン	CNMV	○	○
フランス	AMF	○	○
クロアチア	HANFA	準拠の予定	準拠の予定
イタリア	CONSOB	○	○
キプロス	CySEC	○	○
ラトビア	FCMC	○	○
リトアニア	Bank of Lithuania	○	○
ルクセンブルク	CSSF	○	○
ハンガリー	MNB	○	○
マルタ	AFSA	○	○
オランダ	AFM	○	○
ポーランド	KNF	準拠の予定	○
ポルトガル	CMVM	○	○
ルーマニア	CNVM	○	○
スロベニア	SMA	×	×
スロバキア	NBS	○	○
フィンランド	Finanssivalvonta	○	○
スウェーデン	Finansinspektionen	×	○
イギリス	Conduct Committee of the Financial Reporting Council	○	○
	Financial Conduct Authority	○	○
アイスランド	Register of Annual Accounts	○	○
リヒテンシュタイン	LFMA		○
ノルウェー	Finanstilsynet	○	○

〔出所〕　https://esma.europa.eu,ESMA32-67-142（2017.4.21）/（2019.3.21）より作成。

233

第14章　会計制度

4．欧州各加盟国における国内の会計監督体制—ドイツを事例に—　　本節
では，EU 加盟国のなかで経済を牽引しているドイツの場合には，上場企業の
財務諸表について，欧州の経済及び金融のエンフォースメントをとおして，国
内の会計監督所はどのように企業の財務諸表を監督しているのか，会計の監督
体制の制度整備についてみていきたい。

2005年以来，ドイツにおける会計基準の実施に関して，ドイツ会計監査所
（DPR）と連邦監督庁（BaFin）が監査権限を有し，監査に係る専門職である
会計監査士，監査役によって監査のエンフォースメントが行われる。

1）ドイツ会計監査所（DPR）の監査の手順

　　DPR は，資本市場における企業（商法342b 条2項2文）の状況報告書の
他に，連結財務諸表と年度財務諸表（同法342b 条2項3文 Nr.3）に従って
抜き取り調査をしている。ESMA の財務情報の監督のガイドライン（エン
フォースメント）に準じた抜き取り調査が行われる。

　　DPR における企業の財務諸表の調査は，プライベートレベルの監査組織
であり，企業の調査に際して，聞き取り及び会計の誤謬について，企業に対
して法的な強制力がない。そのため企業と DPR との間において充分な調査
ができない場合に限り，パブリックレベルの BaFin に，その手続きを委ね
ることになる。

2）連邦金融監督庁（BaFin）における会計監督

　　BaFin における会計監督は，証券取引法（WpHG）第16章第1節に規定さ
れている。その監督は，04年12月に会計監督法（BilKoG）で導入された会
計監督のエンフォースメントを行っている。当該監督庁は，特定の企業の財
務諸表の合法性について，市場を利用する投資家の信頼を強化するために外
部の監督が設置された。監督の対象となるのは連結財務諸表，連結状況報告
書である。07年以降当該監督庁は透明性指令が変換された法の施行でもっ
て，半期及び四半期財務諸表についても調査している。その調査の対象は，
EU 透明性改正指令の法への変換でもって拡張された。

　　BaFin と DPR は二層式のエンフォースメント手続きにおいて，ESMA に
よるピア・レビュー（peer review）で企業の財務諸表は調査評価され，
ESMA のエンフォースメントでは，そのガイドラインに準拠しなければな
らない。したがってこの準拠性は，14年に公表されたガイドラインによって
評価される。

第14章　会計制度

二層式エンフォースメントのしくみ

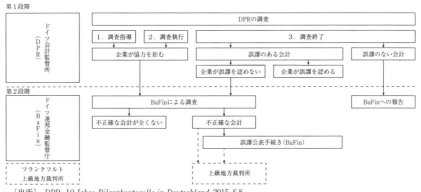

〔出所〕 DPR, *10 Jahre Bilanzkontorolle in Deutschland*, 2015, S.8.

DPR の第一層の調査過程

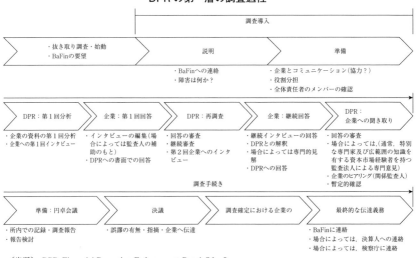

〔出所〕 DPR, Financial Reporting Enforcement Panel, S.1–3.

第2層の BaFin における調査過程

〔出所〕 DPR, Ebenda, S.4.

第14章　会計制度

5．EU-CSR 指令による「非財務情報」の開示の動向　　これまで財務情報に関する EU レベルと加盟国におけるエンフォースメントが強化され，資本市場での投資家保護と会計の透明性の制度整備が行われていることを述べてきた。その一方で，EU は，2016年以降の営業年度から「非財務情報」を資本市場に上場する企業に報告書で開示することを求めている。この「非財務情報」は，企業活動における社会的及び環境政策に関する情報としてみなされる。これは，消費者，投資家及び政策立案者，株主等に非財務業績を評価させ，ビジネスに対する社会的責任を企業に促すことになる。18年財務諸表に「非財務情報」を含めることとなった。

　しかしその「非財務情報」の範囲は広く，500人以上の従業員をもつ大規模公開会社，上場企業，銀行，保険会社，その他，公益出資の国内組織によって設けられた企業等が該当する。開示される情報として，環境保護，社会的責任と従業員の待遇，人権尊重，賄賂贈与の禁止，年令，ジェンダー，教育及び専門性を背景にした会社役員における多様性等にかかわるものである。EU（Directive2014/95/EU）では，どのように報告書に開示するかについて，有益と考えられる方法（UN Global Compact・OECD ガイドライン・ISO 26000）があり，適切な開示をすることが企業の重要な柔軟性として示される。

　17年６月に，EU 委員会は環境及び社会的情報を開示するためのガイドラインを公表した。しかしこのガイドラインは，「国際的に欧州或いは国内のガイドラインとして使用されるであろう」としている。

　以下に，ドイツの証券取引所に上場している大企業の「非財務情報の開示」について，２つの事例を挙げることにする。

　事例１）当該情報の１つとして Global Reporting Initiative（以下，GRI：右上図）がある。それに従ってビジネスモデル・環境保護アプローチ・製造に関わる社会的責任：製品の安全な材料と製造過程・水の消費・二酸化炭素排出・廃棄物削減・人と文化・消費者満足・人権（公平な労働状況・供給者の人間関係・倫理的なビジネス実務）・賄賂及び贈与の禁止等についての情報が開示されている（Adidas AG）。

　事例２）17年施行の CSR 指令に従って，ドイツ商法289b 条 e に準拠して実行しなければならない「非財務報告書」を重要な非財務資料として，ビジネス報告に開示している（Baycr ΛG.：右下図）。

236

第14章　会計制度

サステナビリティ報告書作成に際しての適用対象（2016年）　　→　2018年7月以降有効（GRI：グローバル・レポーティング・イニシアティブ）

共通スタンダード				トピック特別スタンダード		
基礎	⇒	一般開示事項	マネジメント手法	経済スタンダード（GRI 200）	環境スタンダード（GRI 300）	社会スタンダード（GRI 400）
GRI 101		GRI 102	GRI 103	GRI 201：経済パフォーマンス GRI 202：地域経済での存在感 GRI 203：間接的な経済的インパクト GRI 204：調達慣行 GRI 205：腐敗防止 GRI 206：反競争的行為	GRI 301：原材料 GRI 302：エネルギー GRI 303：水と排水 GRI 304：生物多様性 GRI 305：大気への排出 GRI 306：排水および廃棄物 GRI 307：環境コンプライアンス GRI 308：サプライヤーの環境面のアセスメント	GRI 401：雇用　GRI 402：労使関係 GRI 403：労働安全衛生 GRI 404：研修と教育 GRI 405：ダイバシーティと機会均等 GRI 406：非差別 GRI 407：結社の自由と団体交渉 GRI 408：児童労働　GRI 409：強制労働 GRI 410：保安慣行 GRI 411：先住民族の権利 GRI 412：人権アセスメント GRI 413：地域コミュニティ GRI 414：サプライヤーの社会面的アセスメント GRI 415：公共政策 GRI 416：顧客の安全衛生 GRI 417：マーケティングとラベリング GRI 418：顧客プライバシー GRI 419：社会経済面のコンプライアンス
GRI スタンダードをとる最初の要点を報告		組織関連情報についての報告	各重要なトピックについての経営アプローチの報告	各重要トピックについて特別に開示して報告する項目から選択		

〔出所〕　グローバル報告スタンダード［https://www.globalreporting.org］より作成。

Bayer 株式会社の重要な非財務資料	2017	2018
研究開発費（100万ユーロ）	2,186	2,331
正社員	17,072	17,276
部門別従業員数		
製造	8,858	9,188
マーケティング・配給	936	887
研究開発	5,468	5,368
管理	1,810	1,833
職員の性別		
女性	6,104	6,248
男性	10,968	11,028
人件費（100万ユーロ）	2,045	2,571
年金給付（100万ユーロ）	4,251	4,514
短期奨励プログラム　（100万ユーロ）	194	277
調達費（100万ユーロ）	3.9	4.2
安全性		
記録可能な事故率（RIR）%	0.53	0.5
ロスタイム率（LTRIR）%	0.35	0.37
一次格納事故率（LoPC-IR）%	0.21	0.25
環境保護		
全体エネルギー消費高（兆ジュール）	7,878	7,239
温室効果ガス排出量（$CO_2$100万二酸化炭素換算トン）	0.69	0.55
水使用量（万立方メートル）	4.72	4.92
全体消費発生（1,000万トン）	302	268

〔出所〕　Bayer AG, *Annual Report* 2018, p.84.

図説　ヨーロッパの証券市場　2020年版

令和２年６月30日　発行©　定価(本体2,300円＋税)

編集兼
発行者　公益財団法人　日本証券経済研究所
東京都中央区日本橋２‐11‐２
〒103‐0027
電話　03(6225)2326(代表)
URL：http://www.jsri.or.jp/

印刷所　奥 村 印 刷 株 式 会 社
東京都北区栄町１‐１　〒114‐0005

ＩＳＢＮ978‐4‐89032‐523‐8